発掘遺構から読み解く古代建築

奈良文化財研究所 編

はじめに

松村　恵司
奈良文化財研究所所長

奈良文化財研究所は、文化財の宝庫奈良の地で、実物に即した文化財の総合的・学際的研究をおこなうため、一九五二年に設立された研究機関で、皆様から「奈文研」の略称で親しまれています。日頃、関西を中心に活動している奈文研の調査・研究活動の成果を、広く東日本の皆様にご紹介することを目的として、二〇一〇年から東京講演会を開催しており、毎回、切り口を変えて文化財研究の魅力や面白さをお伝えしています。本書は、平成二七年一〇月二四日に有楽町朝日ホールで開催した、第七回東京講演会「発掘遺構から読み解く古代建築」の記録集です。

ご存知のように、奈文研の主たる業務の一つが、飛鳥・藤原宮・平城宮といった都城や古代寺院などの発掘調査です。発掘といえば、考古学のイメージが強いかもしれませんが、奈文研では、考古学だけでなく、建築史学、文献史学、庭園史学などの研究者が、チームを組んで発掘調査をおこなっています。

なぜ建築史の研究者が発掘現場にでるのでしょうか。そんな疑問にお答えするために、今回の講演会は奈文研の建築史研究者の役割にスポットをあて、発掘調査の成果から建物復原に至る考察過程、また出土建築部材の研究など、建築史研究者の仕事ぶりをご紹介することにしました。

二〇一〇年に完成した平城宮第一次大極殿の復原は、建設工事だけでも足かけ一〇年に及ぶ歳月を要しました。それ以前には、さらに二〇年の調査・研究の蓄積があるのです。その復原研究を担ったのが奈文研の建築史研究者たちです。彼らは、発掘調査で検出した地下遺構から、その上部構造について、現存する古代建築や国内外の文献記録、絵画資料などを手がかりにして、立体的に組み上げる研究に従事しました。もちろん復原研究には古代建築の構造の検討や、細部に至る材料や建築技術の調査・研究も欠かせません。

本書は、すでに復原された平城宮の朱雀門や第一次大極殿、これから復原工事が本格化する平城宮第一次大極殿院の復原研究のプロセスや復原根拠、さらには、出土建築部材の調べかたや得られる成果等の紹介を通して、発掘遺構から古代建築を読み解く方法を考えていきたいと思います。

近年、全国各地の史跡でも、建物の復原整備が進められるようになってきました。また、建物のイラストやCG、模型の製作、最近流行のVR（仮想現実）やAR（拡張現実）での建物の表現にも建築史の知識や情報が不可欠です。しかしながら建築史研究者の研究成果は、専門の研究書や報告書などでは公表されていますが、なかなか一般には知られていないのが実状です。今回は奈文研の建築史研究者が、そうした古代建築にかかわる研究成果や専門知識、専門用語をわかりやすく解説いたします。考古学と建築史学を股にかけた、奈文研ならではの研究の一端をご堪能いただければ幸いです。

もくじ

はじめに……………………………………奈良文化財研究所所長　松村恵司　3

第1章　なぜ建築史の研究者が発掘現場に?……………………………………7
飛鳥資料館 学芸室 研究員　西田紀子
はじめに　8　一　建築遺構の発掘と建築史　11　二　奈文研による発掘調査　21
三　遺跡整備と建築史　26　おわりに　31

第2章　発掘遺構と古代建築をつなぐ……………………………………35
都城発掘調査部 主任研究員　西山和宏
はじめに　36　一　発掘調査でみつかる建築遺構　37　二　古代建築の上部構造　45
三　発掘遺構からわかる上部構造　54　おわりに　57

第3章　古代建築の復原の手がかり—平城宮朱雀門と第一次大極殿—……………59
都城発掘調査部 遺構研究室 研究員　鈴木智大
はじめに　60　一　平城宮跡とその整備　63　二　朱雀門の復原　67
三　第一次大極殿の復原　76　おわりに　84

第4章　東西楼は入母屋か寄棟か―平城宮第一次大極殿院の復原にむけて― ……87
都城発掘調査部 遺構研究室 研究員　**海野　聡**
はじめに　88　一　平城宮第一次大極殿院について　92　二　発掘調査成果の整理　95
三　遺構・遺物をひも解く　101　四　導かれる屋根の構造　107　おわりに　114

第5章　山田寺倒壊回廊が語る古代建築史 ……121
都城発掘調査部 遺構研究室 室長　**箱崎　和久**
はじめに　122　一　山田寺と倒壊回廊　124　二　法隆寺西院回廊との比較　134
三　特異な細部技法とその背景　142　おわりに　151

第6章　出土部材をしらべ、まもり、つたえる ……155
文化遺産部 建造物研究室 研究員　**番　光**
はじめに　156　一　出土部材がでてきた　158　二　出土部材をしらべる　163
三　出土部材をまもり、つたえる　180　おわりに　182

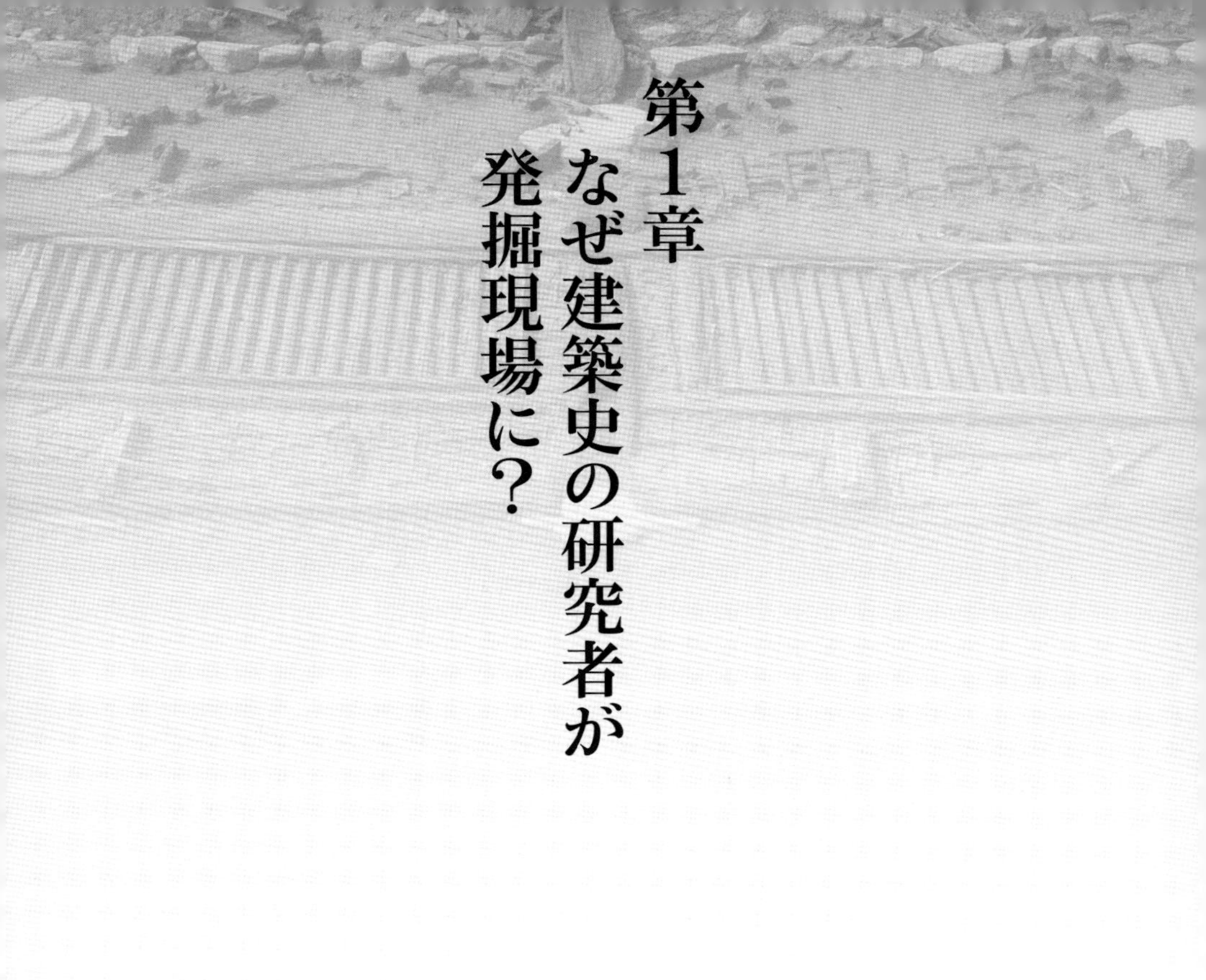

第1章 なぜ建築史の研究者が発掘現場に？

西田 紀子

飛鳥資料館 学芸室 研究員

にした・のりこ

一九七六年 三重県生まれ

二〇〇一年 東京大学大学院工学系研究科修士課程修了

二〇〇二年 東京大学大学院工学系研究科博士課程中途退学

同　年 奈良文化財研究所 研究員

二〇〇七年 現　職

現在の専門分野は、日本建築史。

《要旨》　発掘調査といえば考古学のイメージが定着していると思います。しかし、日々、発掘調査に参加している建築史の研究者がいます。では、どうして建築史研究者が考古学の発掘調査現場に参加するのでしょうか。また建築史研究者は、発掘調査現場でどのような役割をはたしているのでしょうか。

それを解くカギは、遺跡でなにを発掘するのか、そして遺跡からどのような情報を得て、得られた情報をどのように利用するのか、といった点にあります。これは考古学や建築史学の発展、そして奈良文化財研究所の歴史とも無関係ではありません。本章ではこれらについて、時代を追ってひも解いていきます。

はじめに

私は奈良文化財研究所（以下、「奈文研」と略す）入所以来、平城宮跡や興福寺、明日香村の甘樫丘東麓《あまかしのおか》遺跡や石神《いしがみ》遺跡などの発掘調査と、遺跡から出土した建築部材の調査に従事してきました。これらの経験を活かしながら、現在は飛鳥資料館学芸室で展示の仕事をしております。この章では、次章以降の具体的な建築の復原事例などの紹介に入る前に、私たちのような建築史の研究者が、なぜ発掘調査に参加するのか、その理由についてお話ししておきたいと思います。

ところで、建築史という学問をご存知でしょうか。「建築史を専門にしています」というと、建物を建てる建築士と誤解されることがあります。建築史とは、読んで字のごとく、建築の歴史を研究する学問です。人類の長い歴史のなかで、人びとの活動に伴い、さまざまな建物が建てられ、そしてその大半が失われてしまいました。現存する建物の研究だけで、建築の歴史は語れません。そこで、失われた建物にどのように迫るのかが問題となります。

もちろん、失われた建築の様相は絵画資料や文献資料などによっても知ることができます。しかし、これらは描き手や書き手の意図が介在します。たとえば『伴大納言絵詞《ばんだいなごんえことば》』に描かれた平安宮の朱雀門《すざくもん》（図1）は、よくみると、門をくぐる人びとの動きに主眼をおいているため、実際の建物に比べて、初層、つまり一階部分が少し高く描かれています。このように、絵画資料や文献資料から失われた建物の姿に迫るには、描き手や書き手の意図を考える「史料批判」が必要になります。

一方、発掘調査で発見される、地中に残された建物の痕跡（建築遺構《いこう》）は、かつて存在した建物の情報をそのまま伝えています。では、そこで発見された建物の痕跡を、誰が読み解き、失われた建築の姿に迫るのでしょうか。この役割をはたすのが私たち建築史の研究者です。建築史研究者が発掘調査に参加する理由の一つは、遺跡から見つかるのが、建物に関する痕跡、すなわち建築遺構だからです。

さて、発掘調査といえば、現在では考古学者によるもの、というイ

図1 『伴大納言絵詞』に描かれた平安宮の朱雀門

メージが定着していると思います。しかし、昭和初期、建築遺構の発掘は、考古学者ではなく、歴史的建造物の修理にあたる技師や建築史研究者が主に担っていました。古社寺の建造物修理にあたって、建物の修理や改造履歴などの歴史的調査や今後の修理方針を検討する技師と、建築史研究者が、建築遺構を発掘する技術を確立していったのです。

また、軒瓦《のきがわら》の文様から、その変遷や年代を考える手法は、現在でこそ考古学者の専門分野ですが、その端緒は建築史研究者によるものでした。**図2**は関野《せきの》 貞《ただし》（**第3章図7**参照）がまとめた軒瓦の資料です。関野は、奈良県で古建築の年代調査や修理にあたった技師で、古建築の細部様式を検討する延長として、瓦の変遷や年代を考える手法を導入したのです。このように、建築史研究者による研究は、建築遺構の調査研究の進展に寄与してきました。

ここでは、建築遺構の発掘調査について、その技術の確立期から現代の遺跡整備にいたるまで、建築史研究者の位置づけに焦点を当てて歴史をたどり、発掘調査に建築史研

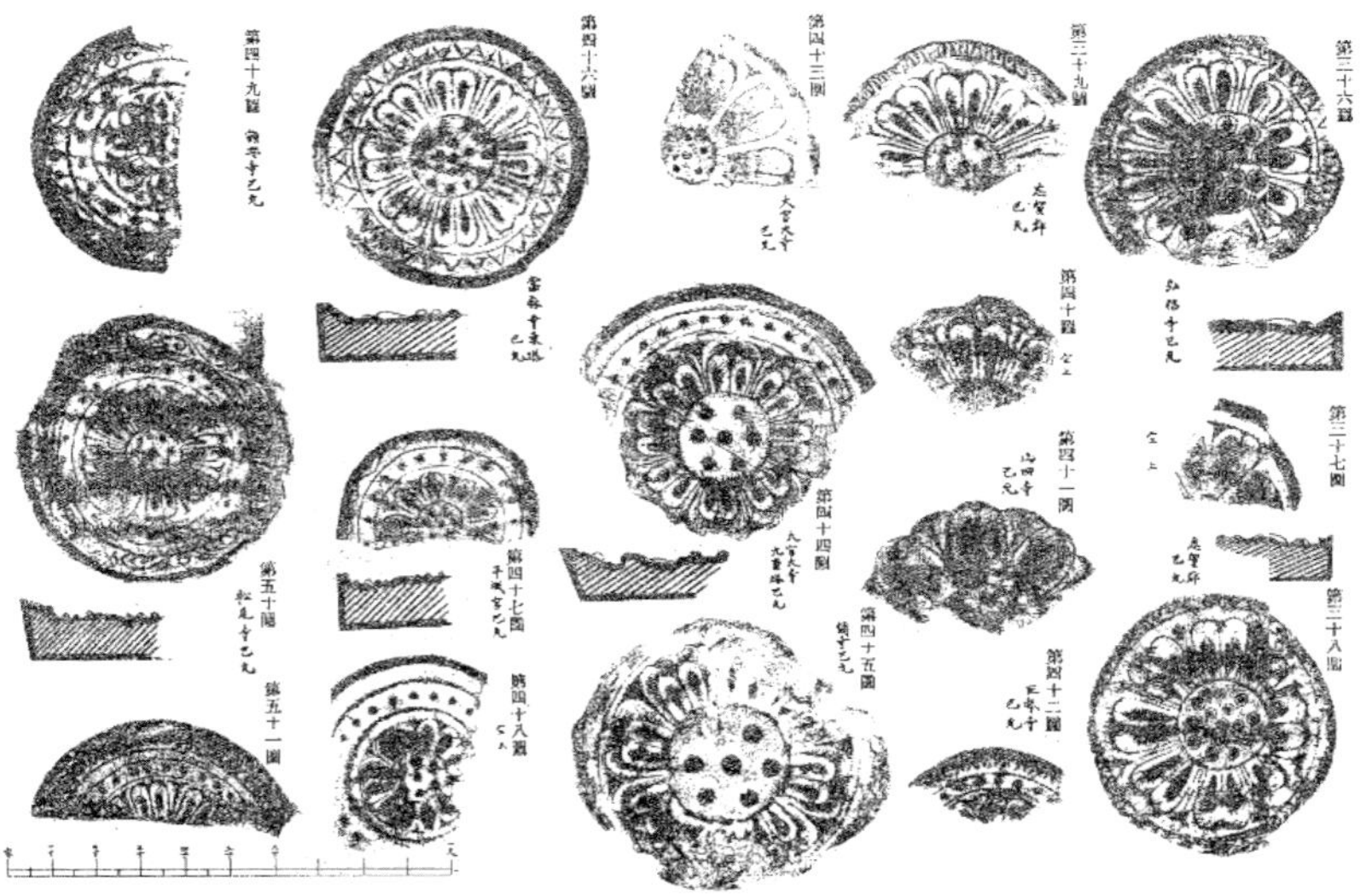

図2　関野 貞による瓦の研究

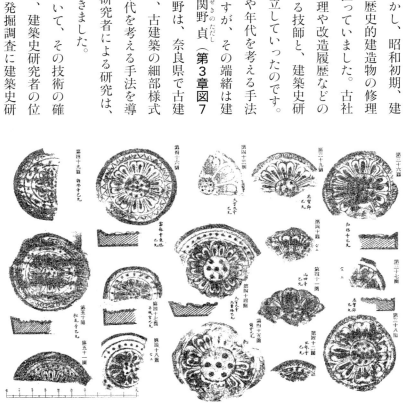

究者が参加する意義を追求していきたいと思います。

一　建築遺構の発掘と建築史

法隆寺建築の解体修理と発掘調査　まず、建築遺構の発掘の歴史を語るうえで欠かすことができない、法隆寺の昭和大修理に伴う発掘調査からみていきましょう。

法隆寺では、昭和九年（一九三四）から「法隆寺国宝保存工事事務所」を設けて、国の直轄による昭和大修理が始まりました。傷みが大きい建物は、足場を組み、部材を解体して修理を進めます。その解体修理後の地下調査時に、修理を担当した建築技術者たちが失われた前身建物の痕跡を発見したのです。修理にあたっていたのは、建築史研究者のほか、建造物の修理工事監督の経験をもつ奈良県の建造物修理技師、大学の建築学科出身の若い技術者など、建築の専門家でした。その記念碑的な調査が、法隆寺東院礼堂《とういんらいどう》の発掘調査です。

東院礼堂の発掘調査　法隆寺の境内には世界最古の木造建築が残る西院伽藍《さいいんがらん》と、夢殿《ゆめどの》を中心とした東院伽藍の二つの伽藍があります（図3）。礼堂は夢殿の南に建つ、鎌倉時代の寛喜三年（一二三一）に建て替えられた建物です。古代・中世の文献資料には、その前身となる建物の記載があります。

奈良県の建造物修理技師であった岸《きし》熊吉《くまきち》は、礼堂の解体修理以前にその北側で古い石敷を発見しており、地下に前身建物の遺構があることを予想していました。そこで、礼堂の解体に伴い発掘調

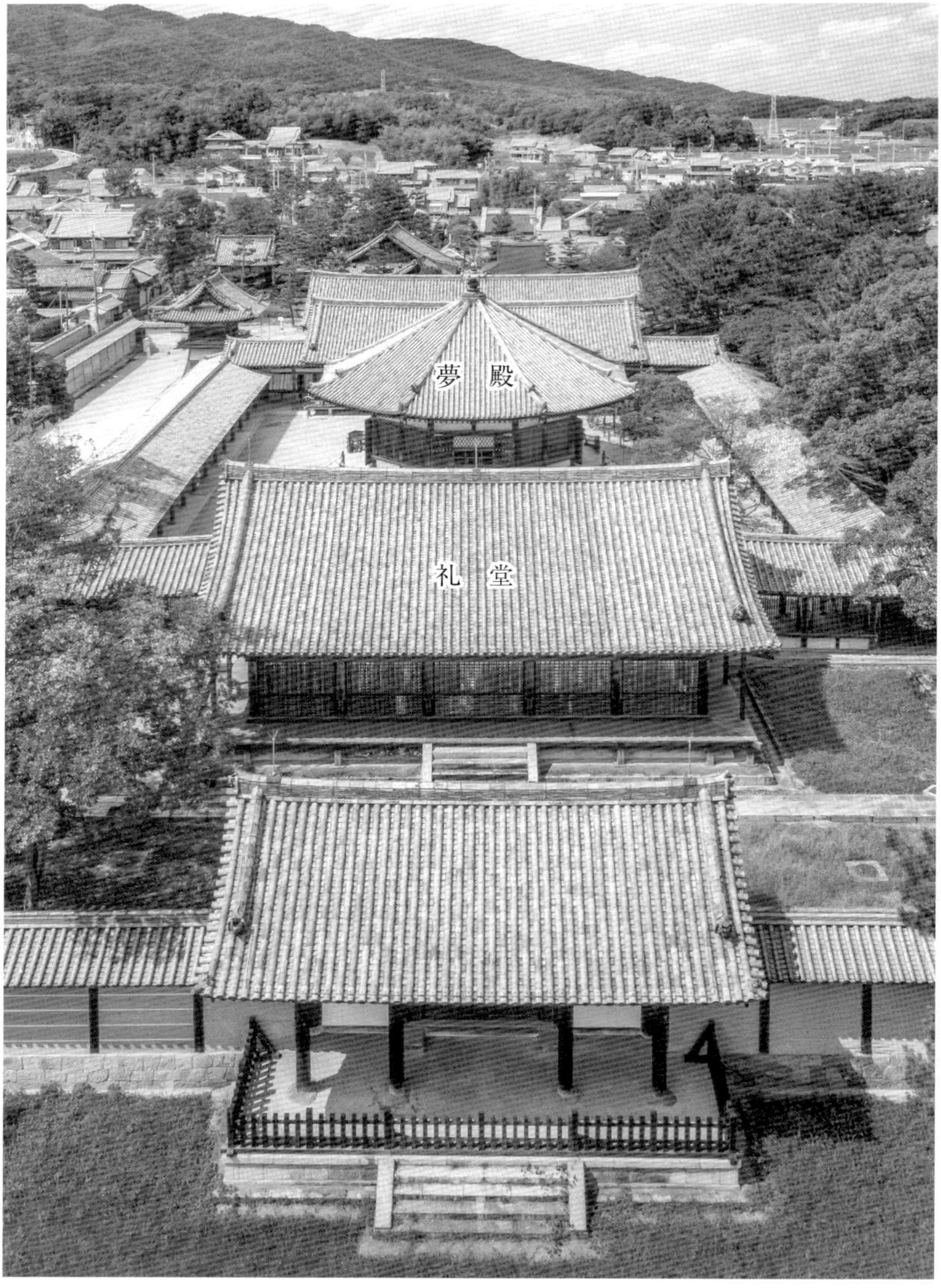

図３　法隆寺東院伽藍（南から）

査をしたところ、砲弾状に残る掘立柱《ほったてばしら》を発見したのです（**図4**）。この大発見に、法隆寺の修理工事の技師長・服部勝吉《はっとりかつきち》と、後述する藤原宮《ふじわらきゅう》跡の発掘調査をしていた日本古文化研究所（以下、「古文化研」と略す）の建築史学者・足立《あだち》 康《こう》などを加えた、建築史研究者を中心とする調査組織がつくられ、発掘調査が進められました。

調査の結果、掘立柱は北側で東西七本、南側で東西八本を発見し、これらの周囲には、柱を立てるときに掘った穴（掘方《ほりかた》）も見つかりました（**図5**）。この調査によって、この掘立柱建物は天平宝字《てんぴょうほうじ》五年（七六二）の『法隆寺縁起《えんぎ》并《ならびに》資財帳《しざいちょう》』に記された「檜皮葺《ひわだぶき》門」二棟のうち、「長七丈、広二丈一尺」と記載がある建物と考えられました。さらに、南側の掘立柱の上には、現在の礼堂のものとは別の根石《ねいし》が残っていました。根石とは、柱を支える礎石《そせき》の下に据えて座りをよくするために入れる石のことです。ここでの遺構のイメージとしては**図6**のようになります。つまり、当初の掘立柱建物は、ほぼ同じ位置で規模を縮小した礎石建物に建て替えられていたことが判明したのです。

図4　東院礼堂の地下でみつかった掘立柱

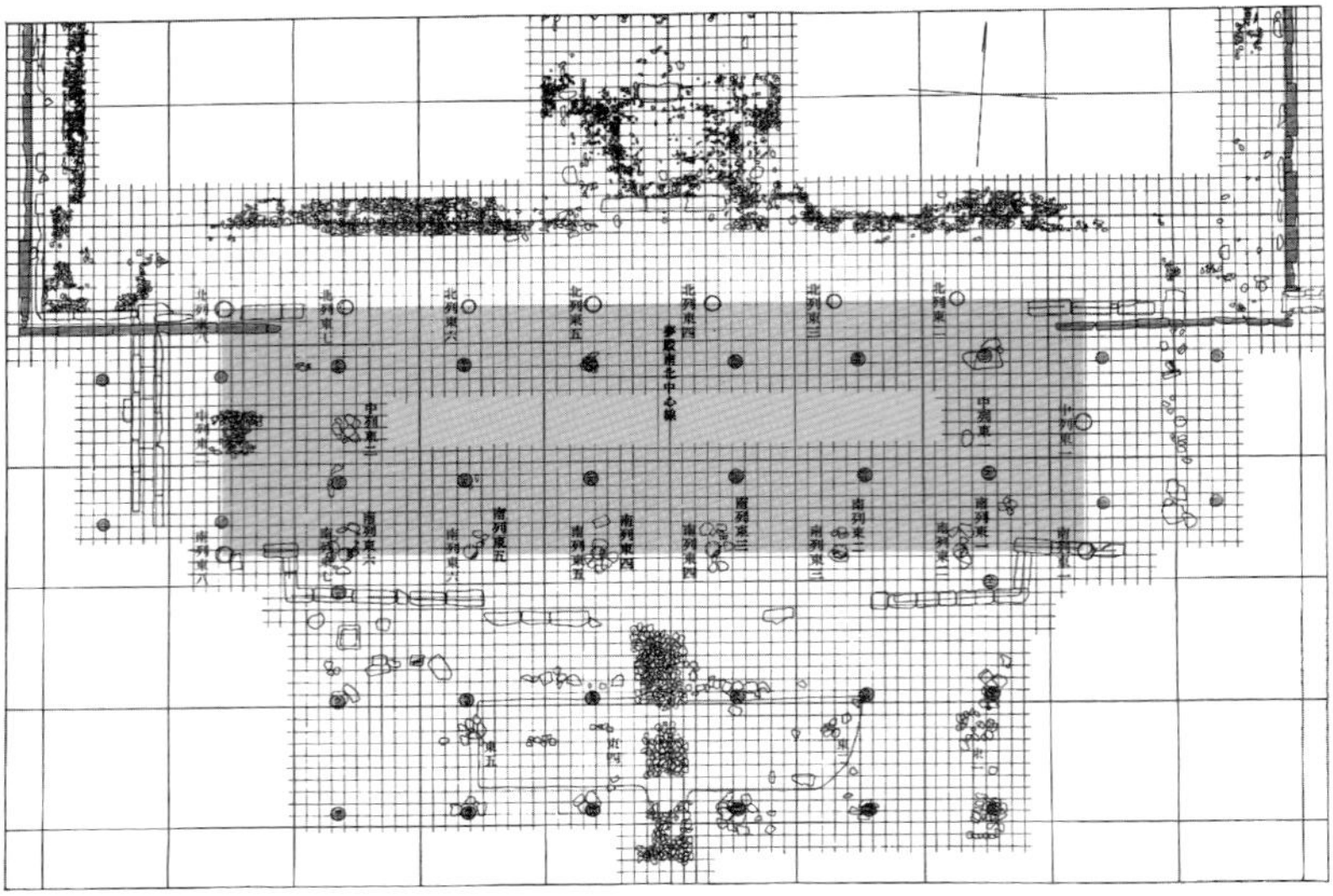

図5　東院礼堂の地下で発見された遺構（アミかけが「檜皮葺門」にあたる）

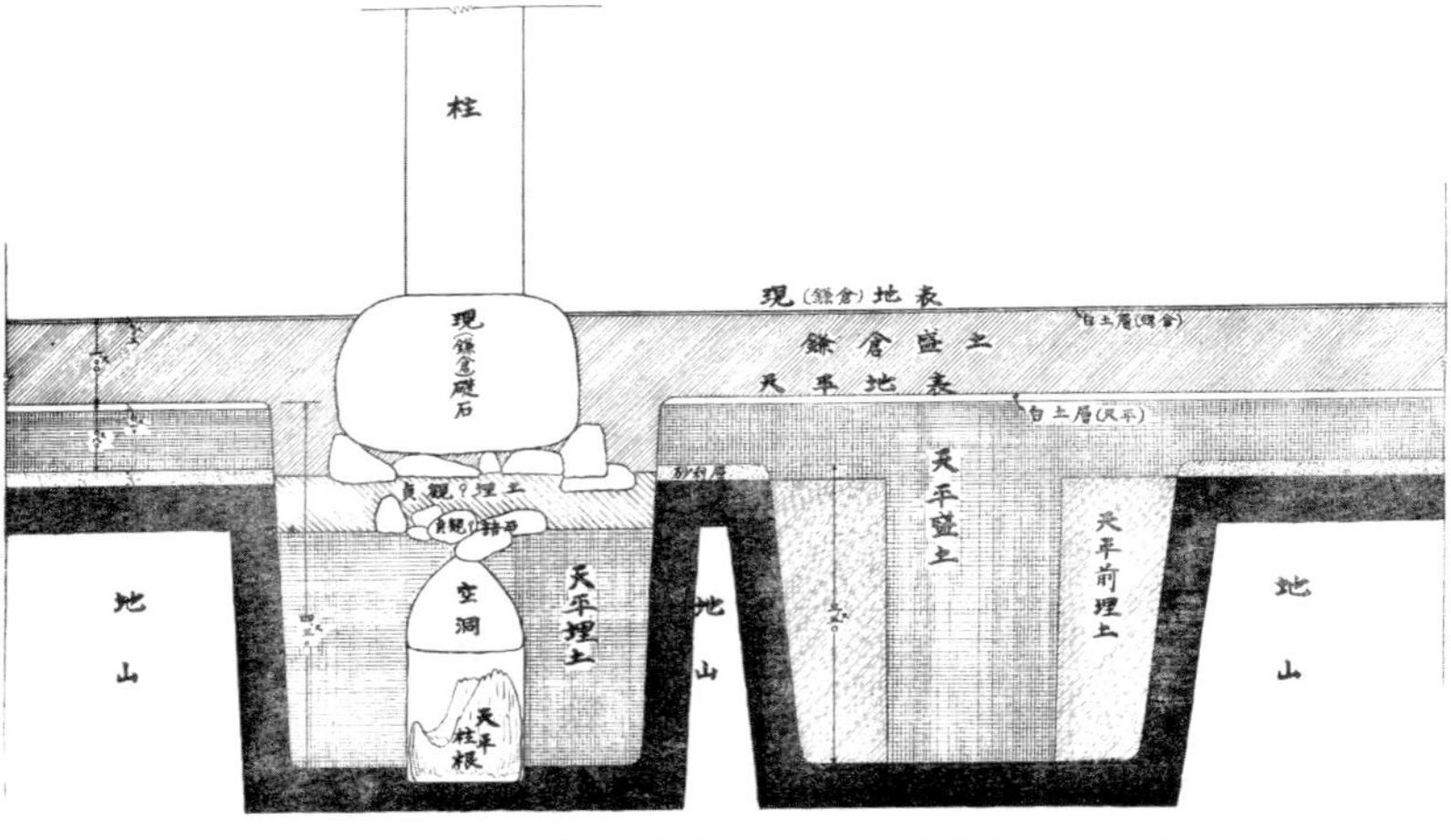

図6　法隆寺東院礼堂の発掘遺構断面模式図

法隆寺東院発掘の意義　その後、昭和一五年（一九四〇）までに法隆寺東院では、回廊、夢殿の北方に建つ舎利殿《しゃりでん》絵殿《えでん》、さらに北方に建つ伝法堂《でんぼうどう》などの発掘調査がおこなわれました。これにより、創建期の法隆寺東院の様相が明らかとなりました。現在の東院は、夢殿の北方に舎利殿絵殿が夢殿に直接面するかたちで建っていますが（図7右）、創建当初は、回廊が夢殿の北側で閉じる伽藍配置になっていたのです（図7左）。

さらに、伝法堂の地下からは、東院創立以前の聖徳太子の斑鳩宮《いかるがのみや》の遺構が発見されました（図8）。こうした多大な成果をあげながら東院の修理は進められていったのです。

ここで重要なことは、これらの発掘調査を通して、日本における建築遺構の発掘調査技術の基礎が確立したことと、その担い手となったのが、建築史の専門家たちであったということです。彼らは、出土部材の調査や遺構の実測などに、古建築の調査技術をおおいに

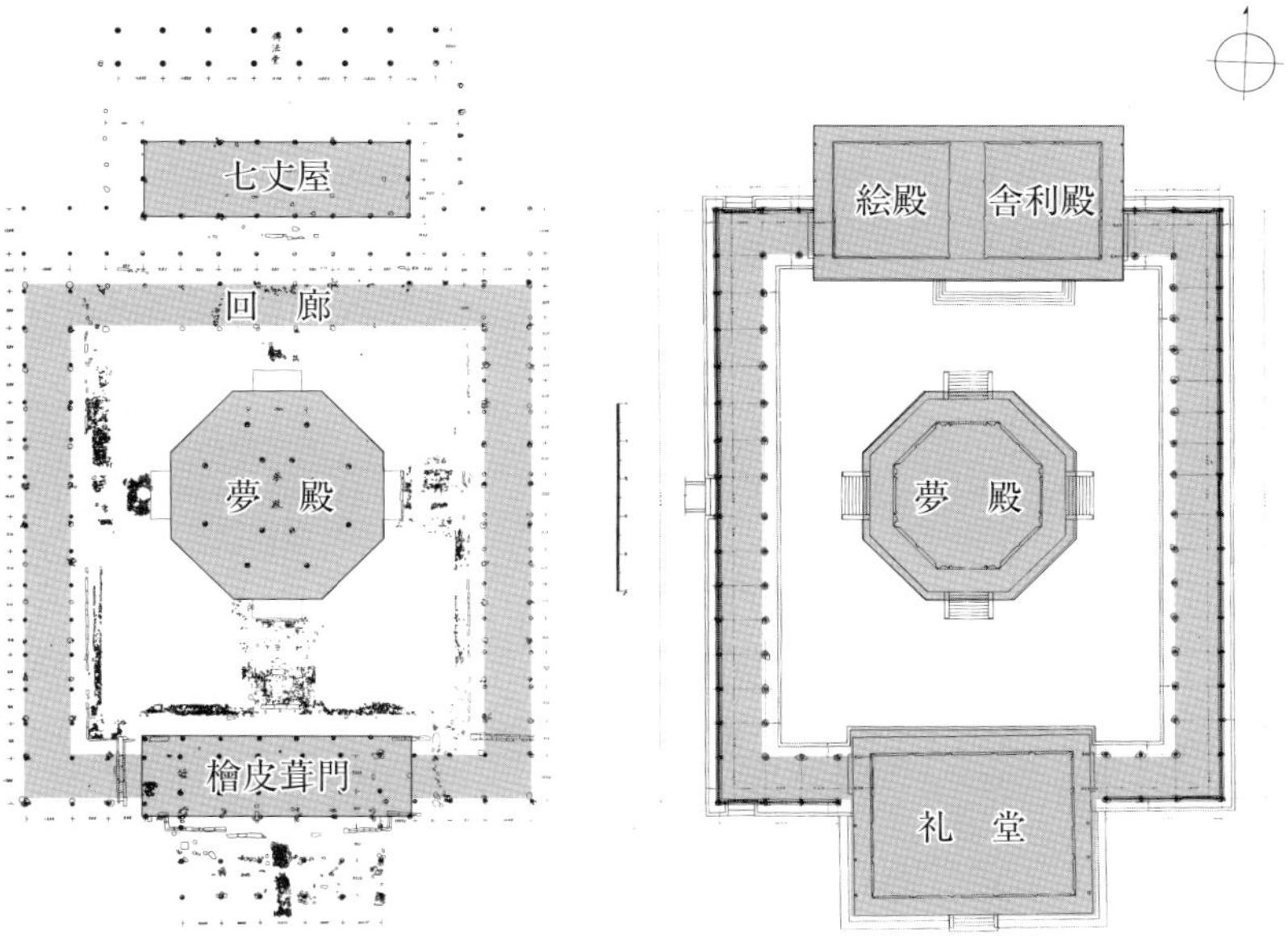

図7　創建（左）と現在（右）の法隆寺東院の伽藍配置

活かしながら建築遺構の発掘を進めていきました。出土部材の調査には、建築部材の調査と同様に拓本をとる方法が活用されました。また、遺構の記録には「遺《や》り方《かた》」が使われました。遣り方は建築現場で建物を新築する際などに垂直方向の基準として使う方法で、それをそのまま発掘現場の調査にも応用したのです。**図9**が遣り方を使った実測をしている写真です。発掘現場に杭を打って貫を水平に渡しているところが多数ありますが、貫を一定の標高に合わせ、その貫からの垂直距離を計測することで地下遺構の標高を記録するのです。

藤原宮跡の調査　法隆寺の調査とほぼ同じころ、藤原宮跡では礎石建物の発掘調査がおこなわれていました。藤原宮は、持統《じとう》天皇八年（六九四）～和銅《わどう》三年（七一〇）の宮都ですが、昭和初期にはその位置すら不明でした。昭和八年（一九三三）、

図8　斑鳩宮の遺構

小学校の新築工事の土砂採掘中、のちに大極殿《だいごくでん》跡と判明する「大宮土壇《おおみやどだん》」の周辺で、礎石や凝灰岩《ぎょうかいがん》の切石、軒瓦などが見つかりました。そこで、翌昭和九年から、創設されたばかりの古文化研の中心事業として、藤原宮跡の発掘調査を開始しました。

調査は、建築史研究者の足立 康を主査とし、前述した岸 熊吉を委員としていました。人手も資金も乏しいなか、広い面積を一時に発掘する全面発掘は困難でした。そこで彼らは、建物の規模を明らかにするために、礎石建物に使われる根石の存在に注目しました。礎石建物の柱の下には、柱を支える大きな礎石や、礎石の下に入れる根石があります（**図10**）。当時の藤原宮跡は一面水田になっていましたので、その地表から長いボーリング棒を突き刺し、礎石や根石の有無を確かめ、手応えがあると、そこを部分的に掘り下げる、という手法で発掘調査をおこないました。**図11**がその調査写真で、地表が部分的に掘り下げられているのがわかります。

図9　遣り方を使った実測

こうした調査により、藤原宮の建物の柱配置を把握し、建物の規模を明らかにすることができたのです。このような調査は、太平洋戦争の局面が悪化し、調査の終了を余儀なくされる昭和一八年まで続けられ、藤原宮の大極殿とその周辺、大極殿の南に位置する朝堂《ちょうどう》とそれらを取り囲む回廊《かいろう》、さらに南に建つ朝集殿《ちょうしゅうでん》などを発見しました。これにより、藤原宮の位置が確定するとともに、その中枢部の様相などが判明したのです（図12）。

図10　藤原宮西殿の礎石下の根石

図11　古文化研による藤原宮西殿の発掘調査（昭和９年）

藤原宮跡発掘の意義　その後、藤原宮跡では昭和四四年から現在まで、私たち奈文研が継続して発

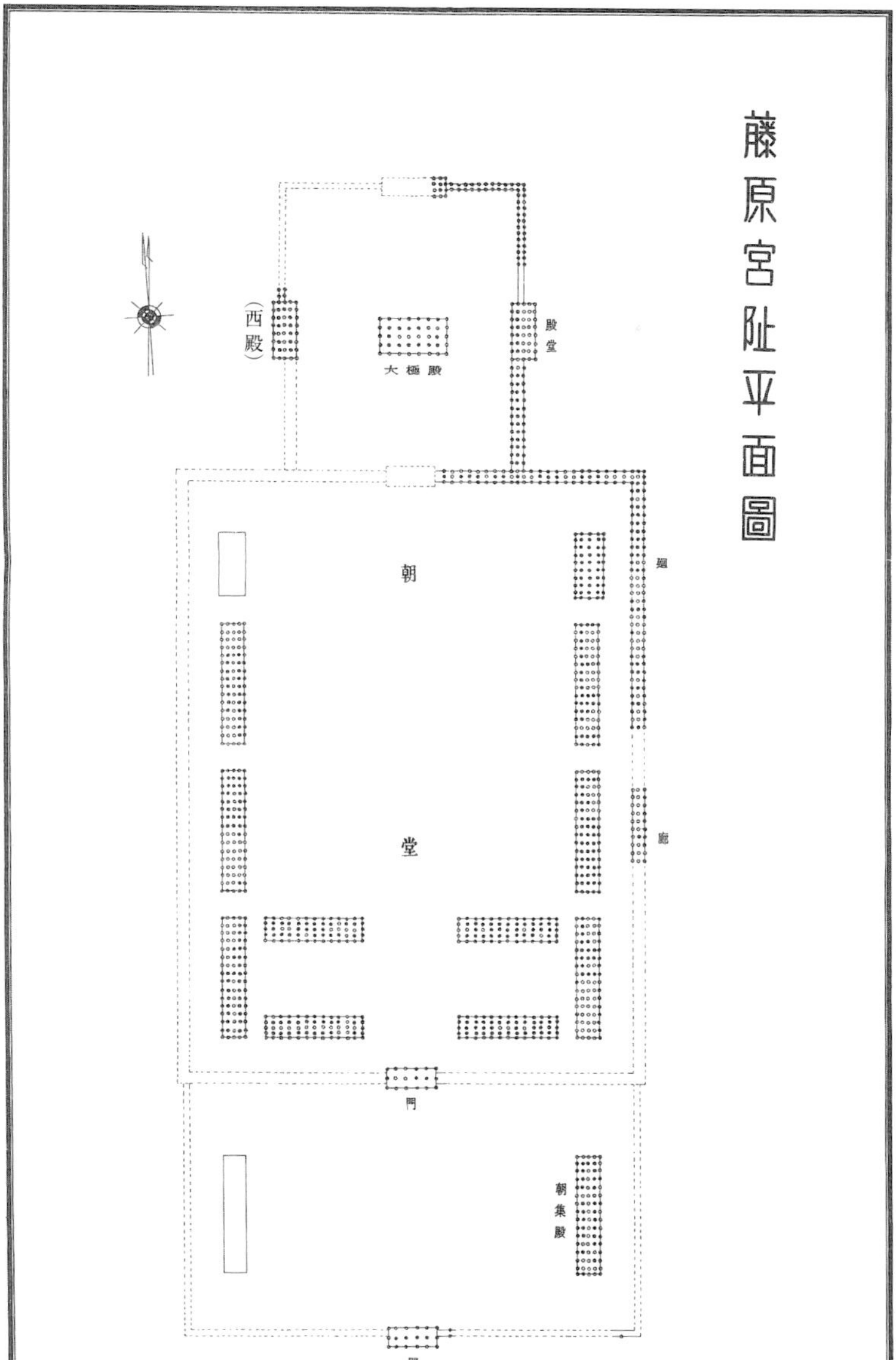

図12　古文化研による藤原宮跡の調査成果

掘調査にあたっています。近年は足立 康らがおこなった古文化研の調査区を再発掘する機会もあります。その結果、古文化研の調査成果は若干修正を要する部分はあるものの、大局において誤りがないことが明らかになってきました。

古文化研がおこなった、柱配置を想定した発掘調査は、人手や資金などの限られた条件のもとで、失われた建物の構造を知るにはどのような発掘手法をとったらよいかを考えた結果といえます。建物の上部構造がイメージできる建築史研究者ならではの手法といえるでしょう。

発掘遺構と建築史研究者　法隆寺東院や藤原宮跡の発掘調査は、失われた建築の遺構を解明するという目的をはたすとともに、建築遺構の発掘調査手法を確立した点で、きわめて画期的でした。こうした成果は、掘立柱の立てかたや礎石の据えかたなど、建築の構法への理解や、部材の調査手法の経験をもつ建築史研究者だからこそ実現できたと考えられます。彼らは建築の上部構造をよく理解し、イメージしながら発掘調査にあたっていたといえるのです。

昭和二〇年前後からは、寺院や宮殿だけでなく、建物が現存しない古墳時代以前の遺跡についても、発掘遺構から建物を復原する仕事が建築史研究者によっておこなわれました。たとえば、静岡市の登呂《とろ》遺跡（関野《せきの》 克《まさる》、昭和二五・二六年）、長野県塩尻市の平出《ひらいで》遺跡（藤島亥治郎《ふじしまかいじろう》、昭和二五年）、長野県茅野市の尖石《とがりいし》遺跡（堀口捨己《ほりぐちすてみ》、昭和二四年）などが代表例です。これらは、発掘調査成果を受けて建築史研究者が建物の復原をおこなった初期の例として注目されます。

二 奈文研による発掘調査

次に、こうした発掘の姿勢が、現在の奈文研の体制とどのようにつながっているかを紹介したいと思います。

現在の奈文研は、考古学、文献史学、建築史学、庭園史学などの研究員からなる発掘調査の班を編成し、調査準備にあたる測量から、遺構の検出、調査記録の作成、調査成果の報告といった、発掘調査の一連の業務を班のメンバーで検討しながらおこなっています。このような、多彩な専門領域をもつ研究員が、班体制で発掘するのは、奈文研が発掘調査を開始して以来の歴史的背景に基づいています。

所　長
- 美術工芸研究室（4名）
- 建造物研究室（3名）
- 歴史研究室（2名）
- 庶務室（5名）

図13　奈文研発足時の組織

奈文研の設立　奈文研は昭和二七年（一九五二）に、文化財の調査研究機関として発足しました。当時は、所長のもとに美術工芸（彫刻・工芸・絵画）、建造物（建築・造園）、歴史（古文書・考古）の三研究室があり（**図13**）、南都諸大寺をはじめとする近畿近郊の古社寺や著名な宮跡の調査研究にあたることを目的としていました。ここから考古学の分野は歴史研究室の一部として出発したことがわかります。設立時の事業目的をみると、南都七大寺およびその他近畿各地における著名寺院の総合的調査研究に加えて、著名な宮跡の調査研究があげられています。

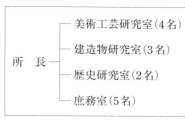

平城宮跡の発掘調査　設立後間もない昭和二八年一一月、平城宮跡の北東にある米軍キャンプ地から東西に延びる道路の拡張計画がだされました。現在でいうと復原された第一次大極殿の北側を東西に走る、通称、一条通りです。この道路工事に際して、当時、法華寺《ほっけじ》本堂の修理工事監督であった岡田宗治が、掘立柱の柱穴を発見したのでした。

ちなみに、岡田は、建築修理技術者である浅野 清のもとで法隆寺の修理工事に携わっていた経験から、掘立柱の穴を判定することができたのです。この発見を受け、道路工事は中断し、国営の発掘調査をおこなうことになりました。奈文研からは建造物と歴史の各研究室のメンバーが参加しました。この調査では、二時期の掘立柱建物と一時期の礎石建物を確認し、平城宮の遺構が数時期にわたり、大規模に広がることが判明したのです。昭和三〇年には、第二次の発掘調査がおこなわれましたが、飛鳥地域の発掘調査が急がれたため、平城宮跡の発掘調査はそこで一時中断します。平城宮跡の発掘調査が再開するのは昭和三四年からで、それ以降は先述のような体制で、発掘調査が現在まで継続しています。

飛鳥地域の寺院の発掘調査　飛鳥地域では、大和平野を貫く農業用水導水路工事の実施に先立ち、遺跡の調査が求められました。奈文研は、昭和二九・三〇年度に飛鳥寺《あすかでら》の調査をおこない、東金堂《とうこんどう》をはじめとする堂塔跡から、地下に残る礎石や基壇を発見しました（図14）。こうした調査を続けた結果、飛鳥寺の伽藍《がらん》全域の状況、すなわち、一つの塔と三つの金堂が並ぶ一塔三金堂の伽藍配置を明らかにしたのです（図15）。また、昭和三〇・三一年度におこなった川原寺《かわらでら》の調査では、鎌倉時代に建て替えられた塔の基壇を解明し、また飛鳥時代の堂塔の姿にも迫りました（図16）。こうした調査の結果、飛鳥寺とは異なり、中金堂の南に塔と西金堂が並ぶ伽藍配置だったことが判明したのです（図17）。さらに、これらの寺院遺構の下層に、斉明《さいめい》天皇の宮殿である飛鳥川原宮に関連すると考えられる掘立柱建物の遺構も確認しました。

これら飛鳥地域の寺院の発掘調査にも、奈文研の建造物と歴史の二研究室があたりました。参加した研究員の数は、建造物研究室では、造園史一名、建築史四名であったのに対し、歴史研究室では考古学二～三名の体制と、発足時よりも増えましたが、建築史研究者の比重は大きいままでした。

飛鳥寺と川原寺の発掘調査報告書には、遺構の解説はもとより、伽藍配置や各建物についての建築的考察が、一つの章を設けて丁寧に盛り込まれています。つまり、

図14　飛鳥寺東金堂の発掘調査（昭和31 ～ 32年）

発掘調査で見つかる建築遺構について、上部構造を考えながら、調査を進めていたことが読み取れるのです。法隆寺や藤原宮跡における発掘調査の精神が、初期の奈文研にも受け継がれていたことが理解できると思います。

建築史学と発掘調査　こうした精神は、現在の奈文研にも息づいています。現在は一年を四班からなる体制で発掘調査に臨んでおり、建築史の研究者は、各班に一名程度が配属されています。建築史研究者が不在の発掘調査班でも、建築遺構に対しては他の建築史研究者がサポートする体制がとられています。

奈文研の建築史研究者は、現場で自ら発掘調査をおこなうとともに、上部構造をイメージしながら調査の過程で検出される遺構を解釈し、また調査の進め方も考古学の研究者と

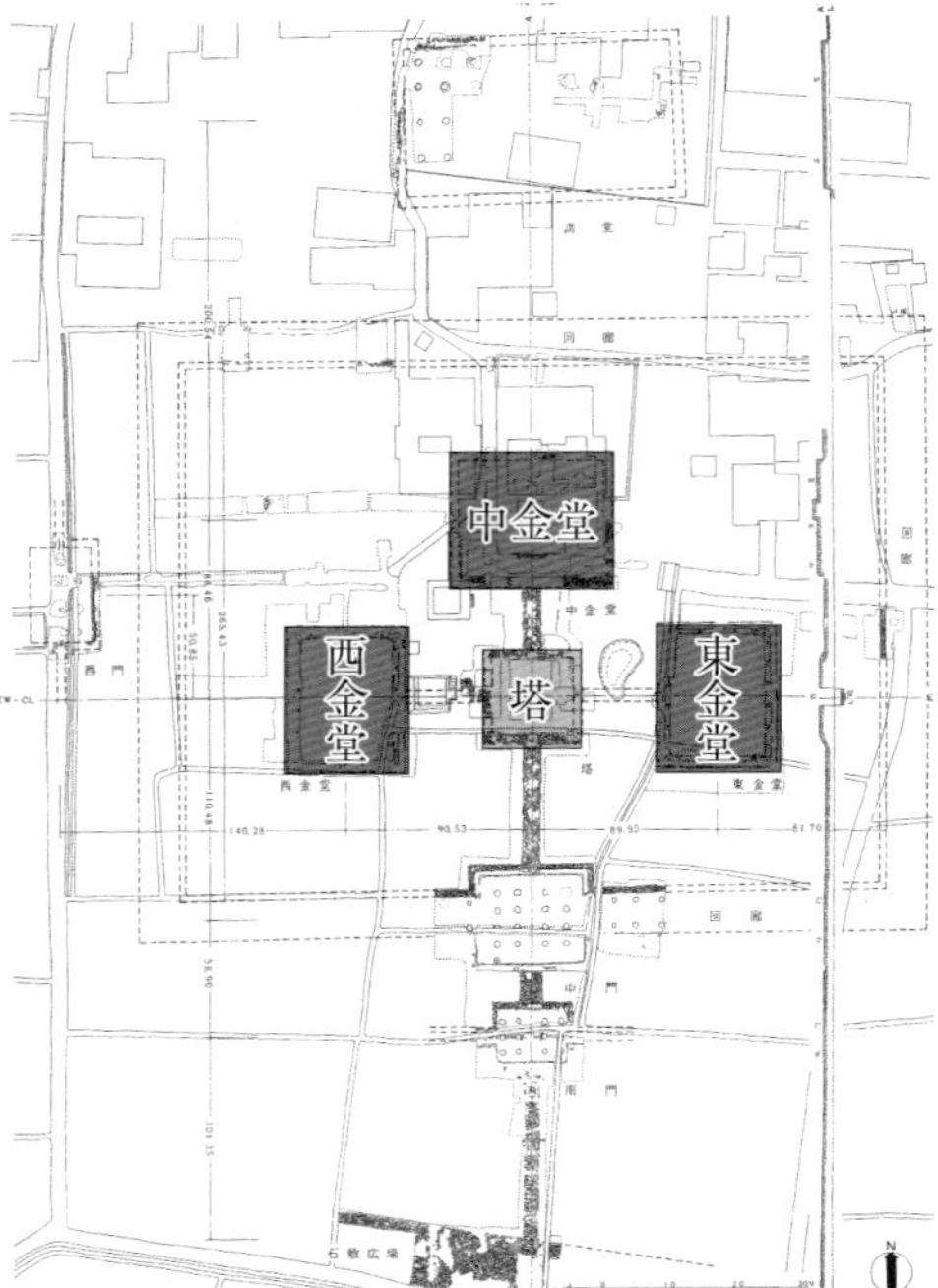

図 15　発掘調査で明らかになった飛鳥寺の伽藍配置

図16　川原寺塔跡の発掘調査（昭和33年）

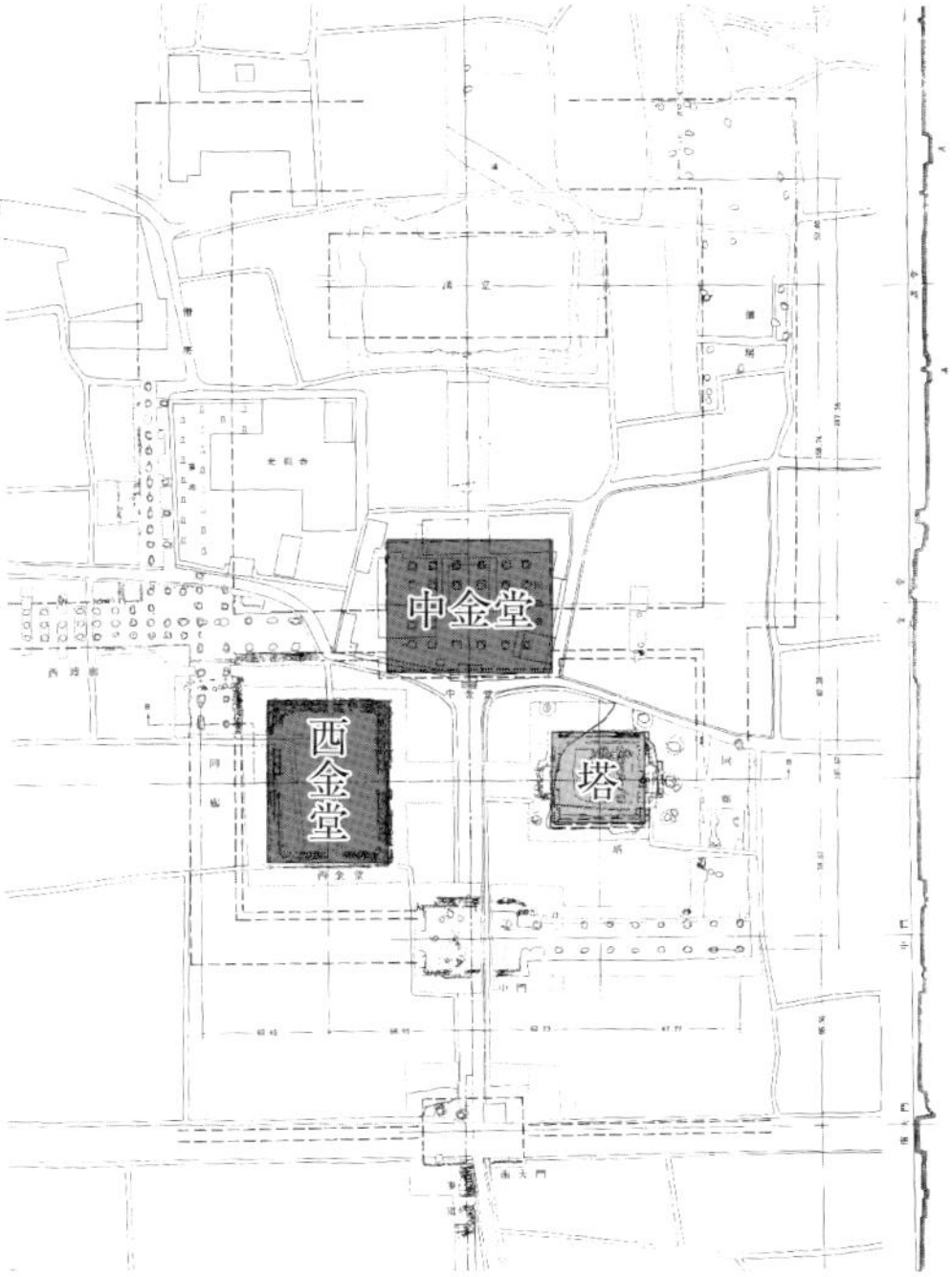

図17　発掘調査で明らかになった川原寺の伽藍配置

対等に検討します。また、発掘現場で自ら発掘調査の経験を積むことで、建築遺構に秘められた当時の技術や技術者の考えかたなどについて、直接探求する素養を培っています。これらは、発掘調査報告書をいくら読み込んでも学ぶことはできません。

さらに、飛鳥寺や川原寺の発掘で明らかになった伽藍配置などの成果も、「明らかになりました」で終わりではありません。発掘調査の成果を、現存する古建築やこれまでの発掘調査成果と比較検討し、建築の歴史の流れのなかに位置づけていくことは、建築史研究者の責務であると私は考えています。建築史研究者が発掘調査に参加する理由は、まさにそこにあると思います。

三 遺跡整備と建築史

遺跡整備の背景 近年、建築史研究者に求められていることがもう一つあります。発掘調査成果をどのように社会に還元するか、という課題への取り組みです。高度経済成長以降の国土開発により、遺跡の破壊がしばしば社会問題となりました。**図18**は日本の経済成長率の推移と遺跡保存運動の動きを示したものです。高度経済成長期以降、各地で遺跡の保存運動が起こり、昭和四〇年（一九六五）からの第二次経済成長期以降、低成長期に入ってからも、遺跡保存訴訟が起こされていることがわかります。こうした状況を受けて全国に発掘調査を遂行できる職員が配置され、現在では、ほぼ市町村単位で、発掘調査をおこなう体制が整っています。発掘件数の増加に伴って、各地で重要な遺跡が発見され、遺跡保存への動きも活発になってきました。

発掘された遺跡は、調査終了後、埋め戻されます。遺構を調査後もそのまま露出しておくと、表面が傷んでしまい保存が難しくなるからです。発掘遺構の一部を露出展示する展示館などもありますが、ごく少数です。埋め戻された遺跡を草むらにしておくと、なぜその遺跡に保存する価値があるのか一般の人に伝わりにくくなります。こうしたことへの社会的な批判もあり、発掘調査で見つかった建物の姿をわかりやすく表現することが、建築史研究者にこれまで以上に求められるようになってきました。

遺跡整備の手法　遺跡で発見された建物を表現するには、さまざまな手法があります。代表的な手法として、復原模型やイラストがあげられます。**図19**は、奈良県明日香村の川原寺跡の発掘調査成果をもとに製作した模型で、飛鳥資料館で展示しています。建物の姿がわかりやすく三次元で表現されています。こういった模型やイラストは、建物の姿をわかりやすく表現できます。

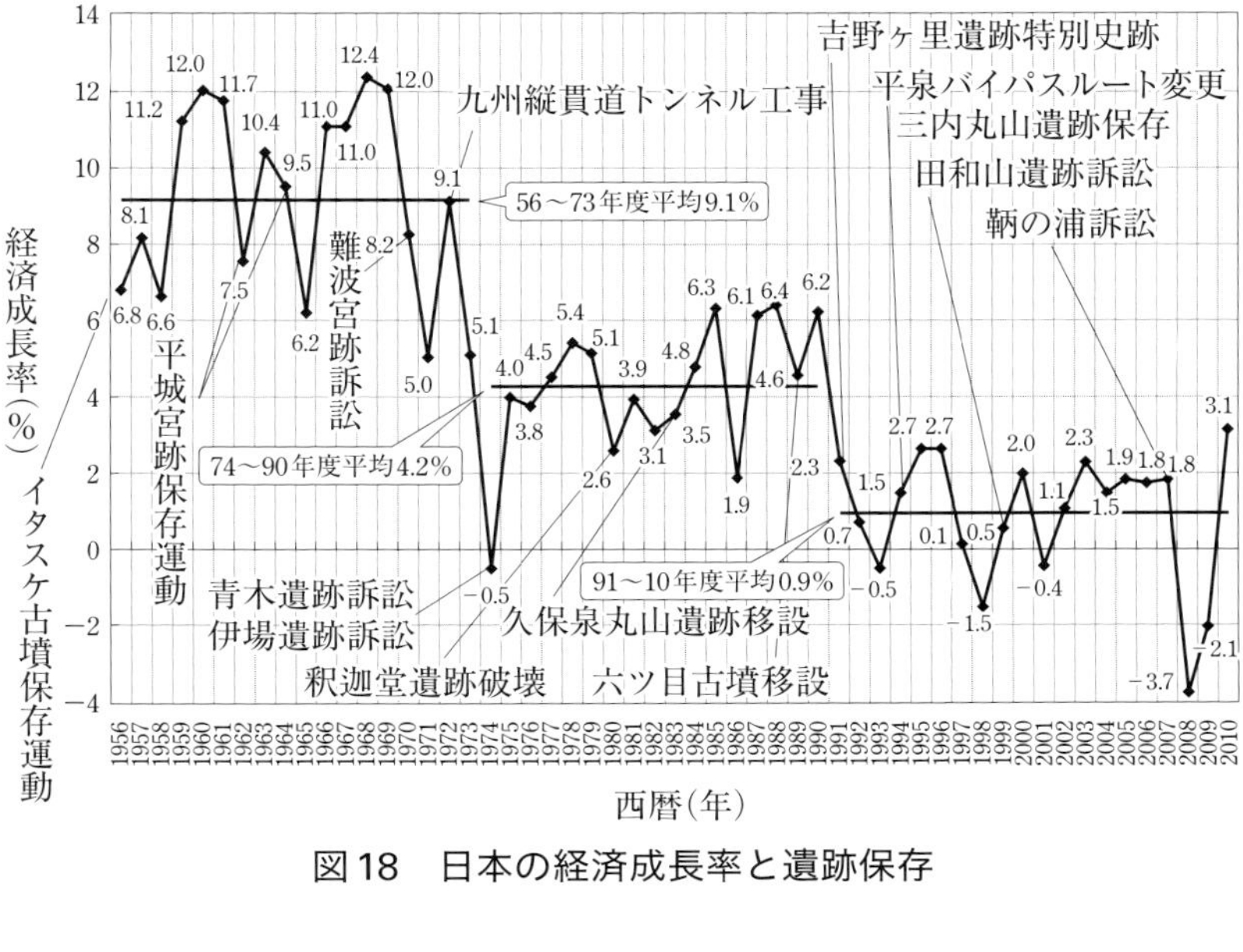

図18　日本の経済成長率と遺跡保存

また、遺跡の現地で、建物跡の位置や規模を示すために、土を盛り、芝を張って整備する方法もあります。奈良県桜井市の山田寺跡では、建物が建っていた場所の土を少し盛り上げ、その部分に芝を張って、堂塔があったことを表現しています（図20）。こうした手法の延長上として、川原寺跡では、基壇を復原し、基壇上の柱が立っていた位置には礎石をおいて、基壇と礎石の復原による建物の位置表示をおこなっています（図21）。このような遺跡の整備や模型の製作、イラストの作成などは、昭和中頃から現在まで広くおこなわれています。

平成になった頃から、遺跡に原寸大の建物を復原する動きが活発化しました。青森市の三内丸山《さんないまるやま》遺跡や佐賀県吉野ヶ里《よしのがり》町・神埼市の吉野ヶ里遺跡、そして平城宮跡の朱雀門《すざくもん》や第一次大極殿などが、その例です。これらは、来訪者に三次元的な空間を直接伝えることができるというメリットをもつ一方で、建設費用が高額

図19　川原寺の1：100復原模型（昭和47年度製作）

図20　盛土・張り芝による建物跡の表現（山田寺跡）

図21　基壇と礎石による建物跡の表現（川原寺跡）

になることや、圧倒的な建物の存在感から、遺跡を訪れた人たちが自由に思い描くことができるはずの歴史に対する想像力を奪ってしまうデメリットも指摘されています。

近年では、デジタル技術を駆使した三次元コンピュータグラフィックスによる復原や、拡張現実（AR）の技術を応用した復原など、さまざまな手法が開発され、史跡整備の世界にも導入されてきています。たとえば、京都府向日市の長岡宮跡では復原体感アプリ「AR長岡宮」が運営されています。これは、遺跡でスマートフォンをかざすと、長岡宮の宮殿の建物や空間をスマートフォンの画面上で楽しむことができるソフトです。これらは最初の開発に一定の費用を要しますが、史跡の現状を大きく改変することなく、来訪者にかつての建物や空間の様相をわかりやすく伝えることができる特徴があります。

建築史研究者の姿勢　しかし、いずれの方法でも、基本となるのは、発掘現場で見つかった建築の遺構です。どのような整備の手法をとるにしても、遺構の解釈、復原の前提条件の決定、類例の検討の積み重ねが重要です（図22）。建物の復原にあたっては発掘現場でみつかった遺構が、失われた建物のどんな情報を伝えているのか、一つずつ解釈していきます。いくつかの時期の遺構が重複すれば、どの時代の建物を復原するのかといった前提条件を決定します。さらには、現存する古建築や、他の遺跡でみつかった遺構などを調査し、類例の検討を積み重ねながら、当時の設計思想や構造理論を考えていかなくてはなりません。これらの想定が一つ異なれば、結果も異なるものになってしまいます。つまり、同じ建物の遺構でも、前提条件や上部構造の考えかたによって、復原案は一つではあり得ません。

だからこそ、建築史研究者が生の建築史的情報を得られる発掘現場に立ち、真摯に現場の土に向き合い、失われた建物が残した情報を読み取らなければならないのです。また、復原検討の過程では、関連する遺構や、出土遺物、文献などの情報も加味しなければなりません。それには考古学をはじめ、文献史学、庭園史学などさまざまな分野との連携も必要です。

遺跡整備において、建築史研究者は発見された建物跡の上部構造の考察にかかわることが多くあります。その根本にあるのは、発掘遺構に残された建築の情報を読み解いて、位置づけを明確にし、建築史学を進展させていくことにほかなりません。

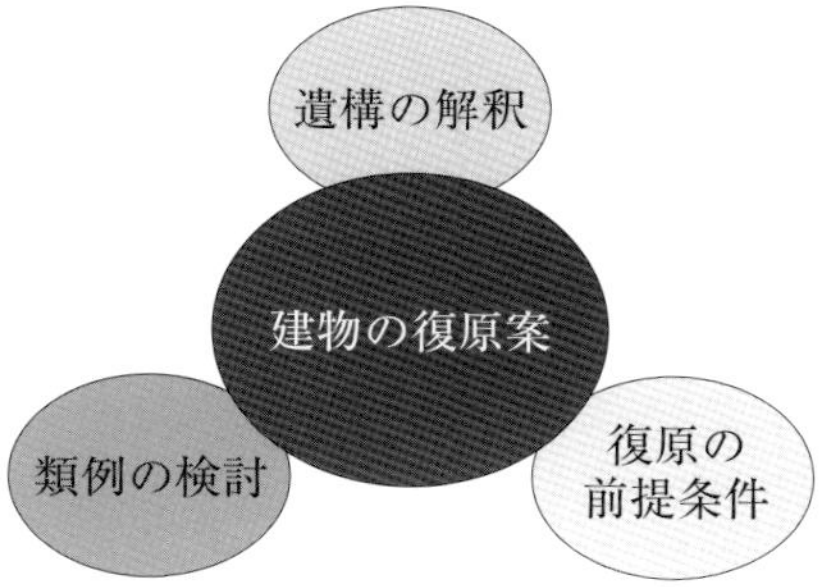

図22　建物の復原案作成の諸条件

おわりに

以上、発掘調査の歴史を振り返りながら、建築史研究者がなぜ発掘調査に参加するのかをたどってきました。発掘調査の成果から上部構造を考えて形にしていくのは、建築史研究の醍醐味の一つだと私は思っています。ただの草むらに、かつて人びとが心血を注いで建てた建物があったということを、わかりやすい形で、現代そして未来の人びとに示していくこと。それは、かつての人びとの高い技術やセンスを知ることでもあり、私たち人類の歴史の豊かさを共有していくことでもあると思います。

しかし、現実の復原研究は苦悩の連続です。発掘現場では遺構をたやすく認識できるとは限りません。遺構の無言の語りを聞き取れないもどかしい日々。また、みえない上部構造に筋立てた根拠を与えて形にしていく産みの苦しみ。これには新しい建物をつくる設計とは異なる考えかたが必要なのです。現在、復原事業が進んでいる第一次大極殿院の復原考察も、平成二二年から六〇回以上の所内検討会を経て、ようやく形になってきました。このように復原案をつくるだけでも多大な検討を要するのです。遺構面からの高さはどれぐらいか、どのような形や大きさ、構造に復原できるか、どのような材料を使ったらよいか、いろいろな候補をあげて、多方面から検討しながら、当時の構造・意匠についての復原案の考察を進めていきます。さらに、実際に工事する実施設計の段階になると、現代の建築基準法が適用されます。古代建築の構造・意匠のままでは、現代の建築基準法に適合しないことが多々あります。こういった現実的な困難も一つひとつ解決していかなければなりません。

建築史研究者は、華々しい考古学の成果と、きらびやかな復原建物とのあいだに立ち、それらを陰で支える、いわば縁の下の力持ちのような存在かもしれません。倒壊した状態で発見された山田寺回廊の復原も第一次大極殿の復原も、ニュースや観光誌などで取り上げられているため、目にする機会も多くなってきました。実際にそれらが発見され、そして復原・公開されるまでには、建築史研究者たちがさまざまな研究や調査を重ねているのです。その詳しい内容は、次章以降の論考に譲りますが、本書を通して、遺跡の発掘調査現場に参加する建築史研究者の仕事へ思いをはせていただければ幸いです。

図版出典

図1　『伴大納言絵詞』（出光美術館所蔵本）を奈文研がトレース。

図2　関野貞「古瓦模様沿革考」『建築雑誌』一八六号、一九〇二。巻末附録図。

図3・14・16・19〜21　いずれも奈文研内部資料。

図4　『國寶建造物東院禮堂及び東院鐘樓修理工事報告』（法隆寺國寶保存事業部、一九三七）所収「法隆寺東院に関する発掘調査」四頁、第九図。

図5　前掲『國寶建造物東院禮堂及び東院鐘樓修理工事報告』附録第三図。

図6　『法隆寺東院に於ける發掘調査報告書』國立博物館、一九四八。第一二八図。

図7　以下の図に筆者加筆。左：前掲『法隆寺東院に於ける發掘調査報告書』第十四図。右：『國寶建造物法隆寺夢殿及東院廻廊修理工事報告』法隆寺國寶保存事業部、一九四三。第二〇七図。

図8　前掲『法隆寺東院に於ける發掘調査報告書』第十九図。

図9　前掲『國寶建造物東院禮堂及び東院鐘樓修理工事報告』附録第一図。

図10　『藤原宮阯傳説地高殿の調査一』日本古文化研究所、一九三六（『藤原宮跡発掘調査報告一』として吉川弘文館より一九七四年に復刊）。図版第十三上。

図11　前掲『藤原宮阯傳説地高殿の調査一』図版第十一上。

図12　『藤原宮跡発掘調査報告二』吉川弘文館、一九七四。掲載図版に一部加筆。本書の初版本は『藤原宮阯傳説地高殿の調査二』として日本古文化研究所より一九四一年に刊行されたが、この図はこの復刊本のみに添付されている。

図13・22　新規作成。

図15　『飛鳥寺発掘調査報告』奈文研、一九五八。PLAN二に一部加筆。

図17　『川原寺発掘調査報告』奈文研、一九六〇。PLAN二に一部加筆。

図18　杉津信明「日本の「遺跡保存」の歴史と「保存科学」の役割」『保存科学』No.五二、東京文化財研究所、二〇一三。二六六頁、図二。

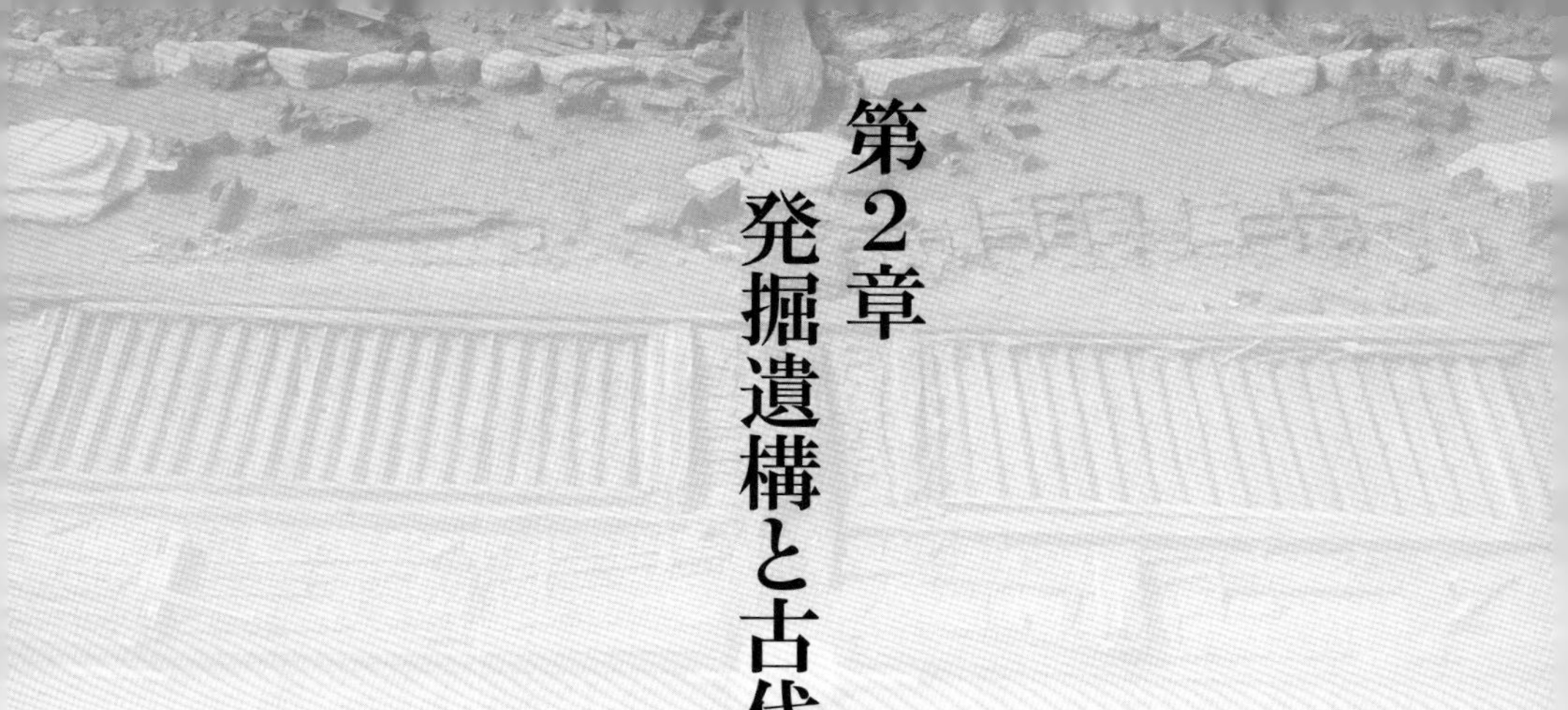

第2章 発掘遺構と古代建築をつなぐ

西山 和宏

都城発掘調査部 主任研究員

にしやま・かずひろ

一九七一年 広島県生まれ

一九九六年 横浜国立大学大学院工学研究科計画建設学専攻博士課程前期修了

同　年 奈良国立文化財研究所 研究官

二〇〇五年 文化庁文化財部参事官（建造物担当）付 文化財調査官

二〇一四年 現　職

現在の専門分野は、日本建築史。

《要旨》　発掘調査ではさまざまな建築遺構が検出されます。しかしながら遺構に伴って建物の部材（建築部材）などがみつかり、上部構造が判明することはきわめて稀で、通常は平面的な遺構の情報から上部構造を考えなければなりません。そのためには、現存する古代建築の構造や形式などを知っておく必要があります。ここでは平面的な遺構から、立体的な上部構造を復原していくための諸条件を整理しておきます。

はじめに

考古学的な古代の建築遺構から上部構造を考えるためには、どこに柱が立ち、柱をどのようにつないで、さらに部材をどのように組んでいくか、といった古代建築に対する知識や古代建築の特徴を知っておく必要があります。また逆に、現存している古代の建築が失われて遺跡となった場合、どのような痕跡として残るのか、といった視点で発掘遺構を観察することも非常に重要です。

発掘遺構にはさまざまな情報が潜んでおり、そこから建築的な情報を読み取るには、発掘現場における専門的で高い意識が必要です。それなくしては発掘遺構から得られる情報を正確に読み取ることができず、上部構造の復原はなしえません。

ここでは、まず発掘調査でみつかる建築遺構とその建築的な情報についてまとめ、続いて実際の古代建築の特徴を述べ、これらを踏まえて、発掘遺構から読み取ることができる上部構造について説明していきたいと思います。

一　発掘調査でみつかる建築遺構

発掘調査では、土器や瓦、木簡などの遺物が出土するとともに、人為的に掘削された穴や溝、いわゆる「遺構《いこう》」が検出されます。建物やそれに関連する遺構としては、掘立柱《ほったてばしら》建物や礎石《そせき》建物、基壇《きだん》、雨落溝《あまおちみぞ》などがあります。また、建築部材が出土することも少なくありません。建築部材からは、上部構造や古代の技術を直接知ることができます。

掘立柱建物　掘立柱建物といっても、実際に目にする機会が一般的にはほとんどないので、どういったものかわからないかもしれません。基本的には地面に穴を掘って柱を立てる形式の建物です。現代では掘立柱建物はほとんど現存していませんが、古代の宮殿や役所の建物、とりわけ七〜八世紀では、中枢部のいくつかの建物を除けば、掘立柱建物が主流であったことは発掘調査によって明らかになってきています。また、寺院でも、第1章で指摘しているように、奈良時代創建時の法隆寺東院《とういん》では礎石建物の夢殿《ゆめどの》周辺に掘立柱建物が数棟建っており、けっして珍しい建物形式ではなかったのです。

つづいて掘立柱建物に関する遺構について説明します（図1）。先述したように、掘立柱建物は地面に穴を掘って柱を据えますが、柱を立てるために掘る穴を掘方《ほりかた》と呼びます。柱は一〇〜二〇年ほどは使えますので、建物を移築したり、建物を壊して別の建物を建てたりするときには柱を抜き取ります。一度柱を埋めてしまうと、簡単には引き抜けないので、抜き取るためには穴を掘る必要があります。これを抜取穴《ぬきとりあな》といいます。発掘調査ではこの掘方と抜取穴が検出されることが多くなります。ただし、柱が抜き取られていない場合は、柱が腐って土壌化した柱痕跡《はしらこんせき》か、柱の底部が絶えず地下水に浸っていたため腐らずに残った柱根《ちゅうこん》が見つかるかのいずれかです。

この柱痕跡とそれ以外の土をどうやって見分けるのかというと、木材が土壌化した土は粘土質で土の粒子が細かくネバネバしています。断面を観察して粘土質の土が垂直にまっすぐ残っていれば、柱痕跡と考えます。第3章、第4章で紹介する平城宮跡や第1章で紹介した藤原宮《ふじわらきゅう》跡の遺構では、柱痕跡を検出した事例はどちらかというとあまり多くはありません。

掘立柱建物の場合、この掘方や抜取穴の平面的な大きさや、深さ、用いている柱の太さなどの情報は、上部構造を考えるうえできわめて重要です。すなわち、柱穴が大きければ太い柱を用いていた蓋然性が高くなります。柱が細ければそれほど大きな穴を掘る必要はないと考えるのが普通ですから、掘方の大きさは柱の太さに比例していると考えることができます。同様に、長い柱を立てようとすると、深く埋めないと安定しないと考えます。柱穴が深ければ掘立柱の地面より下の部分（根入れ）が深いことを意味し、地上部分の柱も長いと想定します。柱根が出土すれば、その建物が用いていた柱の太さ

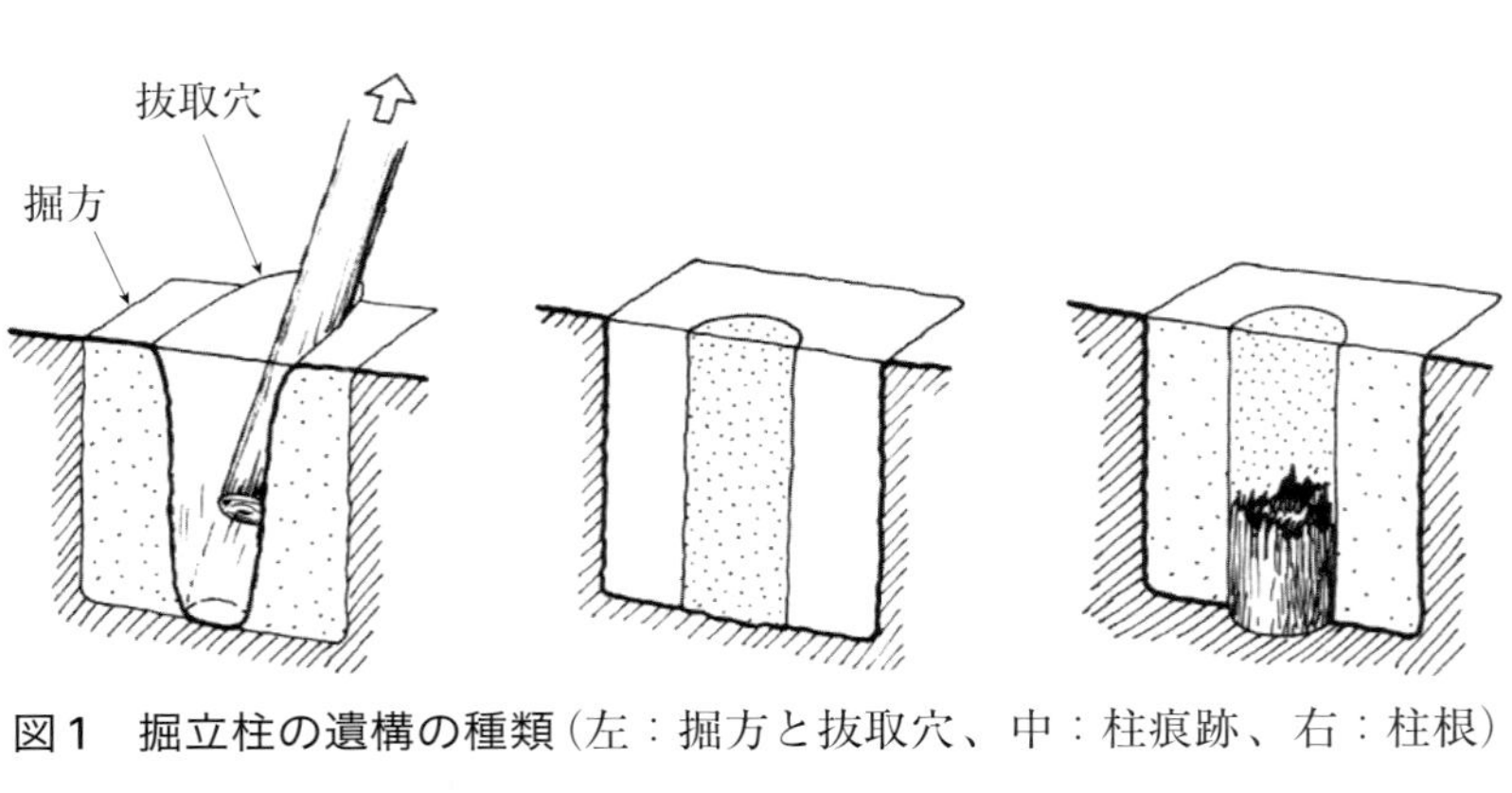

図1　掘立柱の遺構の種類（左：掘方と抜取穴、中：柱痕跡、右：柱根）

が判明します。

礎石建物　礎石建物とは、柱を礎石の上に立てる形式の建物をいいます。伝統的な木造建造物では、礎石の上に柱が立っているので、礎石を目にすることも多いと思いますが、発掘調査でも礎石が検出されることもあります。第1章では、根石《ねいし》が残る藤原宮跡の事例を紹介していますが、礎石を据えるためには、礎石を安定させ上面をできるだけ水平とするため、拳大から人頭大の石を礎石の下に置きます（**図2**）。これが根石です。発掘調査では、礎石が据えられた状態で検出されることは珍しく、多くは礎石を抜き取った痕跡や、根石が検出されます。根石すら残らない場合もあり、礎石を据え付けるために掘る穴（据付穴《すえつけあな》）も掘立柱建物のように深くないことが多く、こういった礎石に伴う痕跡を検出することは、総じて難しいといえます。

礎石建物は、後述する基壇《きだん》と呼ぶ高まりの上に建てる場合が多いです。いま述べたように、礎石の据付穴は浅いため、遺跡が後世に削られてしまうと、礎石の痕跡も残らない場合があります。そのため、基壇の痕跡などから建物があることがわかっても、柱の位置などは判明しないことがあります。

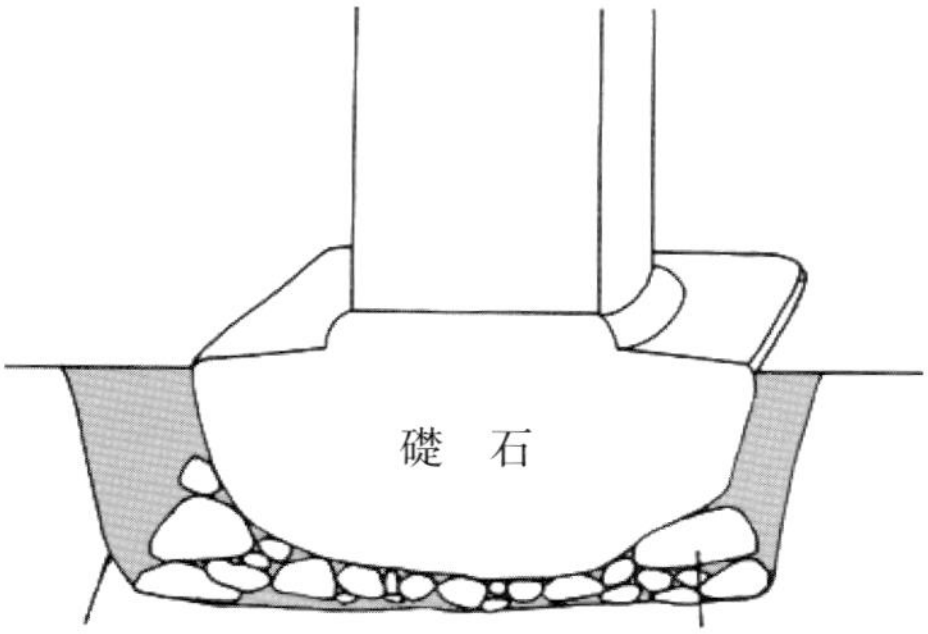

図2　礎石据付穴の構造

図3は、藤原宮の大極殿院南門《だいごくでんいんなんもん》の遺構です。礎石の据付穴や根石などはまったく検出できませんでしたが、左右方向（東西）に白くみえる石材が、後述する基壇外装《がいそう》の石材であることがわかりました。柱の位置は判明しませんでしたが、基壇の存在から礎石建物があったということがわかりました。

基壇　建物を建てるため、周辺の地盤よりも高く築いた土壇を基壇といいます。基壇は、奈良市の薬師寺食堂《じきどう》などにみられるような、土や粘土、小石などを層状につき固める版築《はんちく》と呼ばれる構法で構築されることがしばしばあります（**図4**）。ちなみに、版築とは、たとえば、砂質の土を二〇センチほど敷いて、つき棒で厚さが半分の一〇センチ程度になるまでつき固め、その層が固まれば、次に粘土質の土を敷いて同じようにつき固めていくという構法です。非常に労力がかかるため、区画の中心的な建物でないと、このような構法は採用されなかったようです。また、地盤の弱い場所に中心的な建物を建てなければならない場合は、基壇の範囲を地上から数十センチ掘り込んだのち、版築によって地盤改良を施すことがあります。こ

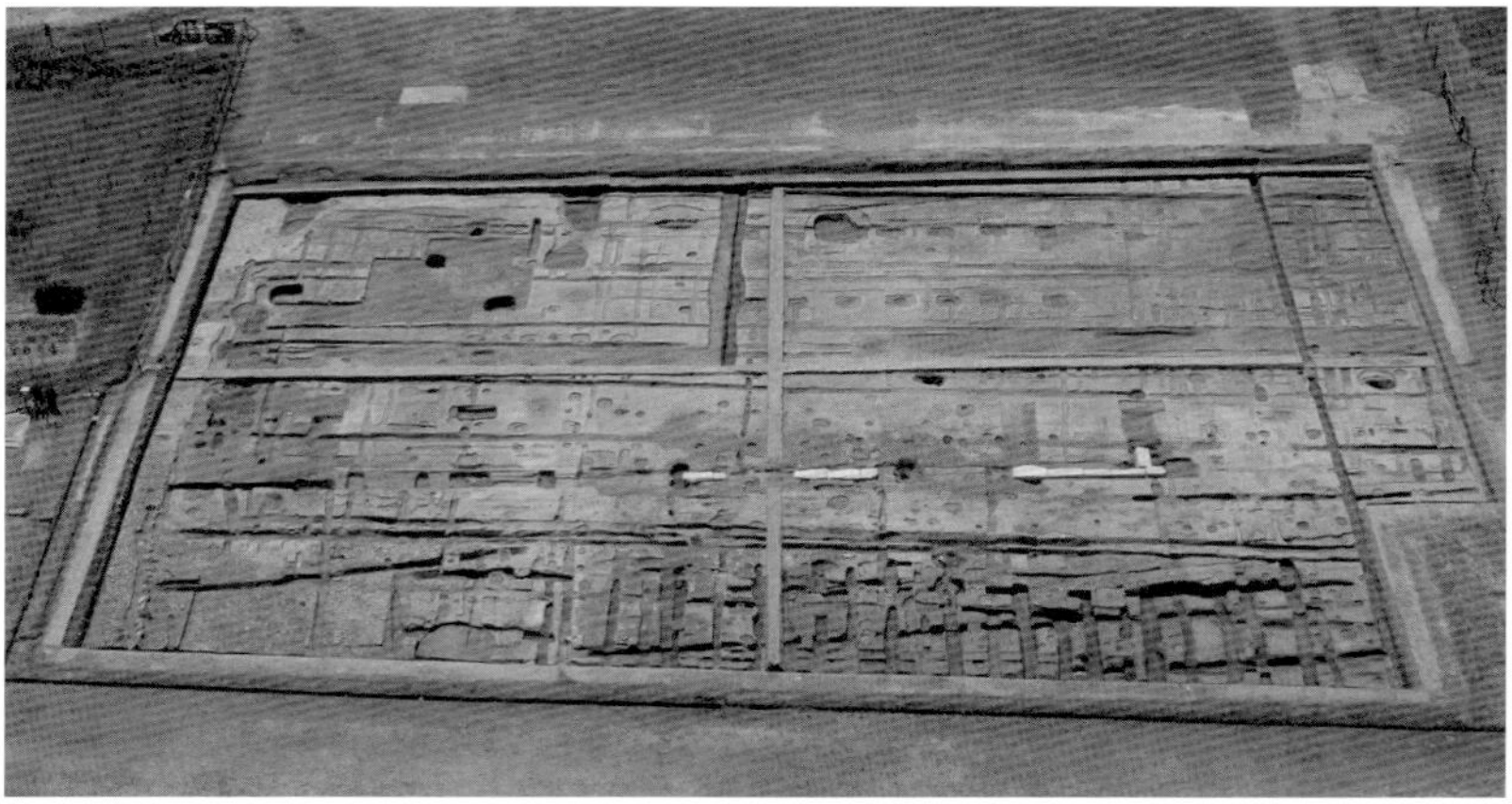

図3　藤原宮大極殿院南門跡（北上空から）

図4　版築を用いた基壇の断面（薬師寺食堂）

図5　掘込地業をともなう基壇（吉備池廃寺金堂）

れを掘込地業《ほりこみぢぎょう》と呼びます。基壇の高まりは、この掘込地業の版築に連続させて築くのです。図5の奈良県桜井市の吉備池廃寺《きびいけはいじ》金堂《こんどう》でみると、手前の暗い色の土がこの土地の沼池状の軟弱地盤で、その奥の明るい色の土が奥のほうで暗い色の土を掘り込んだのち、層状に積まれていることがわかると思います。この層状に積んだ版築がもとの地盤を掘り込んだ面よりも上、つまりもとの地表よりも上のほうまでつき固めながら積み上げて基壇を築いているのです。

　基壇は、つき固めているとはいえ、人が登る、または風雨などにより、端部が削られてしまいます。このため、築いた土壇が崩れないよう、石や瓦などで土壇の縁辺部を保護することが必要となります。これを基壇外装《がいそう》といいます。基壇外装には、自然石を並べた簡素な乱石積《らんせきづみ》から、平瓦を積み上げた瓦積《かわらづみ》、整形した石を組み上げた切石積《きりいしづみ》や壇正積《だんじょうづみ》のようないくつかの種類があります（図6）。このうち、最も格式の高いのが壇正積基壇です。

　発掘調査では、基壇の高まりが後世の削平により検出できな

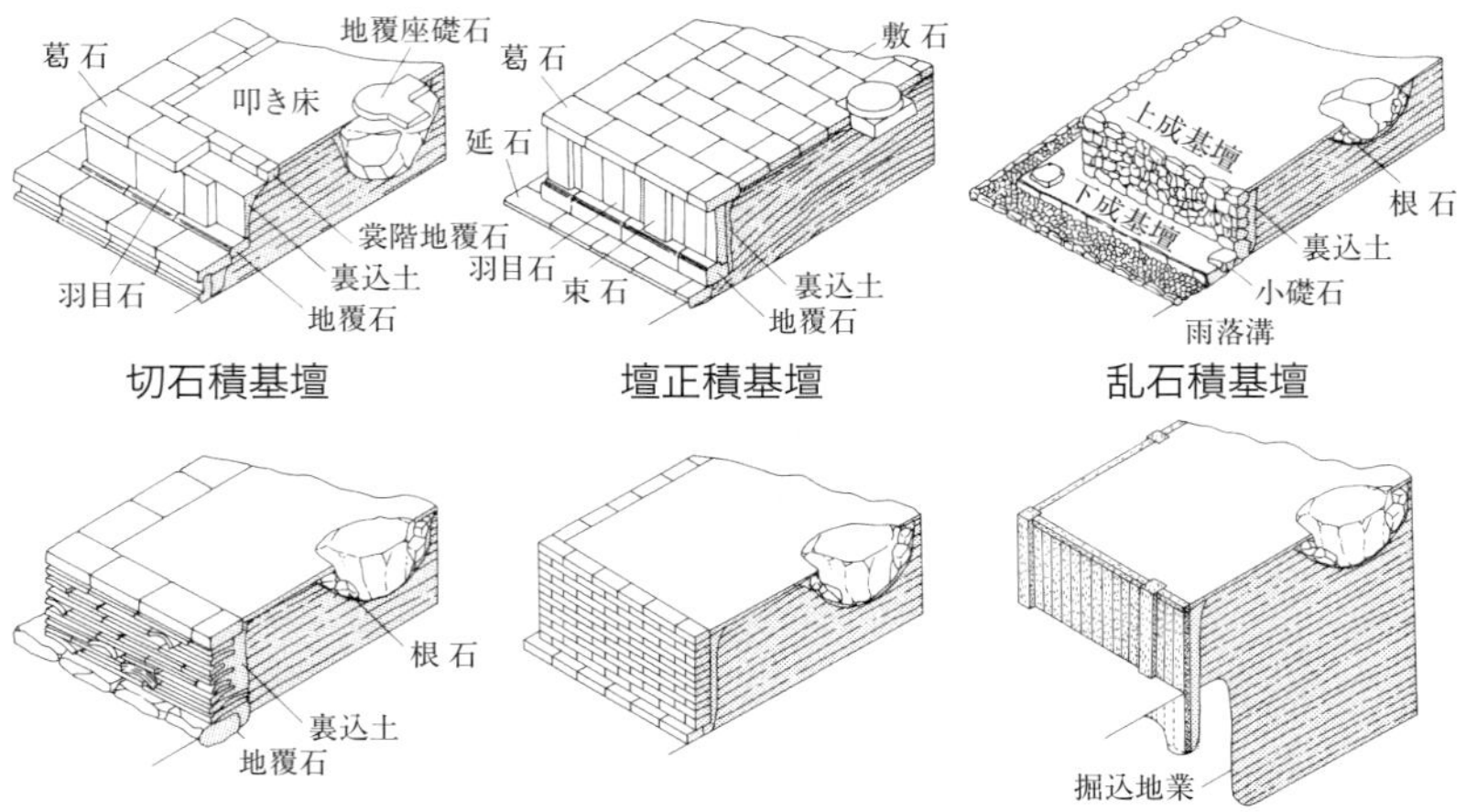

図6　基壇外装の種類

い場合も少なくありません。しかし、先ほども例にあげた藤原宮の大極殿院南門の遺構のように、基壇外装の痕跡や掘込地業、また基壇にあがるための階段の痕跡などから、その存在や規模が判明する場合があります。

雨落溝　奈良県桜井市の山田寺宝蔵《ほうぞう》の遺構にみられるように、掘立柱建物や礎石建物にかかわらず、建物の周囲に溝がめぐることがあります（**図7**）。このような場合、これを雨落溝《あまおちみぞ》と認識します。雨落溝とは、建物の屋根に降った雨が軒先を伝って地面に落ちるのを受ける溝で、掘立柱建物の場合は素掘《すぼ》り、基壇を伴う場合は、しばしば石組溝や石敷にします。

ただし、雨落溝なのか、基壇外装の石材などが抜き取られて溝のようにみえるのかは、その溝にどのような遺物が含まれているかが判断材料となります。石材の欠片がたくさん出土すれば基壇外装の石材が抜き取られたものと判断し、水が流れたような痕跡が認められれば雨落

図7　建物周囲に掘られた雨落溝（山田寺宝蔵）

溝と認識します。ただし、明瞭な溝の形態をなしていなくても、軒先からの雨垂れが流れた、細かい砂の堆積が認められる場合もあり、この場合も雨落溝と同様の機能として扱うことができます。この雨落溝の位置が上部構造を復原するうえで、大きな手がかりとなります。それは、後述するように、雨落溝の位置が建物の軒先の位置を示している可能性があるからです。この雨落溝を検出できるか否かで、上部構造の検討が簡単になるか、難しくなるのかの違いとなります。

出土建築部材　掘立柱の柱根だけではなく、建築部材そのものが出土することもあります（図8）。第5章でも紹介する山田寺回廊のように、建物が倒壊した状態で検出されることはごく稀ですが、大きな穴や溝などに部材が捨てられた状態で出土することがあります。また板材などは、他の構築物に転用されて出土する場合もあります。転用された状態で発見される最も多い例は井戸の枠板《わくいた》です。もともと壁や床だった板を、建物の解体などに伴って再加工し、井戸枠に転用したものが出土するのです。出土建築部材については、第6章で詳しく触れますので、ここでは省略します。

図8　出土建築部材（保存処理後、藤原宮跡出土）

建築部材のみならず、出土するその他の遺物から建築遺構についての情報を得ることもできます。多量の瓦が建物のまわりから出土すれば、その建物は瓦葺と考えられますし、檜皮《ひわだ》がたくさん出土すれば、周辺に檜皮葺の建物があったと推測できます。逆に、瓦も檜皮もまったく出土しなければ、板や藁といった遺物として出土しにくい屋根材料を葺いた可能性が考えられます。また、赤色の顔料が付着した瓦からは、当該建物に用いられた顔料の情報を得ることができます。屋根の軒先に置く文様をもつ瓦（軒瓦《のきがわら》といい、軒丸瓦《のきまるがわら》と軒平瓦《のきひらがわら》がある）は、その文様から建設年代を推定できる場合もあります。瓦の文様の変遷や絶対年代は、これまでの精緻な研究でわかってきていますので、出土瓦をその指標に当てはめるのです。

二　古代建築の上部構造

日本に現存する飛鳥・奈良時代の建造物は三〇棟ありあります。いずれも国宝や重要文化財に指定されている寺院建築ですが、奈良市の唐招提寺講堂《とうしょうだいじこうどう》（**図9**）のように、当初は平城宮の

図9　唐招提寺講堂

朝集殿《ちょうしゅうでん》という、参集した官人たちが衣服を整え、待機する場所に使用した建物を移築・改造したもの、奈良県斑鳩町《いかるがちょう》の法隆寺東院伝法堂《ほうりゅうじとういんでんぽうどう》（図10）のように、当初は貴族の住宅（藤原不比等《ふひと》の後妻であった橘夫人の邸宅）だった建物を寺院建築に改造したものなどさまざまです。これらは以下のような共通する特徴がみられます。

建物の基本構造　建物の基本構造はあえて説明するまでもないと思いますが、建築部材のうち、垂直に立って荷重を受ける材を柱といいます。柱を二本立て、その頂部を梁《はり》でつなぐと鳥居状の骨組みができます（図11）。梁をのせる前に、柱の頂部に斗《ます》や肘木《ひじき》などの部材からなる組物《くみもの》を組む場合もあります。梁の上には屋根を支えるための束《つか》や叉首《さす》などの構造材を組みます。こうしてできた骨組みを並べて桁《けた》や棟木《むなぎ》といった水平材でつなぎ、屋根の傾斜を形成する垂木《たるき》をわたすと建物の基本構造ができあがります。これが古代の建物の建てかたです。

次に建物の方向と規模の呼びかたを整理しておきます。ま

図10　法隆寺東院伝法堂

ず、梁をかける方向を梁行《はりゆき》、桁が伸びていく方向を桁行《けたゆき》といいます。

建物の規模は、柱と柱のあいだの数を「間《けん》」という単位を用いて表します。ここで勘違いされやすいのが、現代の住宅の規模を示す際に用いる、たとえば、一間が六尺（一・八メートル）や、六尺五寸（一・九七メートル）といった尺度です。しかし、ここでいう「間」はあくまでも柱と柱のあいだの数です。たとえば、桁行方向に柱が六本並び、梁行方向に三本並んでいる場合、そのあいだの数を数えて、桁行五間、梁行二間と表現します。同じ桁行五間、梁行二間でも、柱と柱のあいだの寸法が大きいものも小さいものもあるので、建物の実寸法はさまざまな値になります。つまり、「間」では実寸法を表現できないのです。実寸法を表現するには、柱と柱のあいだの中心間の距離を柱間寸法《はしらますんぽう》と呼んで表記します。たとえば、桁行五間、梁行二間で、柱間寸法は、桁行が三・〇メートル（一〇尺）等間《とうま》、梁行が二・七メートル（九尺）等間、といった具合です。等間とは、桁行五間のすべての柱間寸法が三・〇メートル（一〇尺）で等しい、という意味です。

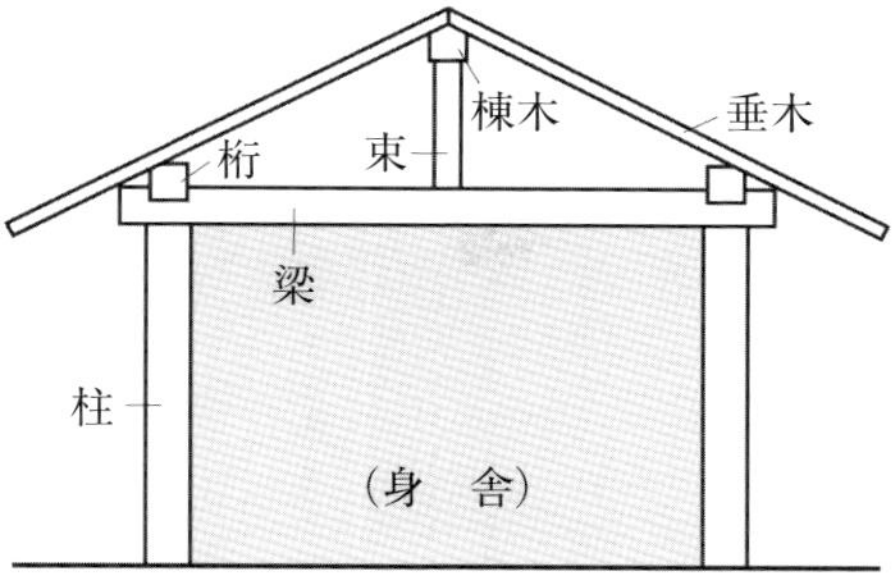

図11　建物の基本構造

平面類型　建物規模を大きくする場合、桁行方向は基本構造を増やすことでいくらでも対応が可能です。寺社の回廊《かいろう》などがこれにあたります。一方、梁行方向は梁が一つの材であるため、長さに一定の限度があります。たとえば、法隆寺金堂では約六・五メートルですし、唐招提寺金堂でも約八メートルです。一〇メートル、二〇メートルといった長い部材をとることは容易ではないため、梁行方向の規模には限度があるのです。

　では梁行方向に平面を拡張する場合にはどうするのでしょうか。この場合、基本構造の外側、つまり梁行方向の外側に柱列を追加することになります。この追加する空間を廂《ひさし》、もともとあった基本構造部分を身舎《もや》と呼びます。

　古代建築では、身舎の桁行は三〜五間が多く、梁行は二間を基本とし、身舎内部の柱を省いて広い空間をつくります。廂は身舎の四方のうち、一方だけにつくものを一面廂、二方につくものを二面廂、前後左右の四方につくものを四面廂と呼びます（図12）。廂の柱と身舎の柱を繋梁《つなぎばり》という水平材でつなげば、構造的に安定したものとなり、建物の規模を大きくすることが可能になります。法隆寺金堂や唐招提寺金堂など、古代寺院の主要な建物は、いずれも四面廂です。二面や四面など廂を複数もつ建物は、その区画でも重要な建物であるといえます。

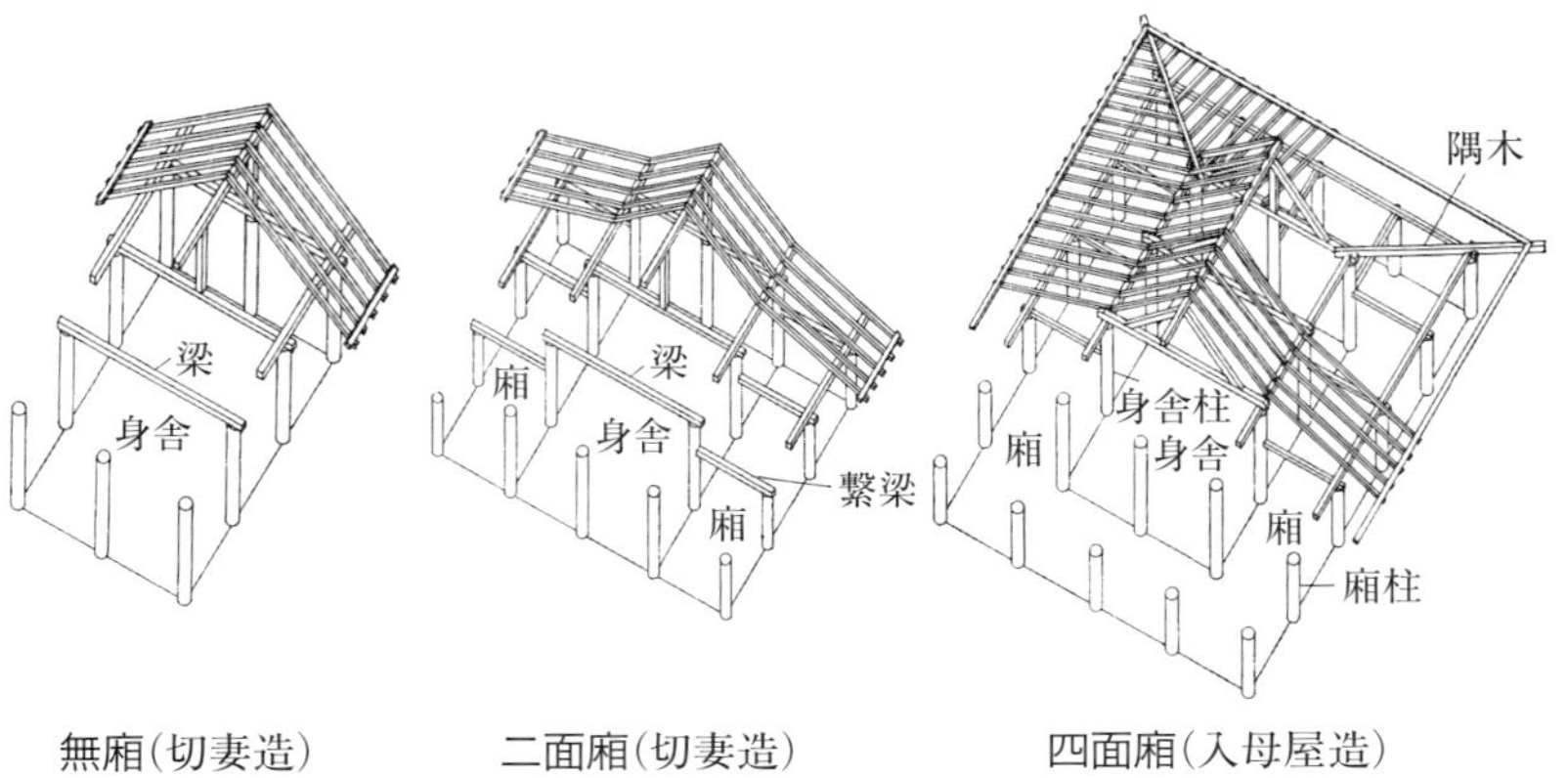

無廂（切妻造）　二面廂（切妻造）　四面廂（入母屋造）

図12　平面類型と屋根形式

組物と軒の出　組物は建物外周の柱と垂木を受ける桁とのあいだにあって、大斗《だいと》や肘木、巻斗《まきと》、尾垂木《おだるき》などで構成されますが、**図13**に示すように、さまざまな形式があります。ここで注意が必要なのは、柱筋《はしらすじ》にあわせて桁を置く平三斗《ひらみつど》や大斗肘木《だいとひじき》といった形式がある一方、柱筋《はしらすじ》よりも外側に桁をもちだす、これを手先《てさき》をだす、といいますが、出組《でぐみ》や三手先《みてさき》といった形式もあるということです。これを断面図でみると**図14**のようになります。

「軒《のき》の出」とは建物外周の柱から軒先までの水平距離（建築的には外周柱の中心から軒先にある茅負《かやおい》という水平材の下角まで）をいいますが、軒の出は組物の形式と関連しています。柱と桁の位置関係に注目すると、桁は垂木を受けて軒下の空間をつくりますので、桁を柱筋より外側にもちだせば深い軒の出をつくることが可能になります。つまり軒の出を深くするには、桁をどれだけ柱筋よりも外側に持ち出せるかが重要なのです。このため手先をだす組物を用いて桁を柱筋からより外側へだそうとするのです。

実例で実寸法をみると、手先をださない平三斗の組物をもつ奈良市の海竜王寺西金堂《かいりゅうおうじにしこんどう》では約二・〇メートル、大斗肘木を用いる法隆寺東院伝法堂では約二・〇メートル、手先を一段（これを一手という）だす出組の東大寺法華堂《とうだいじほっけどう》では約三・〇メートル、手先を三手だす三手先組物をもつ唐招提寺金堂や薬師寺東塔《やくしじとうとう》では約四・四メートルとなっており、組物の手先のだしかたと関連しています。

しかし、組物は軒をだすための木組というだけではありません。組物は建物の格式を象徴しており、簡素な建物には手先をだす組物を用いません。唐招提寺金堂や薬師寺東塔など寺院の中核をな

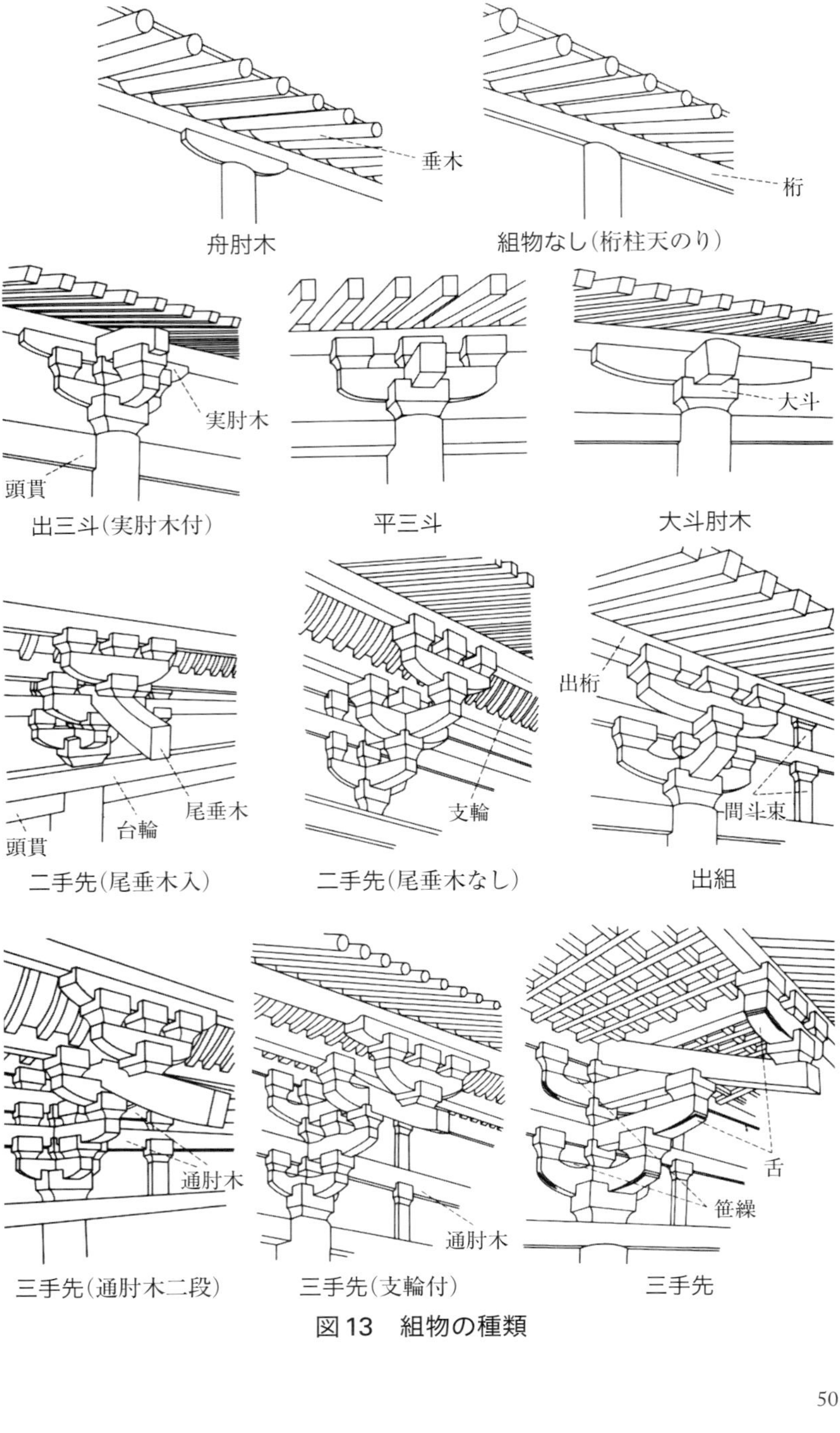
垂木
舟肘木
桁
組物なし(桁柱天のり)
実肘木
頭貫
出三斗(実肘木付)
平三斗
大斗
大斗肘木
尾垂木
台輪
頭貫
二手先(尾垂木入)
支輪
二手先(尾垂木なし)
出桁
間斗束
出組
通肘木
三手先(通肘木二段)
通肘木
三手先(支輪付)
舌
笹繰
三手先

図13　組物の種類

す建物では、最も格式の高い三手先を用いています。
　ここまでは、建物の外周柱の上に現れる組物について解説してきましたが、組物は建物の外部だけに現れるわけではなく、内部の構造とも関連しています。**図15**は唐招提寺金堂の断面図ですが、内部の柱上にも組物が組まれ、組物を構成する水平材が外周の柱間（廂）の天井の部材を構成していることがわかります。このように、組物は内部の構造とも関連しているのです。

基壇と軒の出・平面　基壇上面には軒先からの雨を落とさないため、基壇をもつ建物では、軒先は基壇外装よりも外側まで延ばすのが一般的です（**図16**）。このため雨落溝は基壇よりも外側に設けられます。
　また、基壇にあがるための階段は、基壇から外側に突出することが多いですが、それに伴って、階段に沿って雨落溝が屈曲する場合と、直線状に階段の外側を通る場合、あるいは階段部分で雨落溝が途切れる場合とがあります。もう一つ重要なことは、壇正積基壇のような格式の高い基壇外装の場合、階段の幅

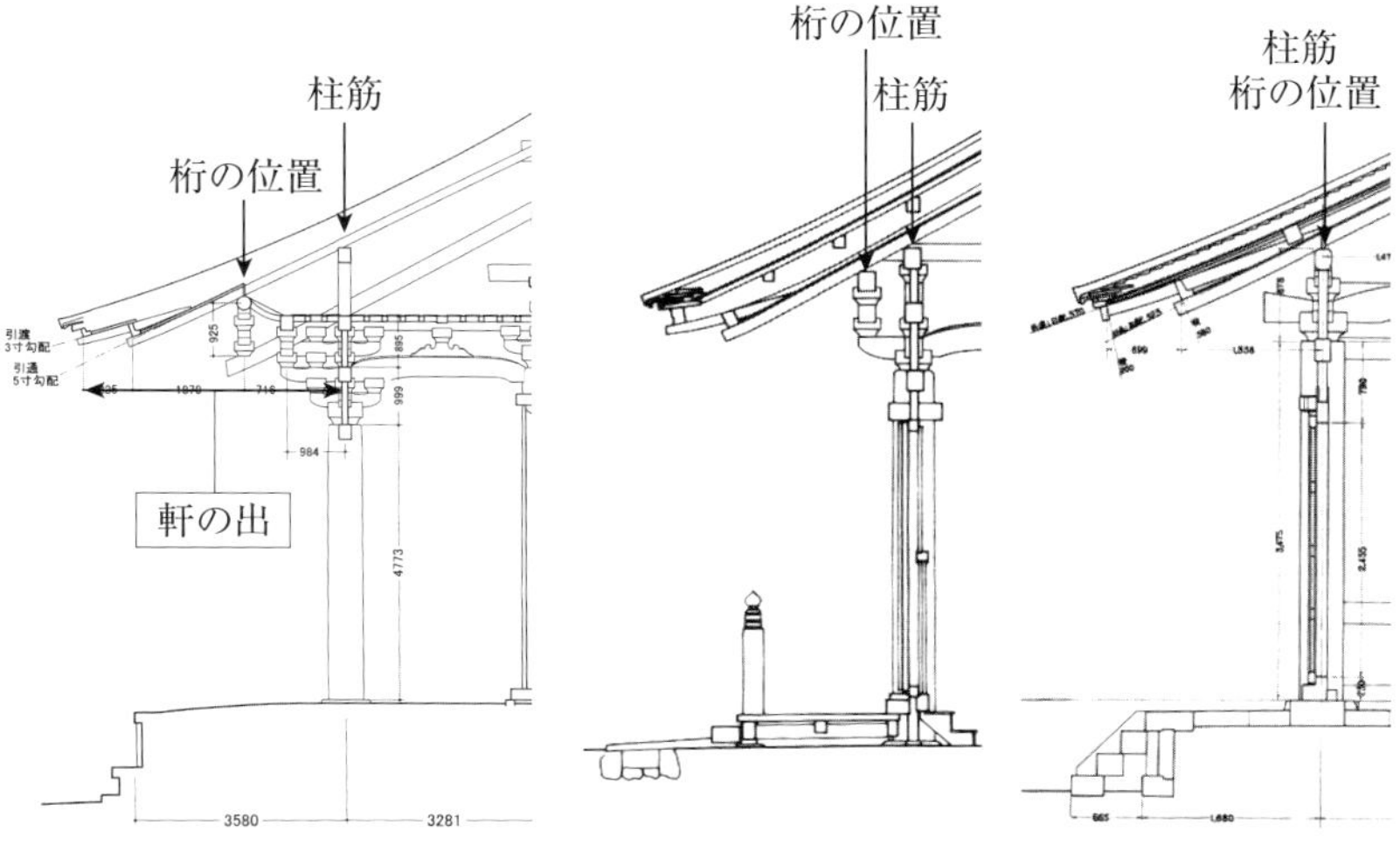

図14　柱筋と桁との位置関係（左：三手先、中：出組、右：平三斗）

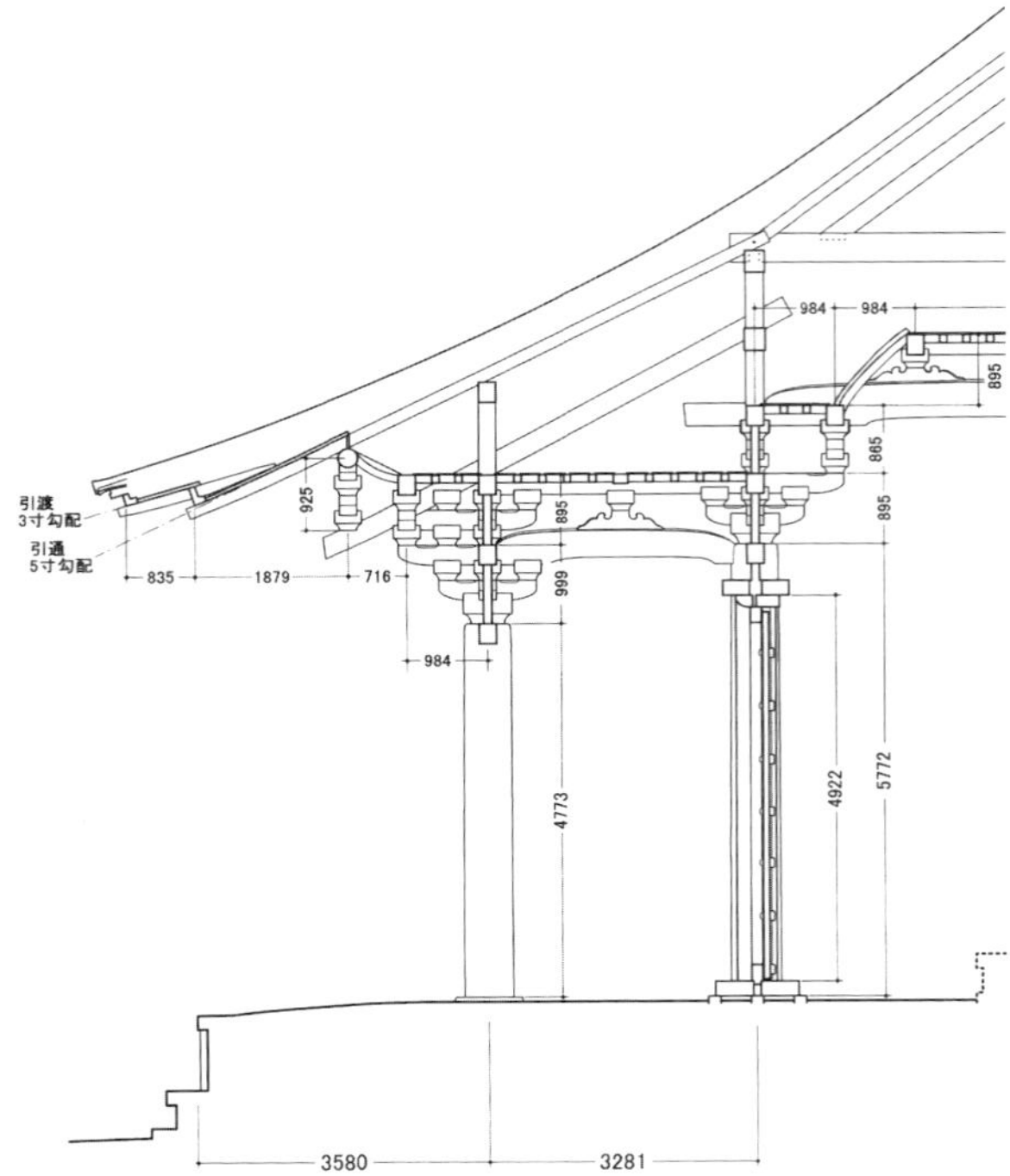

図15　組物と内部の構造（唐招提寺金堂）

図16　基壇と雨落溝（唐招提寺講堂）

と建物の柱間を合わせることが多いということです（図17の破線）。この特徴は、第3章で述べるように発掘遺構から柱配置を考える際に有効となります。

平面と屋根の形式　屋根の形式には、切妻造《きりづまづくり》、寄棟造《よせむねづくり》、入母屋造《いりもやづくり》、宝形造《ほうぎょうづくり》などがあります（図18）。法隆寺金堂や唐招提寺金堂のような四面廂の建物では、入母屋造あるいは寄棟造となり、法隆寺東院伝法堂のような二面廂の建物、あるいは、海竜王寺西金堂のような廂のない身舎のみの建物は、切妻造とするのが基本です（図12参照）。

　入母屋造や寄棟造の場合、屋根の四隅から内側四五度方向に隅棟《すみむね》という変曲点ができるため、それを支える隅木《すみぎ》という部材が

図17　柱間と階段の幅との関係（唐招提寺金堂）

図18　屋根形式の種類

必要となります。隅木は身舎の隅柱と庇の隅柱で支えられるので、庇の出が桁行方向と梁行方向で同じ長さになる必要があります。つまり、入母屋造や寄棟造の屋根とするためには、原則として身舎・庇の構造をとり、かつ建物四隅の柱間（隅の間と呼ぶ）が桁行と梁行で同じ寸法になっていなければなりません。これらも発掘遺構から屋根形式を考えるうえでたいへん有効となります。

三　発掘遺構からわかる上部構造

発掘調査で検出された建築遺構の上部構造を復原するには、ここまで述べたような発掘遺構や古代建築の特徴から、詳細な検討が必要になります。その具体的な手法の事例については、次章以降で取り扱うこととし、ここでは基本的な検討手法についてみていきます。

建物の骨格　まず発掘調査で得られた情報を吟味し、建物の平面を検討します。掘立柱建物のように、柱配置が判明している場合でも、柱間寸法の検討などが必要になることがあります。また、礎石建物など柱配置がわからない場合は、想定される軒の出などを考慮しながら柱配置を検討します。基壇をもつ建物では、礎石の痕跡などが削平されて柱の位置がわからなくても、階段幅が柱間を反映するという古代建築の特徴から、階段の位置や幅を根拠に柱配置を復原できる場合もあります。

平面の検討が終わると、上部構造を考えるための条件を発掘遺構から拾い出します。掘立柱建物であれば、柱穴の大きさから柱の大きさを、柱穴の深さから柱の長さを推定し、建物が平屋（単層）

か二階建て（重層）か、楼閣のような柱が長い建物かを検討します。たとえば、平城宮跡などでみられるような平面や深さが約一メートルの掘方に柱を立てる一般的な掘立柱建物の場合は、単層の建物と推定できます。しかし、**図19**のように、深い掘立柱の掘方の底に拳大の栗石《ぐりいし》を敷き詰めて中央に大きな石を置き、柱をその上に立て、地中に隠れる柱の下部に貫き通した水平材を枕木で受けるような堅固な基礎構造であれば、一般的な単層の建物とは考えにくく、重層あるいは楼閣などの高さのある建物であったと推定できます。

屋根形式についても、身舎と廂の関係、つまり廂をもつ場合は、柱配置から建物のどこに廂がつくのか（**図12**参照）、またその柱間寸法などから絞り込むことができます。さらに、柱位置とともに基壇や雨落溝が検出されれば、軒の出が検討でき、ここから組物の有無やその形式もおよそ推定することが可能

図19　掘立柱の堅固な基礎構造（平城宮東院庭園隅楼）

となります。組物は建物内部の構造にも関連するため、同時に内部構造の検討もおこなうこととなります。このように、古代建築の特徴を踏まえて発掘遺構に検討を加えることで、建物の骨格が浮かび上がってきます。

建物の性格　建物の骨格に肉付けをおこなうには、建物の性格を想定する必要があります。発掘遺構から想定する場合、たとえば身舎の梁行が三間の四面廂をもつ建物で、さらにその一郭で規模が最も大きく、周辺に建物がなければ、その地区の中心的な建物と推定できます。そのうえ瓦葺であれば役所などの公的な施設、檜皮葺であれば住居のような私的な建物などと想定します。

一方、発掘調査前に検出される建築遺構を予測できる場合もあります。文献資料や口伝などから、調査地が寺院跡や役所跡と推定され、立地や小字名などが建物の性格を反映している場合です。この場合、検出された建築遺構が予測した建物跡であるか否かの検討が重要となります。つまり、その建物遺構だけでなく、立地や周囲の建物との関係、また、その地域における当該施設の位置づけなど、遺跡全体における総合的な視点からの検討が不可欠です。

このような検討をおこなうことによって、建物の性格を読み取ることができます。

細部の検討　建物の性格が想定できれば、発掘遺構から推定が困難な建築細部についても、より積極的に上部構造の復原を進めることが可能となります。たとえば、軒の出が約二メートルであった場合、組物をもたない形式か、手先をださない大斗肘木や平三斗のいずれかが想定されます。その建物が属する空間において重要な建物であれば、これらのうち最も格式の高い平三斗と推定するのです。

同様に性格や格式の近似する古代建築を参考にしながら、細部についての検討を加え、上部構造を復原していくのです。

おわりに

以上、発掘調査で検出される建築遺構に対する情報と古代建築の特徴を述べ、上部構造を復原するうえでの考えかた、前提などについて概観しました。発掘調査で得られる情報が多ければ、当然ながら上部構造を復原するための情報も多く得られます。つまり、発掘調査の成果は、上部構造を復原していくために重要なウエイトを占めています。だからこそ、発掘調査の段階から上部構造の情報を逃がさないよう、私たち研究員の高い意識が求められるのです。

一方、現存する建造物がきわめて限られる七世紀の建築にあっては、発掘調査の成果が古代建築の常識を塗り替えることも十分に考えられます。そのような遺構の位置づけには、日本だけではなく、当時の中国や韓半島の建築も視野に入れて検討する必要があります。建築史研究の基礎は、現存する建築に対する調査研究であり、さらに文献資料などからの分析も進んできました。さらなる様相解明には、それらに加えて、発掘遺構も含めた研究が不可欠なのです。

発掘遺構を建築史のなかに位置づけること、私はこれを発掘調査に従事する建築史研究者に課せられた使命と考えています。それには発掘遺構と古代建築をつなぐ、知識や当時の技法を理解する力を養わなければなりません。

図版出典

図1　宮本長二郎（イラスト：穂積和夫）『平城京—古代の都市計画と建築—』草思社、一九八六。四五頁掲載図を一部改変。

図2　『古代の官衙遺跡Ⅰ　遺構編』奈文研、二〇〇三。五九頁、図二上を一部改変。

図3〜5・7・8・19　いずれも奈文研内部資料。

図6　前掲『古代の官衙遺跡Ⅰ　遺構編』七一頁、図一を一部改変。

図9　『国宝唐招提寺講堂他二棟修理工事報告書』奈良県教育委員会、一九七二。図版第一図。

図10　『国寶建造物法隆寺東院舎利殿及繪殿並傳法堂修理工事報告』法隆寺国寶保存事業部、一九四三。図版第一五三図。

図11　新規作成。

図12　鈴木嘉吉「古代建築の構造と技法—法隆寺建築を中心として—」『奈良の寺二　法隆寺　東院伽藍と西院諸堂』岩波書店、一九七四。三頁、図二〜四を一部改変。

図13　工藤圭章「古代の建築技法」『文化財講座　日本の建築2　古代Ⅱ中世Ⅰ』第一法規、一九七六。一〇九頁。

図14　右：『重要文化財海竜王寺西金堂・経蔵修理工事報告書』奈良県教育委員会、一九六七。図版第五図を一部改変。
中：『国宝東大寺法華堂修理工事報告書』奈良県教育委員会、一九七二。図版第五図を一部改変。
左：『国宝唐招提寺金堂修理工事報告書』奈良県教育委員会、二〇〇九。本編二、九三六頁、第一三一一図を一部改変。

図15　前掲『国宝唐招提寺金堂修理工事報告書』本編二、九三六頁、第一三一一図を一部改変。

図16　筆者撮影写真に加筆。

図17　前掲『国宝唐招提寺金堂修理工事報告書』図版第一図に加筆。

図18　西和夫『図解　古建築入門—日本建築はどう造られているか—』彰国社、一九九〇。一〇四頁掲載図を一部改変。

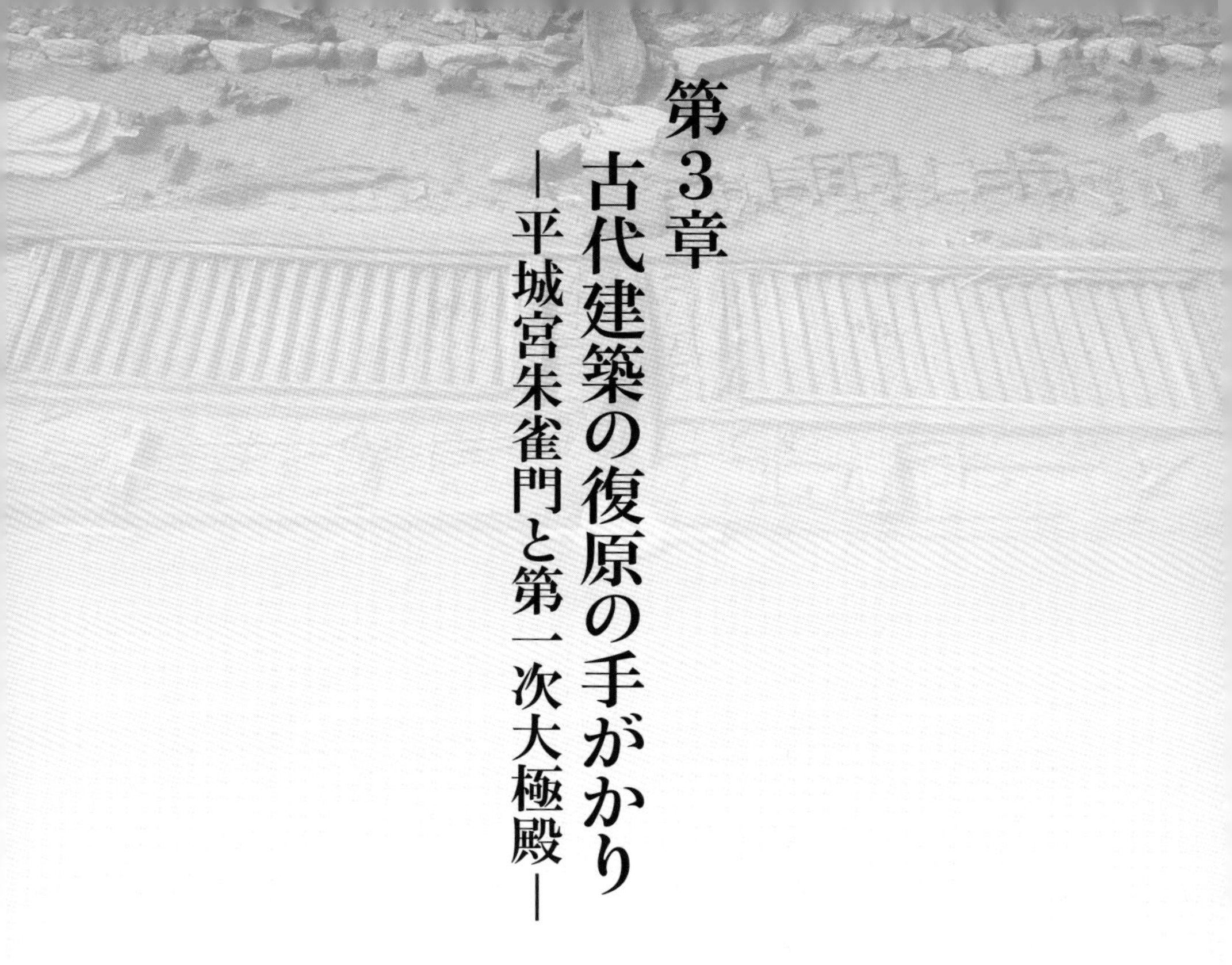

第3章 古代建築の復原の手がかり

―平城宮朱雀門と第一次大極殿―

鈴木 智大

都城発掘調査部 遺構研究室 研究員

すずき・ともひろ

一九八〇年 愛知県生まれ

二〇〇五年 東京大学大学院工学系研究科修士課程修了

二〇〇八年 東京大学大学院工学系研究科博士課程単位取得退学

同　年 奈良文化財研究所 研究員

二〇一三年 奈良県教育委員会事務局文化財保存事務所 薬師寺出張所 実務研修員

二〇一四年 現　職

現在の専門分野は、日本建築史、東アジア建築史。

《要旨》　平城宮跡に復原された朱雀門と第一次大極殿。奈文研の建築史研究者が、経験と知識を総動員して挑んだ巨大プロジェクトです。この二つの建物の復原検討過程を振り返ることで、発掘遺構を最大の根拠としながら、文献、絵画、現存建築、出土遺物など、多岐に及ぶ復原の手がかりの一端を紹介します。そして復原研究にこめる思いをお伝えしたいと思います。

はじめに

平城宮跡は奈良の市街地中心部にあり、東大寺や興福寺は市街地の東に位置しています（**図1**）。奈良の都の中心は平城宮でしたが（**図2**）、現在、平城宮跡は市街地に囲まれ、電車の車窓に突如現れる広大な空き地といったイメージが、少し前まではあったと思います。そんな特別史跡平城宮跡のイメージを一変させたのは、平成一〇年に完成した朱雀門《すざくもん》でした（**図3**）。それから一二年後、平城遷都一三〇〇年にあたる平成二二年には平城宮の中枢施設である第

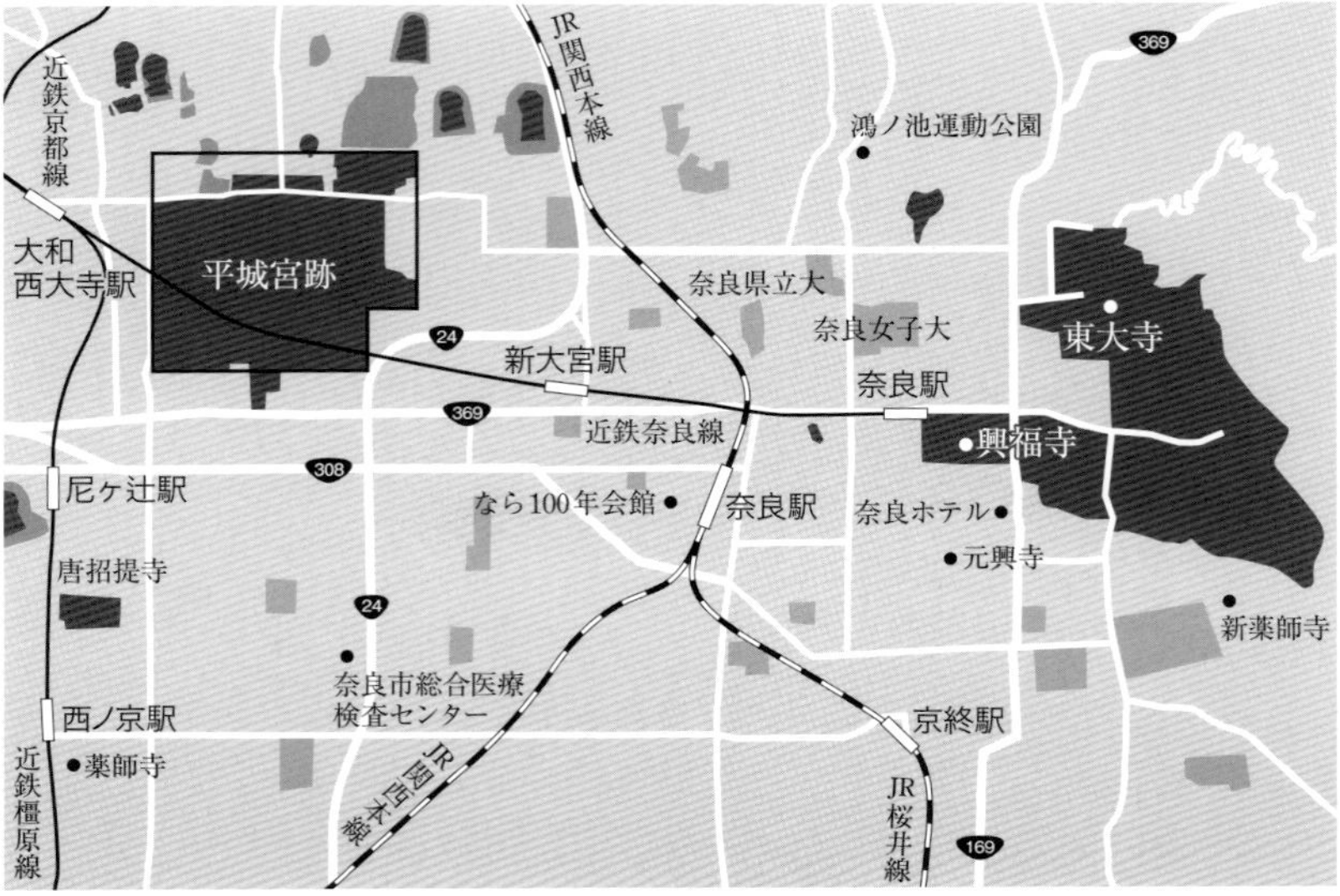

図1　平城宮跡の位置

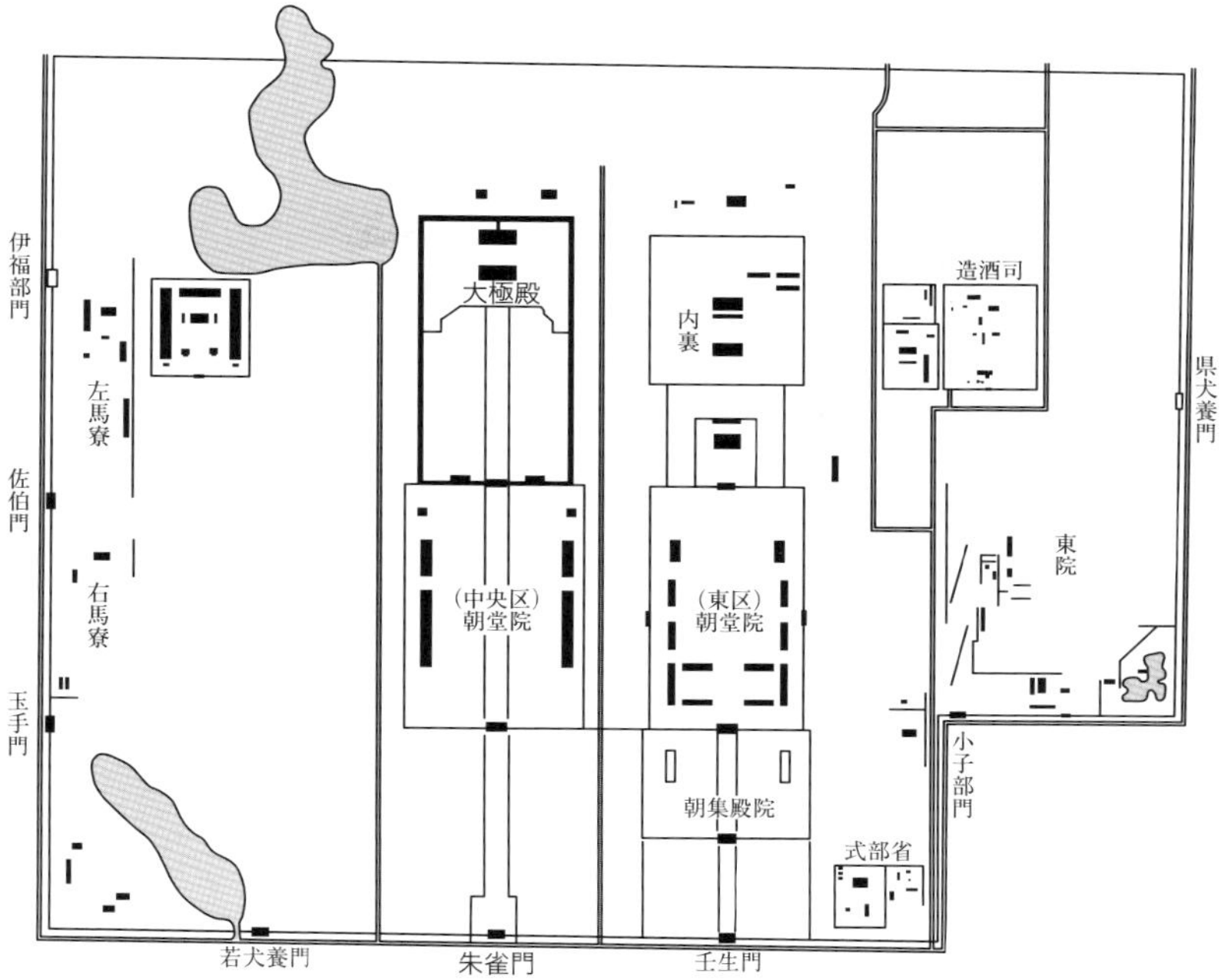

図2　奈良時代前半の平城宮

図3　復原された平城宮朱雀門(南東から)

一次大極殿《だいごくでん》が復原されました（図4）。これらは、いまや平城宮跡のみならず、奈良の顔となりつつあります。

奈良文化財研究所（以下、「奈文研」と略す）では、昭和三四年（一九五九）以来、平城宮跡の継続的な発掘調査をおこなってきました。それとともに、発掘調査の成果を多くの方に知っていただくため、遺跡整備にも力を注いできました。昭和五三年に文化庁が『特別史跡平城宮跡保存整備基本構想』を策定し（図5）、建物を復原するエリアが示されました。朱雀門のほか、第一次大極殿とその周辺施設はそのエリアに含まれています。

朱雀門と第一次大極殿は、いずれも発掘調査によって遺構を検出したものの、第2章で述べているように、上部構造を知る十分な資料が得られたわけではありませんでした。ここでは、この二つの建物の復原検討過程を振り返ることで、どのような材料

図4　復原された平城宮第一次大極殿（南東から）

を使いながら、限られた遺構の情報からどのように肉づけをして古代建築を復原していったかを紹介したいと思います。

一　平城宮跡とその整備

平城宮跡とは　平城宮は、奈良時代の都である平城京の中央北辺に営まれた宮殿です。約一キロメートル四方の区画をもち、東辺北側には南北約七五〇メートル、東西約二五〇メートルの東院と呼ばれる張り出しをもっています。

　平城京は和銅《わどう》三年（七一〇）に藤原京《ふじわらきょう》から遷都してきますが、天平《てんぴょう》一二年（七四〇）に一度平城京の地を離れて恭仁京《くにきょう》に移ります。そして、五年後に都がもどり、再び平城宮が宮殿として使われるようになります（**図6**）。

　平城京はその後、延暦《えんりゃく》三年（七八四）に長岡《ながおか》京《きょう》へ遷るまで都でした。長岡遷都後もしばら

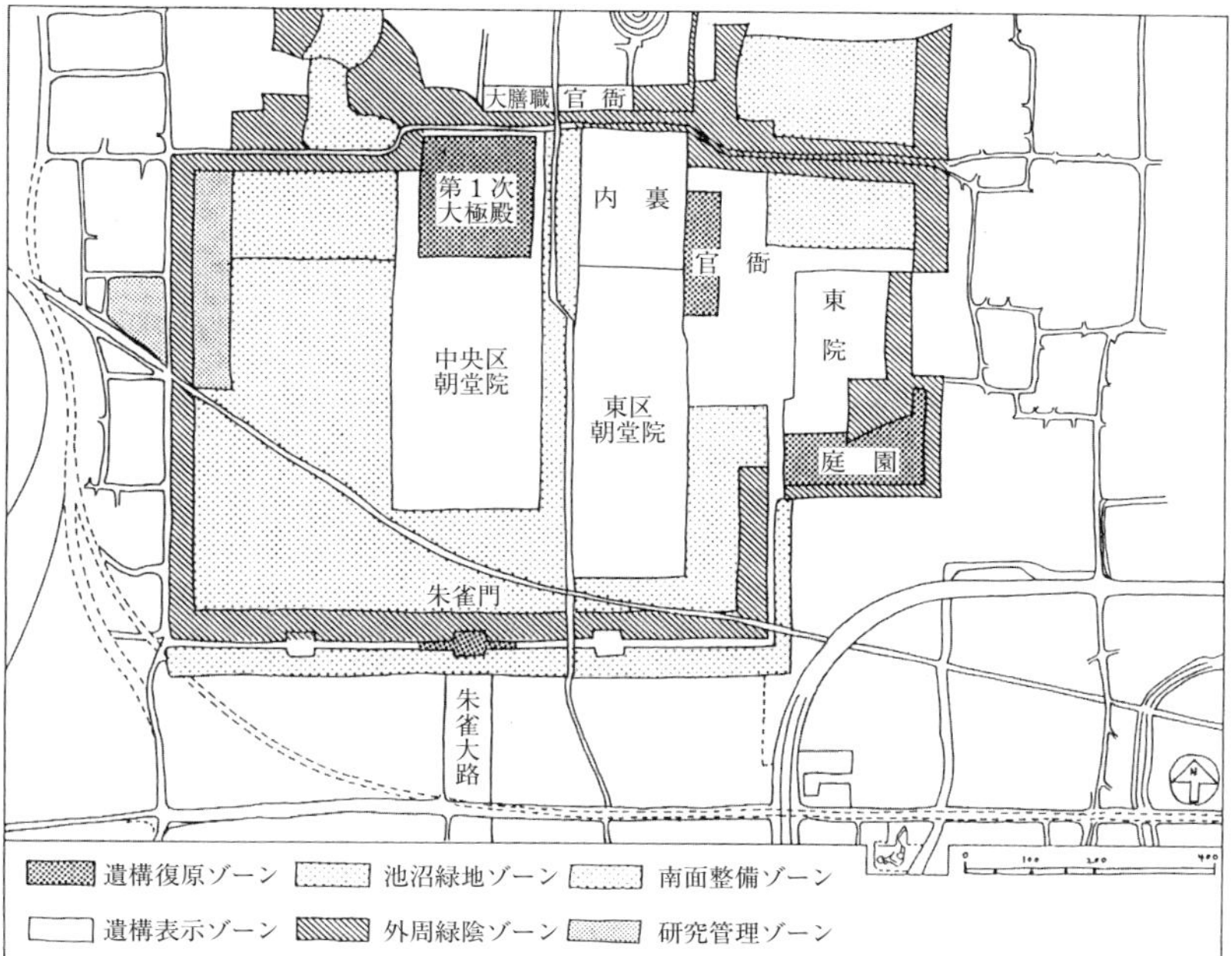

図5　平城宮跡保存整備基本構想図

くは使われていたようですが、平安時代前半には、はやくも田畑へと転じたという記録が『日本三代実録《にほんさんだいじつろく》』に残っています。

朱雀門は、平城京のメインストリートである朱雀大路《すざくおおじ》の北の突き当たりに建つ平城宮の正門です。平城宮の内部には、政治や国家的な儀礼の場である大極殿院・朝堂院《ちょうどういん》のほか、天皇の住まいである内裏《だいり》、さまざまな日常業務をおこなう役所（正確には曹司《ぞうし》と

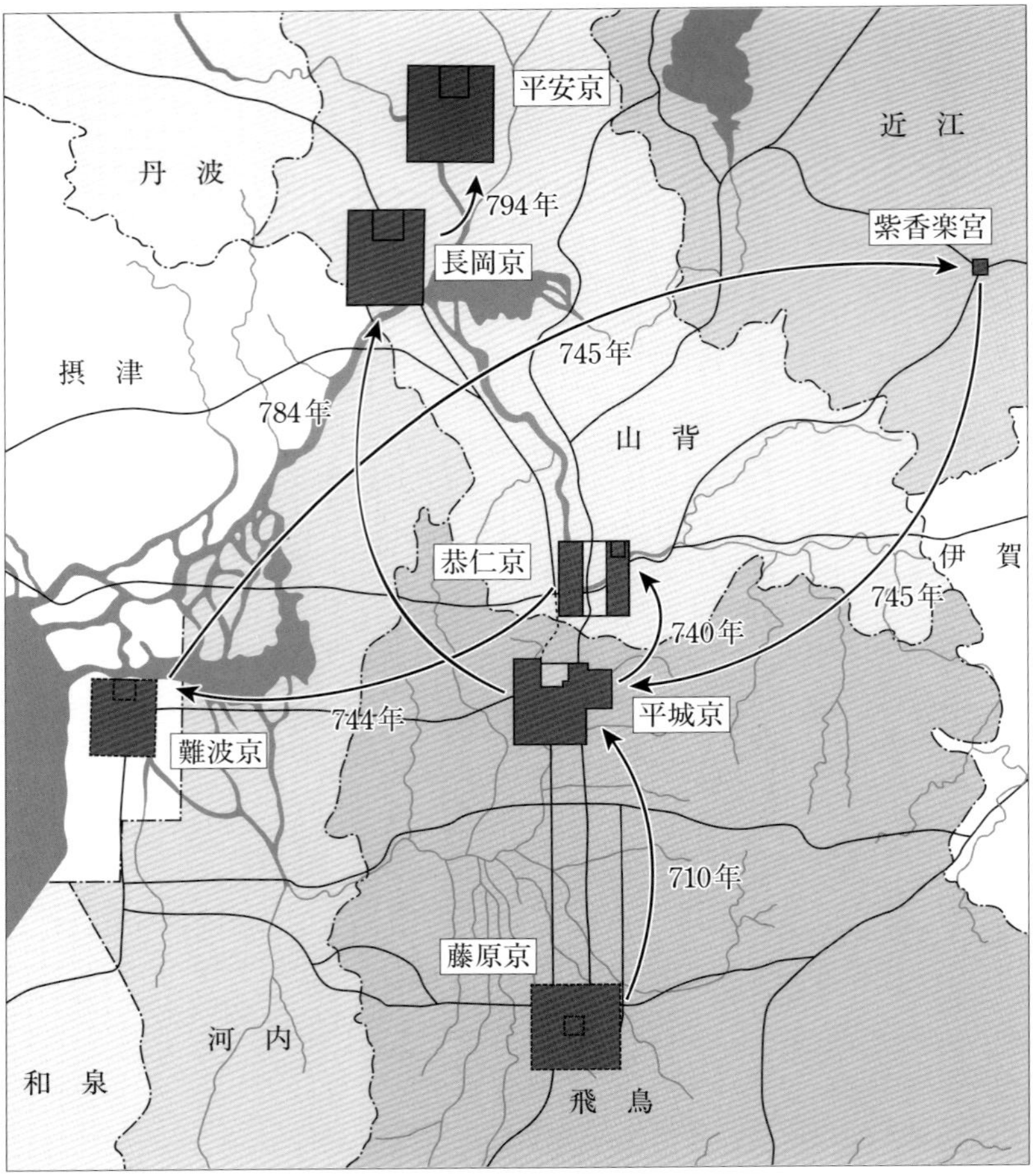

図6　繰り返された遷都

いう）などがあります（**図2**参照）。朱雀門は、奈良時代を通じて平城宮の正門として機能していたのに対し、第一次大極殿は奈良時代前半に建っていたもので、奈良時代後半には大極殿は東側の区画に建てられます（第二次大極殿、**第4章図4**参照）。

図7　関野 貞

図8　棚田嘉十郎

平城宮跡の保存　平城宮の研究が始まったのは、江戸時代の終わりごろです。明治時代になると、東京帝国大学で建築史を研究した学者である関野《せきの》貞《ただし》（**図7**）が奈良県技師として赴任し、平城宮の研究に着手します。建築史の勉強をしている、私たちのような現代の研究者世代からは、四代ほど前の直接の師匠筋に当たる方です。また、文献史学者である喜《き》田《た》貞吉《さだきち》らにより研究が深められました。それとほぼ時を同じくして棚田嘉十郎《たなだかじゅうろう》（**図8**）や溝辺文四郎《みぞべぶんしろう》といった地元の人びとが平城宮跡の保存運動に奔走し、保存会を整備しなければならないと訴えるようになります。このような地元の動きが奈良だけではなく全国へと広がり、大正一一年（一九二二）に第二次大極殿・東区朝堂院跡が国の史跡に指定され、さらに戦後の保存・調査研究へとつながり、現在に至っています（**図9**）。

平城宮跡の整備と復原　平城宮跡では遺跡の保存とともに、発掘調査の成果を地上に表現するため、さまざまな手法を用いて遺跡の整備を進めています。遺跡を発掘すると、奈良時代の遺構がみえてきますが、発掘調査終了後、遺跡を埋め戻して保存し、盛土を施したうえで、検出遺構の模型を展示したり、検出した柱の位置にツゲなどを植栽することで表したり、あるいは建物の基壇《きだん》や壁の一部を復原したりしています。**図10右上**は、内裏の一郭の建物を表示したもので、柱状に刈りこんだ植栽によって一つの建物を表し、盛土による高まりで基壇を表しています。**図10右下**は、それを一歩進め、腰くらいの高さまで柱や壁を復原し、遺構から知られる建物を復原的に表現しています。これをさらに進めたのが原寸大復原と私たちが呼んでいる整備の手法です。

平城宮跡における原寸大復原は、昭和四八年に完成した推定宮内省《くないしょう》という役所の建物の一棟から始まりました（**図10左上**）。それは檜皮葺《ひわだぶき》の掘立柱《ほったてばしら》建物です。このほか、『特別史跡平城宮跡保存整備基本構想』では、朱雀門と第一次大極殿に加えて、推定宮内省地区周辺、東院《とういん》庭園地区などが原寸大復原の計画エリアにあげられて

図9　史跡整備が進む平城宮跡（白線が平城宮の範囲）

おり（図5参照）、平成一〇年には朱雀門とともに東院庭園が復原公開されました（図10左下）。

二　朱雀門の復原

まずは平成一〇年に竣工した朱雀門の復原検討の過程から、古代建築復原の基本的な流れを紹介します。

検出遺構　朱雀門の位置と規模は昭和三九年度（一九六四）の発掘調査ではじめて確認し、その後も数度の小さな調査を重ね、平成元年度には、復原をひかえ全面的な再発掘調査をおこないました（図11）。

検出した遺構は、礎石《そせき》の抜取穴《ぬきとりあな》、礎石下の根石《ねいし》、基壇部分の地盤改良（掘込地業《ほりこみぢぎょう》）などで、それらから明らかになった建物の平面規模は、正面五間（約二五・五メートル）分、奥行二間（一

推定宮内省の原寸大復原（北東から）

内裏の植栽による遺構表示（南東から）

東院庭園の原寸大復原（南東から）

兵部省の半立体復原（西から）

図10　平城宮跡の整備と復原

〇・二メートル）で、柱の心々間距離（柱間寸法）はいずれも約五・〇メートル（一七尺）でした。また、掘込地業とその規模から、基壇は正面三二メートル、奥行約一七メートルと考えられました。

図12は南からみた写真で、礎石の抜取穴があり、その下に拳大の石が残っていることがわかります。遺物として、巨大な礎石の断片（**図13**）や瓦（**図14**）が出土しました。

絵巻にみる朱雀門　発掘調査により、規模のほか瓦葺であることは明らかになりましたが、具体的な上部構造についてはわかりませんでした。また、平城宮朱雀門の構造を記した文献資料も存在しません。そこで参考にしたのが、時代が降りますが、平安宮《へいあんきゅう》の朱雀門です。平安宮は平安時代の宮殿で、平城宮における宮殿中枢部の基本的なありかたは、平安宮へ引き継がれていることが、これまでの各種の研究で明らかにされています。

平安時代末ころに成立した絵巻物である『伴大納言絵詞《ばんだいなごんえことば》』

図11　平城宮朱雀門の遺構（東から）

には、炎上する平安宮応天門《おうてんもん》（朝堂院の南門）をみるべく駆けつけた人びとが、その南に建つ朱雀門をくぐる場面が描かれています（**第1章図1**参照）。描かれた朱雀門は柱の並びが少し歪んでいますが、正面七間、奥行二間の規模、入母屋造の瓦葺の、二重の屋根をもち、主要部分を朱塗りとしています。平城宮の朱雀門とはその規模が異なるものの、構造の大枠をこの絵巻物によることとしました。

図12　平城宮朱雀門の柱配置（南から：人が立っているのは柱位置）

図14　出土軒瓦

図13　出土した巨大な礎石の断片

構造と様式　ついで問題になったのは、具体的な構造や様式です。現存する古代の二重屋根をもつ門（二重門）は飛鳥時代末期に建てられた法隆寺中門《ちゅうもん》のみであり（**図15右上**）、基本的な構造はこれに倣うこととしました。しかし、法隆寺中門は、正面約一一・九メートル、奥行約八・五メートルと朱雀門に比べて規模がだいぶ小さく、また組物に雲斗《くもと》雲肘木《くもひじき》という法隆寺建築に特徴的な様式を用いるなど、奈良時代初頭の朱雀門にはふさわしくない、二点の問題がありました。

　これを克服すべく、まず規模の大きな門として、東大寺転害門《てがいもん》に注目しました（**図15右下**）。東大寺転害門は、奈良時代後半に建立されたと考えられて

法隆寺中門

薬師寺東塔の組物

東大寺転害門

薬師寺東塔

図15　朱雀門復原の参考にした建物

います。正面三間、奥行二間、切妻造《きりづまづくり》の単層門で、柱間の数を数えると一見小さくみえますが、正面中央の柱間寸法は約六・〇メートル（二〇尺）と大きく、それに伴って各部材の寸法も大きくなっています。奈良時代という時代性と建物の規模から、朱雀門の柱間寸法と各部材の寸法の比例関係については、東大寺転害門に倣うこととしました。

組物の様式の参考にしたのは、薬師寺東塔です（**図15左下**）。薬師寺東塔は、現在、奈良県教育委員会事務局文化財保存事務所により保存修理工事がおこなわれており、平成二六～二七年度には、奈文研と奈良県立橿原考古学研究所が共同で基壇の発掘調査にあたっています。この建物は、各重に裳階《もこし》という小さな屋根が付随する三重塔で、天平二年（七三〇）に建てられたことが『扶桑略記《ふそうりゃくき》』の記述などから知られています。朱雀門は和銅三年（七一〇）の平城遷都にあわせて建立されたと考えられているので時代的には一致します。薬師寺東塔の軒を支える組物には、三手先《みてさき》と呼ばれる最上級の形式を備えており、時代性を勘案してもこの形式が朱雀門にふさわしいと判断しました（**図15左上**）。

こうして復原案の骨組ができあがります。この復原案もさらに検討を重ね、昭和六三年に最終的な復原案が固まりました（**図16**）。

細部意匠の復原　このような建物の構造の検討と並行して、細部の意匠についても検討を重ねました。軒先の瓦の文様などは出土遺物（**図14参照**）に拠りましたが、出土していないその他の特殊な瓦や、建築金具などをどのように補っていくかが問題です。たとえば、絵巻物に描かれていた鴟尾《しび》を

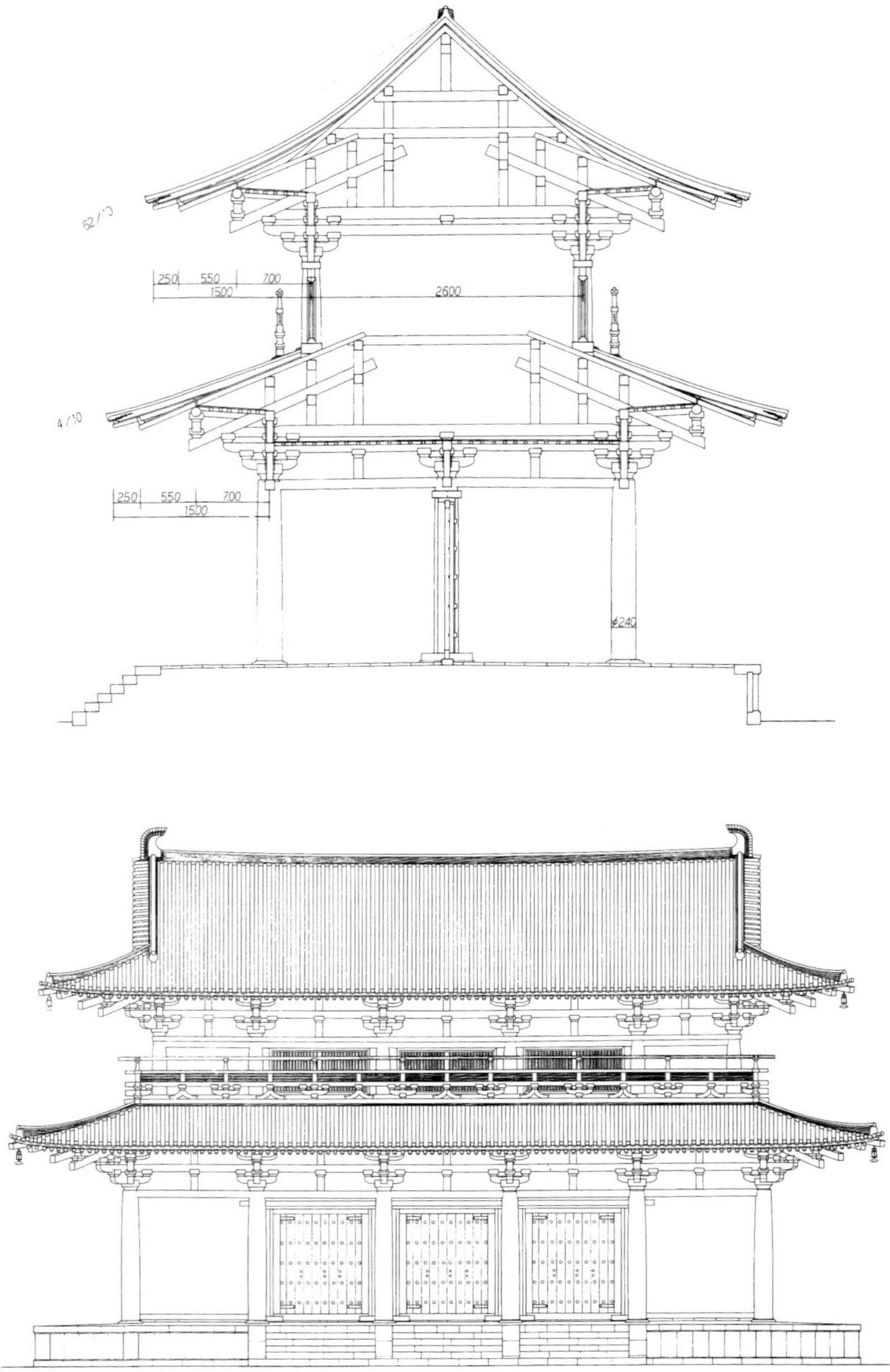

図16　朱雀門最終復原案（上：梁行断面図、下：正面図、1988年）

復原する際に参考にしたのは、天平の甍で有名な唐招提寺《とうしょうだいじ》金堂《こんどう》の鴟尾です（図17）。それ以外にもいろいろな遺跡から出土した鴟尾を参考にしました。唐招提寺金堂の鴟尾は瓦製ですが、朱雀門は、絵巻物の表現と、鴟尾の欠片が出土しなかったことを手がかりに、もっと貴重な金属製の鴟尾が置かれていたのではないかという発想で復原しました（図18）。

そのほか、屋根の軒を支える尾垂木《おだるき》の先端に取り付ける木口金物《こぐちかなもの》は、薬師寺の発掘調査における出土品を参考にしました。これを四つ並べるようなかたちでデザインしなおし、尾垂木先の木口金物として使っています（図19）。また、軒の一番先端に吊り下げる風鐸《ふうたく》は、大阪市の四天王寺講堂《こうどう》の出土品を参考にしました（図20）。

朱雀門復原の意義　以上のように、平城宮朱雀門の復原研究では、発掘遺構からは読み取ることができない構造・意匠について、類例となる絵画資料や現存建築、周辺の遺跡

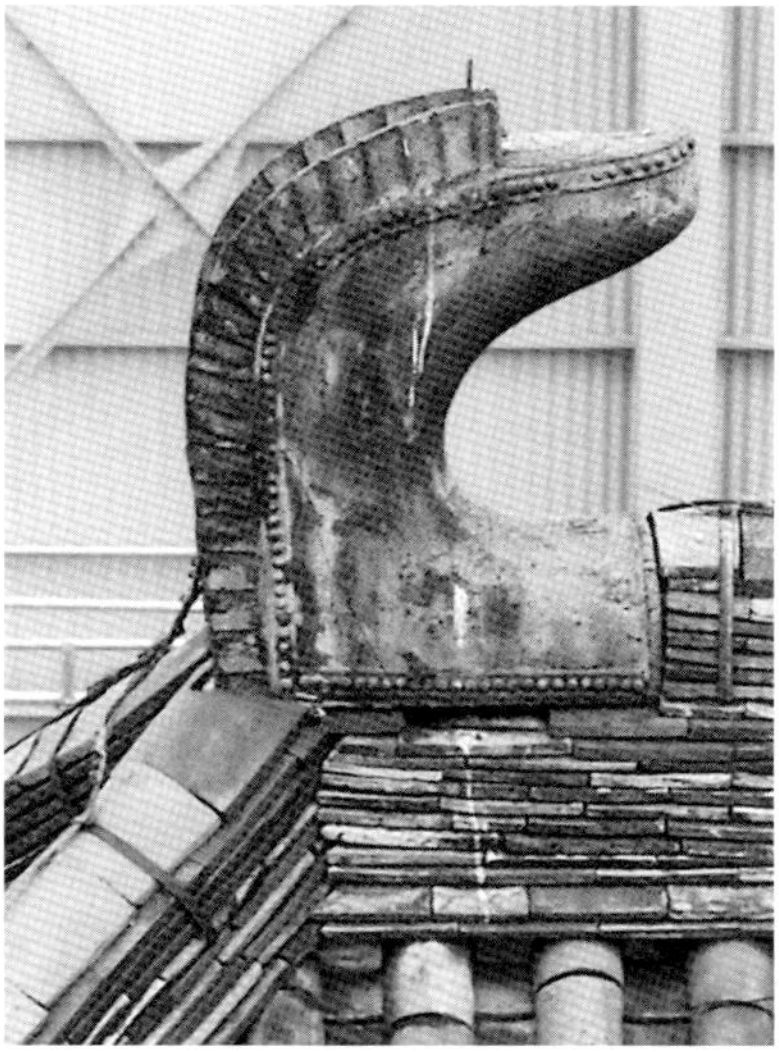

図17　唐招提寺金堂の鴟尾

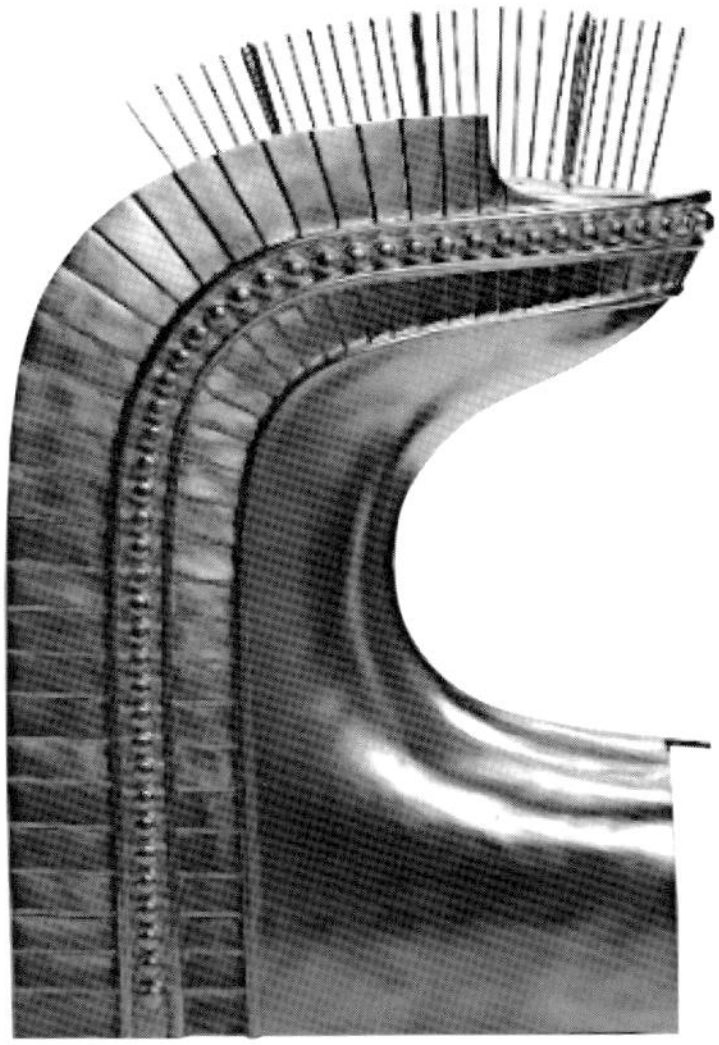

図18　復原された朱雀門の鴟尾

などからの出土遺物を分析することで、朱雀門にふさわしい形を抽出することができました。

これらの検討により、昭和四〇年度には一〇分の一縮尺の復原模型ができあがりました。しかし、朱雀門の復原が正式に決定されれば、現代の建築基準法が適用されることもあり、構造や材料などの検討を重ね、実施設計図を何度も描き直しました（**図21**）。こうして基壇の復原が始まったのは平成元年度でした。そこから一〇年ほどの工事期間を経て、平成一〇年に竣工しますが、発掘調査、復原研究、そして実際の復原施工と、長い期間をかけての研鑽が、続く大極殿の復原における頑強な基盤となりました。

図19　復原された隅木と尾垂木の木口金物

図20　四天王寺講堂出土の風鐸

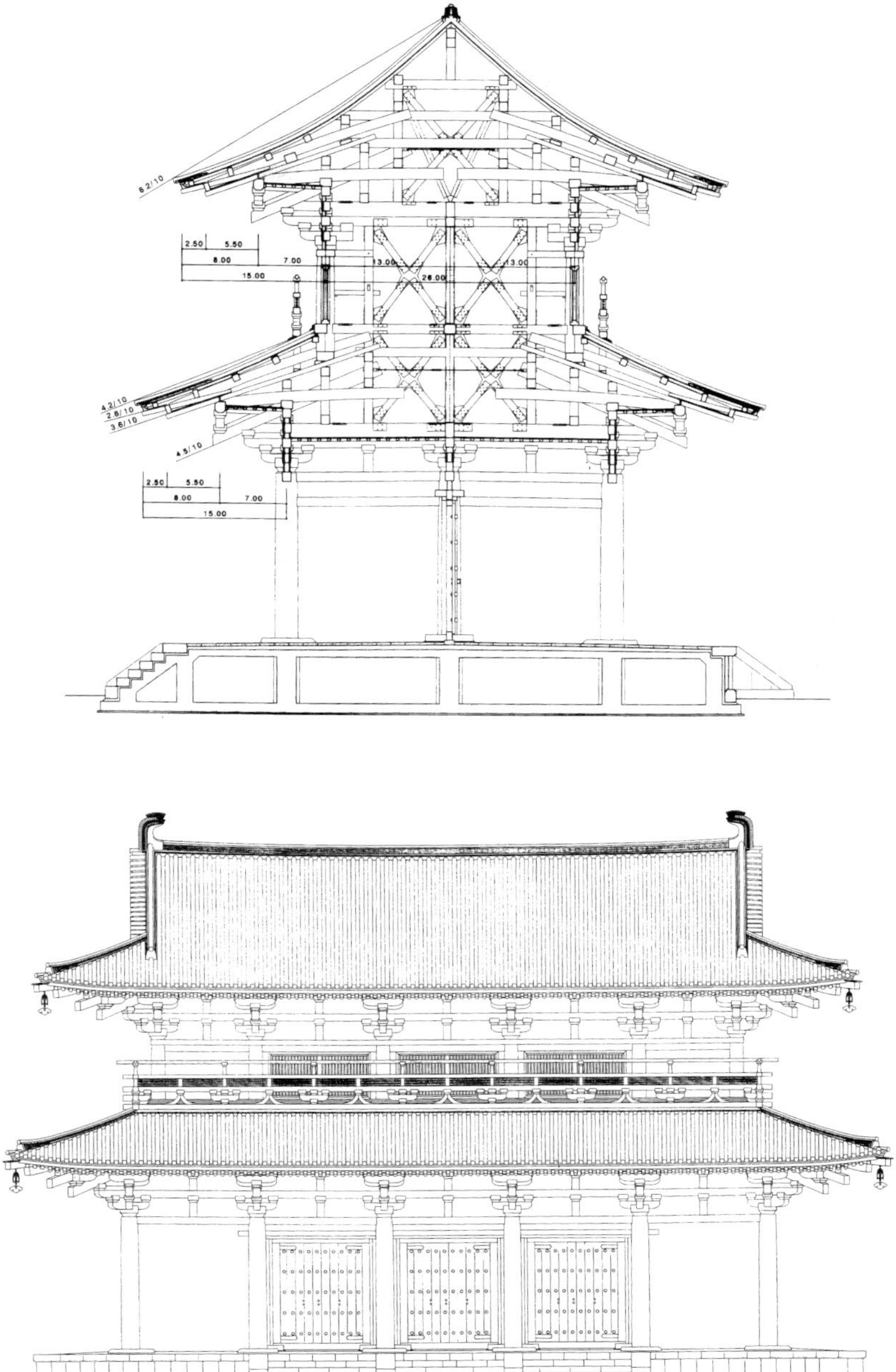

図21　竣工した朱雀門（上：断面図、下：正面図）

三 第一次大極殿の復原

第一次大極殿には、遺構の残存状況の悪さとともに、構造的な難しさという点で、朱雀門を上回るハードルがありました。

検出遺構 前述したように大極殿は奈良時代の前半と後半で場所を移しますし、前半の大極殿がなくなった場所には奈良時代後半には違った建物が建てられ、その過程で、第一次大極殿の遺構はだいぶ削られました。この第一次大極殿の遺構は昭和四五年（一九七〇）および平成七・一一年度の発掘調査で、全貌が明らかになりました。基壇の高まりや礎石の痕跡《こんせき》は失われ、検出した遺構は基壇外装《がいそう》の最下部に置く地覆石《じふくいし》の抜取痕跡のみでした。**図22**は、第一次大極殿の西半分の発掘調査をおこなった平成一一年度の調査写真ですが、図のアミかけした部分は、第一次大極殿の基壇地覆石の抜取痕跡を表し、人が立っている場所は復原された柱の位置を示しています。人が立っている足元をみていただくとよくわかるのですが、柱位置を示す痕跡は何も残っていません。残っているの

図22　発掘された第一次大極殿（南西から）

は地覆石の抜取痕跡のみです。地覆石は凝灰岩《ぎょうかいがん》という比較的柔らかい石を加工したもので、抜取痕跡には凝灰岩の粉末が溝状に残っていました。これによって基壇の規模は、東西五三・二メートル（一八〇尺）、南北二八・七メートル（九七尺）と判明しました。

基壇の規模は発掘調査でわかったのですが、このような地覆石の抜取痕跡から、どうやって建物の柱配置が復原できたのかを次に説明します。昭和五一年に復原工事が竣工した薬師寺金堂の事前の発掘調査は、昭和四六年に奈文研がおこないました。その調査では奈良時代の金堂基壇が良好な状態で検出されました。その平面図をみると、礎石と基壇の関係が非常によくわかります。重要なのは、**図23**において太い実線で示した部分で、基壇縁の凹凸は階段です。礎石との関係でみると、破線で示した礎石の中心軸と正背面の階段の幅をぴったりあわせています。このように、古代の壇正積基壇《だんじょうづみ》をもつ格式の高い建築では、しばしば階段の幅と柱間寸法をそろえています。これを第一次大極殿の遺構にも適用します。

大極殿の発掘調査で検出した地覆石の抜取痕跡は、北面の三か所と、西・南面の各一か所が突出しています（**図24**）。北面の三か所はいずれも幅約五・〇メートル（一七尺）、突出の間隔は約一〇・〇メートル（三四尺）ありました。また、西面は基壇南北の中軸にあわせて幅が約五・三メートル（一八尺）あり、これらには規則性が見いだせます。

ここから、この地覆石の抜取痕跡の突出は、階段に伴うものであると解釈しました、そして、その規則性から、建物の規模は、正面九間、奥行四間で、柱間の心々寸法は、正面中央七間が約五・

○メートル（一七尺）、奥行中央二間が五・三メートル（一八尺）、その四周に四・四メートル（一五尺）を隔てて柱が立つ平面であることが判明しました（図24）。なお、南面の階段は当初からあったものではなく、のちに付け足されたものなので、復原の際には考慮しませんでした。

恭仁宮大極殿との比較　じつは、第一次大極殿は発掘するまでどこに建っていたかさえ確定することができていませんでした。発掘調査をおこなっても、遺構が検出され、大きな建物であることはわかったのですが、それだけで大極殿の遺構と確定することはできない状況でした。第一次大極殿が非常に幸運だったのは、もう一つ重要な遺構が残っていたことです。恭仁宮《くにきゅう》の大極殿です。

天平一二年（七四〇）、聖武《しょうむ》天皇は都を平城京から恭仁京に遷します。『続日本紀』天平《てんぴょう》一五年一一月条に

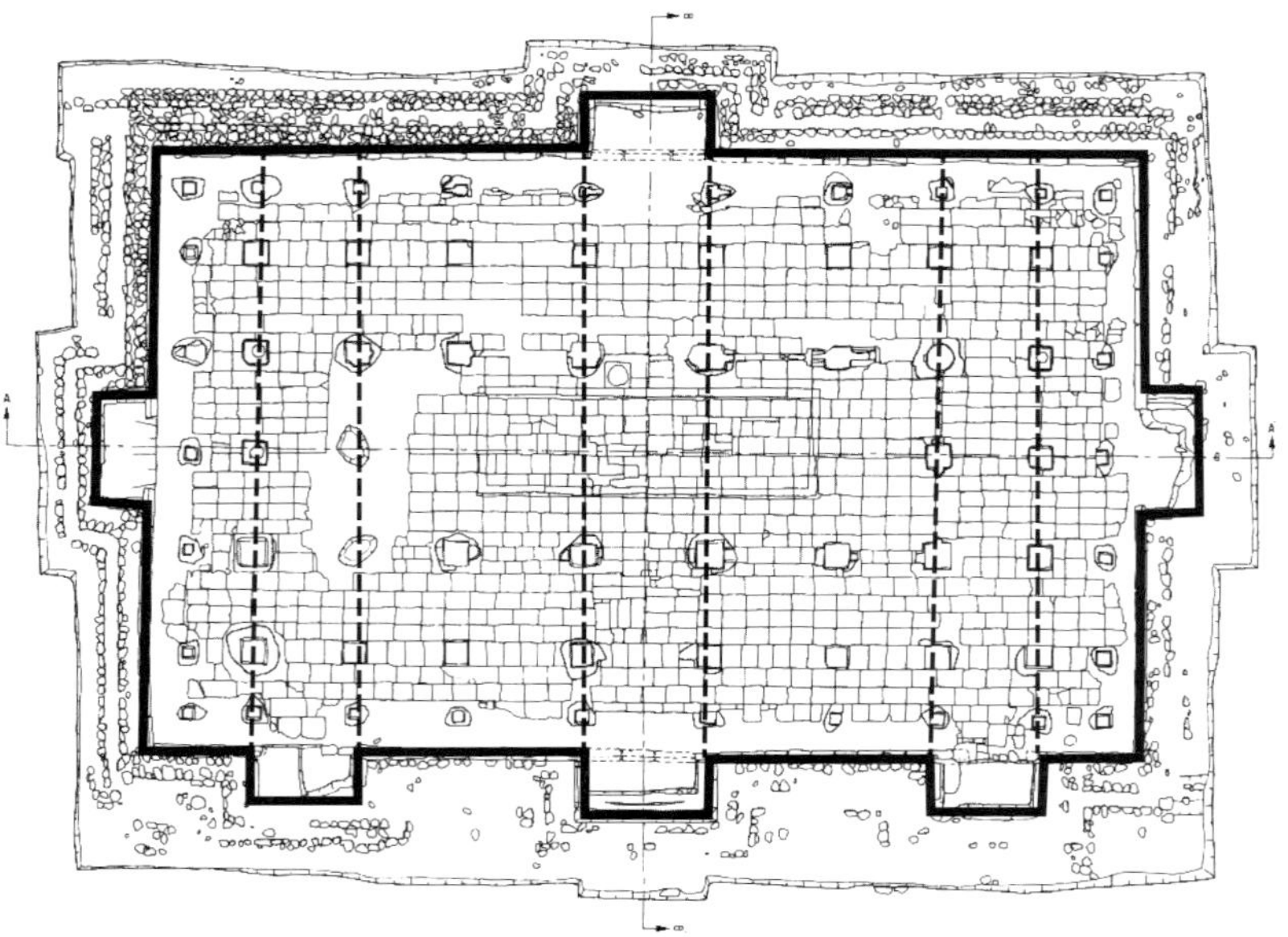

図23　発掘された薬師寺金堂（階段の幅と柱筋が揃う）

は、平城宮の大極殿と回廊を恭仁宮に移したことが記されています。恭仁宮大極殿は、天平一八年には山背国分寺《やましろこくぶんじ》に施入され、国分寺の金堂となりましたが、元慶《がんぎょう》六年（八八二）に焼失したことも記録にみえます。

この山背国分寺金堂、すなわち恭仁宮大極殿の遺構は、現在もその土壇とともに礎石をいくつか残しており、それと平城宮の遺構を比較検討した結果、柱配置が一致することが判明しました。これをもって、さきほどの平城宮の遺構が第一次大極殿であることが決定づけられたのです。

絵巻にみる大極殿と奈良時代の寺院金堂　こうして柱配置が判明したのですが、上部構造については、朱雀門と同様、明らかになりません。平安時代末期に成立した『年中行事絵巻《ねんちゅうぎょうじえまき》』には、平安宮の大極殿がいくつかの場面に分かれて描かれています。全体像がわかる絵が残っていないのが残念ですが、図25の場面にわずかに大極殿の大棟《おおむね》がみられ、大棟とその両端の鴟尾、そしてわずかにみえている妻飾《つまかざり》の形から、入母屋

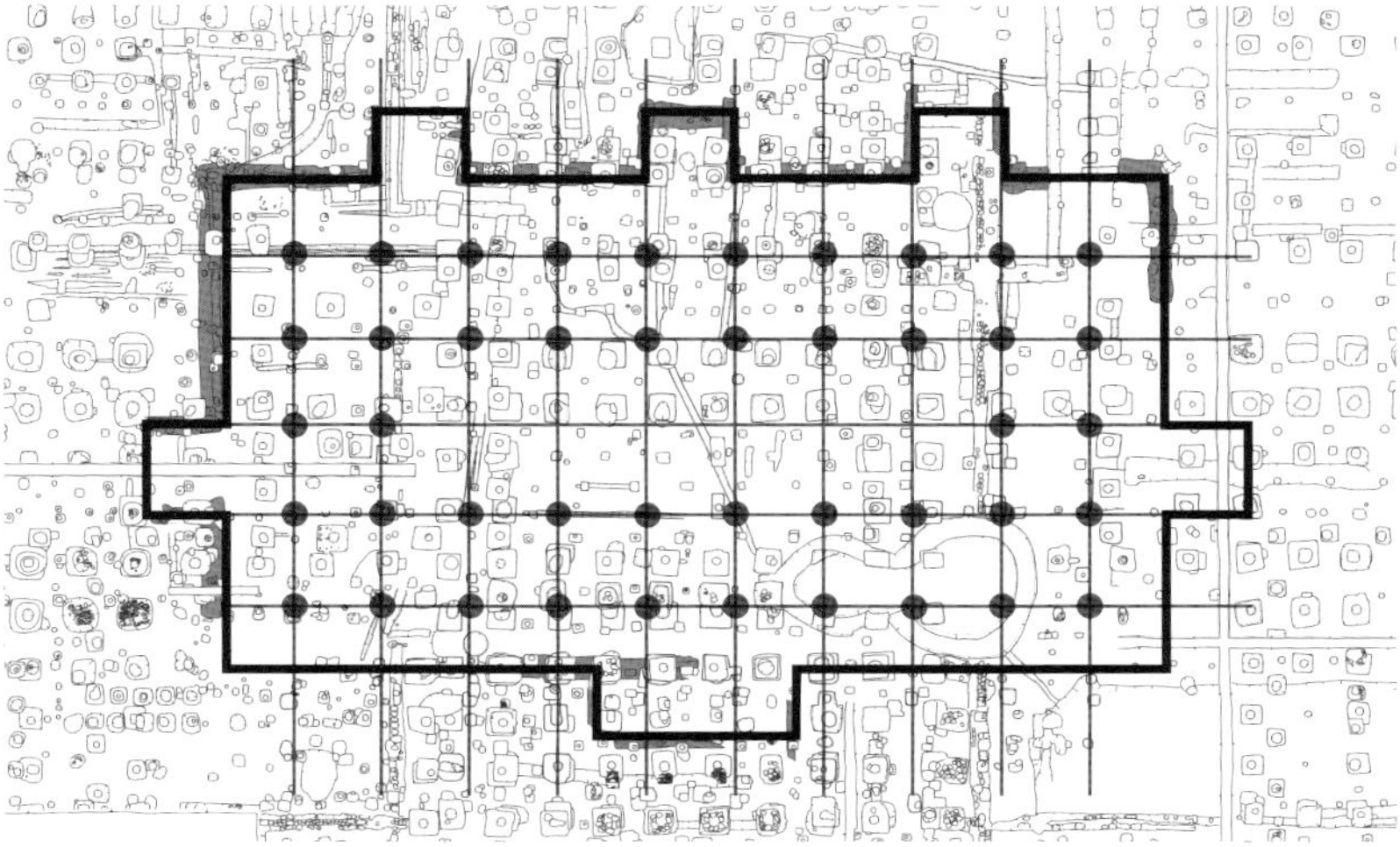

図24　第一次大極殿の遺構と復原平面図

造で瓦葺の屋根であることがわかり、また正面には扉や窓、壁などを設けない吹き放ちの構造であることがわかりました（図26）。

ただし、やはり肝心の全体形はわかりません。ところで、東大寺や薬師寺といった奈良時代の主要寺院の金堂は重層建築とするものが多いことが文献資料からわかっています。ここから、宮殿の象徴的な建物である大極殿もそれと並ぶか、それを上まわる立派な建物であろうと考え、重層建築とする方針をたてました。

巨大な構造への挑戦　大極殿を重層と考えたことで、復原研究は古代建築技術の限界に挑む様相を呈しました。当初、基本的な構造を奈良時代の金堂の現存唯一の事例である唐招提寺金堂（八世紀後半）をモデルとして考え、

図25　『年中行事絵巻』に描かれた平安宮大極殿の屋根

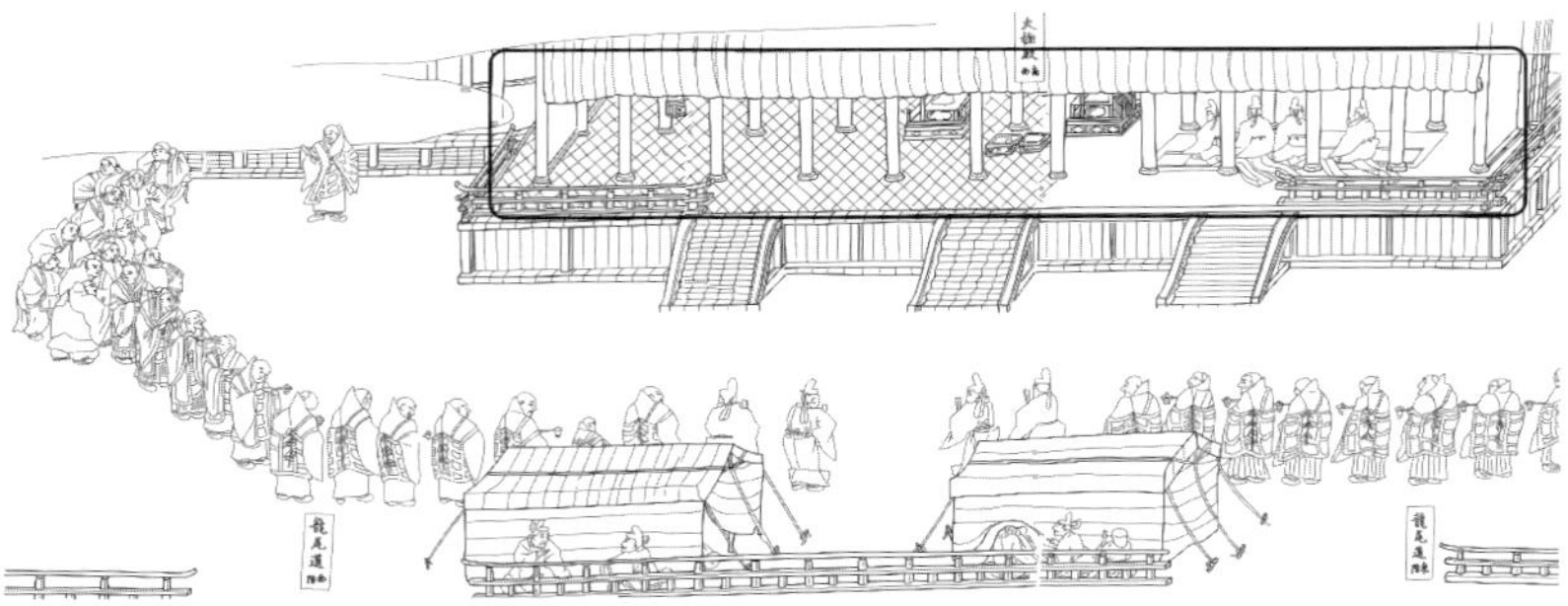

図26　『年中行事絵巻』に描かれた平安宮大極殿の下部

平成一一年に製作した一〇分の一模型に採用しました（図27）。唐招提寺金堂は単層の建物であり、それをそのまま大極殿の下層の構造とし、その上に上層をのせる案です。その最大の特徴は、奥行方向に屋根を支える大きな梁（アミかけ部分）を通していることです。

ところが問題が生じました。実際に建物を建てるにあたって、現代の建物として構造的に成立するかの検討を重ね、専門

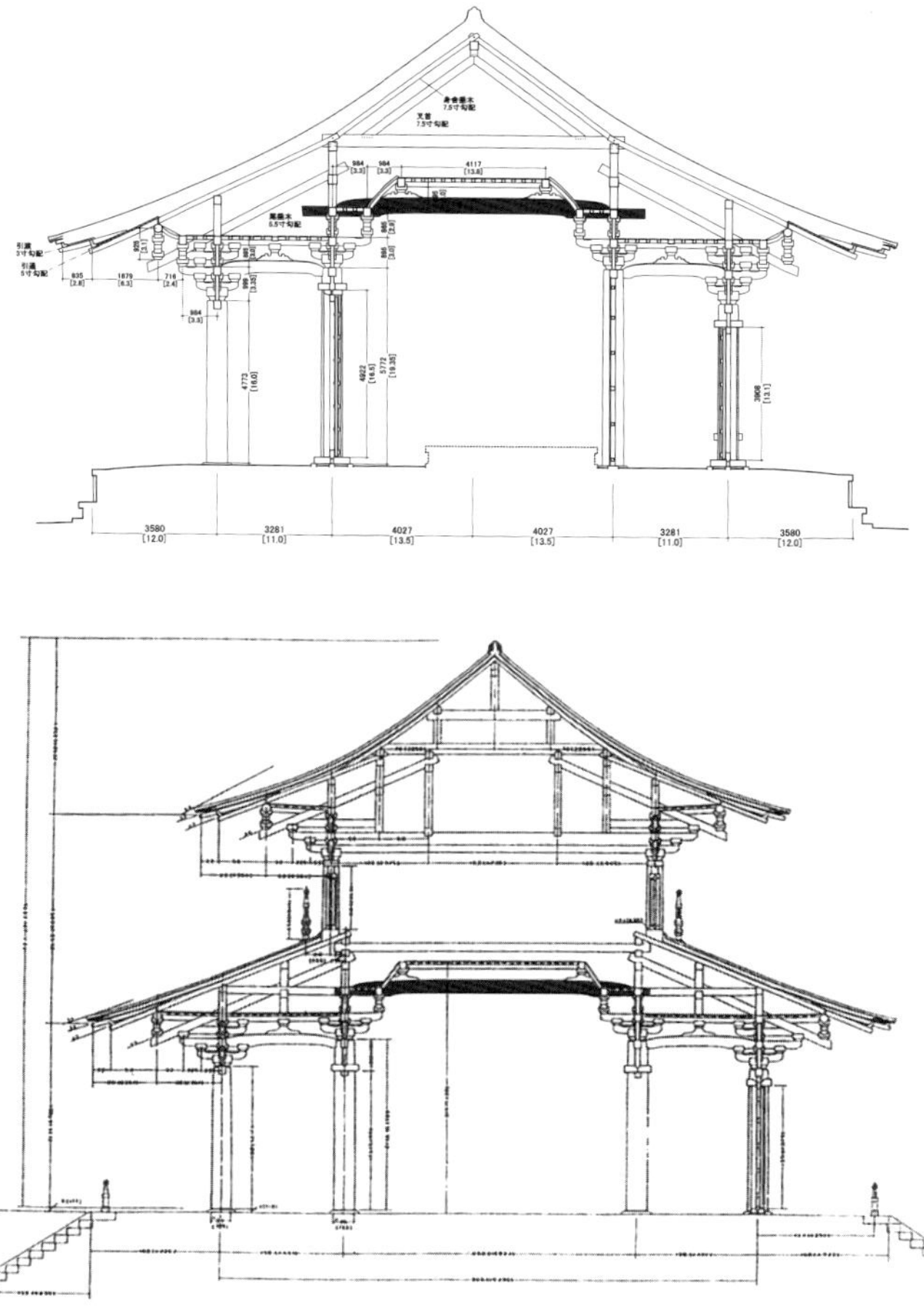

図27　唐招提寺金堂（上）と第一次大極殿の1：10模型案（下）の断面図

家に構造解析を依頼したところ、図28右のような解析結果のモデルが示されたのです。モデルなので歪みなどを誇張していますが、上層を支える梁が、その荷重を受けて大きくたわむなど、建築として成立しない可能性が高いことが判明しました。復原図は描くことができても、その案では建築として成り立たない事実を突きつけられたのです。こうして復原案を再考することになりました。

結論的にいうと、規模こそやや小さく、年代もやや遡るものの、現存する唯一の重層の金堂である法隆寺金堂（七世紀後期）をモデルとして再検討したところ（図28左）、重層建物として優れたたくさんの特徴を見いだしました。たとえば、その断面図をみると（図29）、梁行方向には唐招提寺でみたような梁がなく、天井の周囲にある斜材（支輪《しりん》と呼ぶ）が、たんに天井まわりの装飾ではなく、構造的な役割を担っていること、屋根の荷重を合理的に初重へと伝えることができるよう、柱の位置と屋根を支える構造体との配置に工夫があること、などです。

このような視点は一〇分の一模型の製作時点では判明しなかった知見であり、まさに絵に描いた餅ではなく、実際の建築を建て

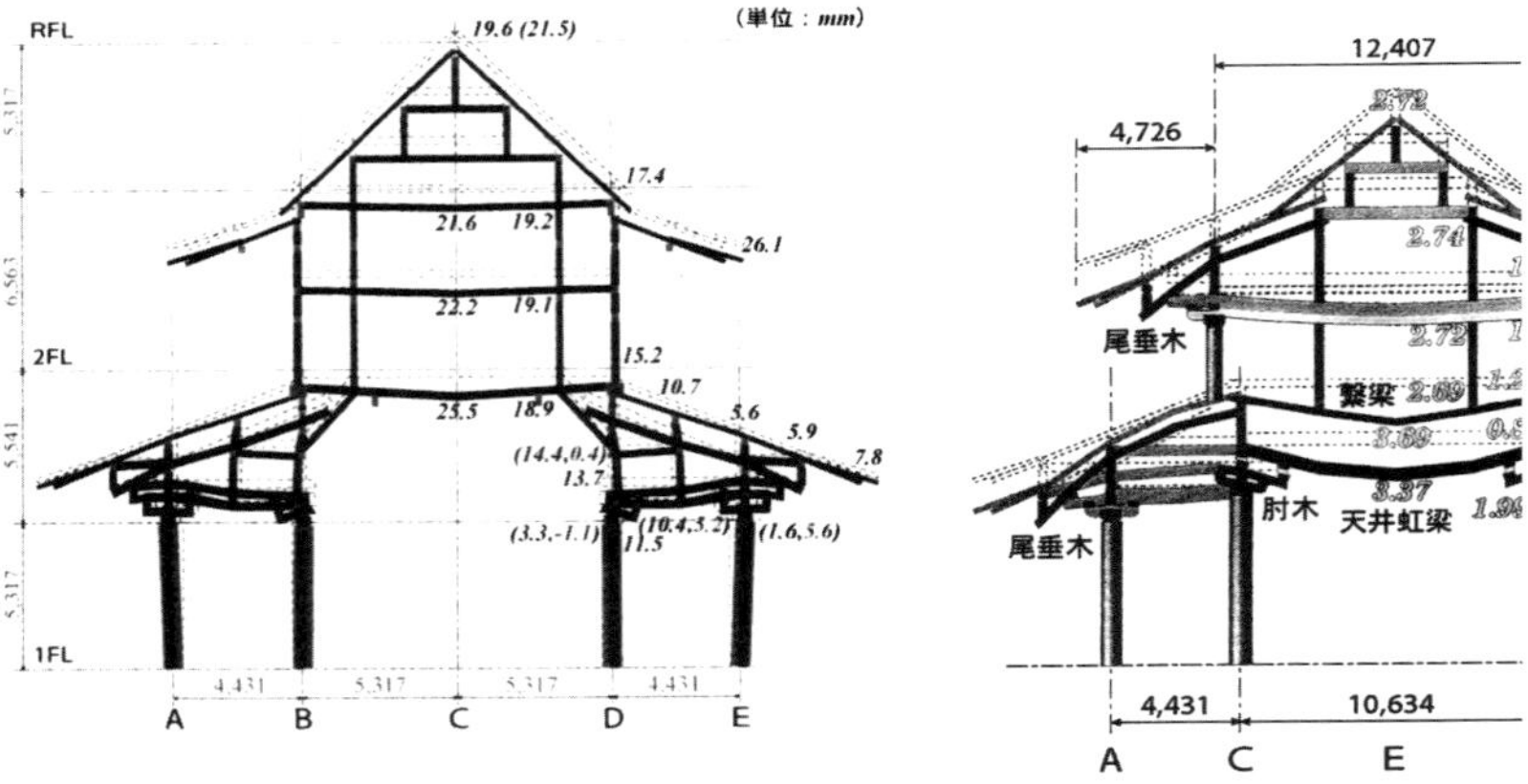

図28　第一次大極殿復原案の構造解析
（左：法隆寺金堂型、右：唐招提寺金堂型）

るための検討で明らかになってきた点です。復原について、私たちは多くの人に知ってもらおうという流れのなかで検討しているわけですが、このような検討は、専門家と呼ばれる人たちにも、もう一度、一から古代の建築をみつめ直す機会をつくったという面があると思います。重層建築としての法隆寺金堂の意味を、大極殿の復原という視点からみたときに、改めて再認識することができたのです。こうして大極殿の復原案がようやく固まったのです（**図30**）。

大極殿研究の意義　第一次大極殿の移築後、遺構の大部分が削平されてしまったのにもかかわらず、発掘調査で検出したわずかな基壇の遺構を、『続日本紀《しょくにほんぎ》』や恭仁宮大極殿を手がかりとして、大極殿と比定できたことも奇跡的でした。さらに現存建築や出土遺物、『年中行事絵巻』など、多くの手がかりを動員して復原がかないました。そのうえ構造的な検討から、古代の重

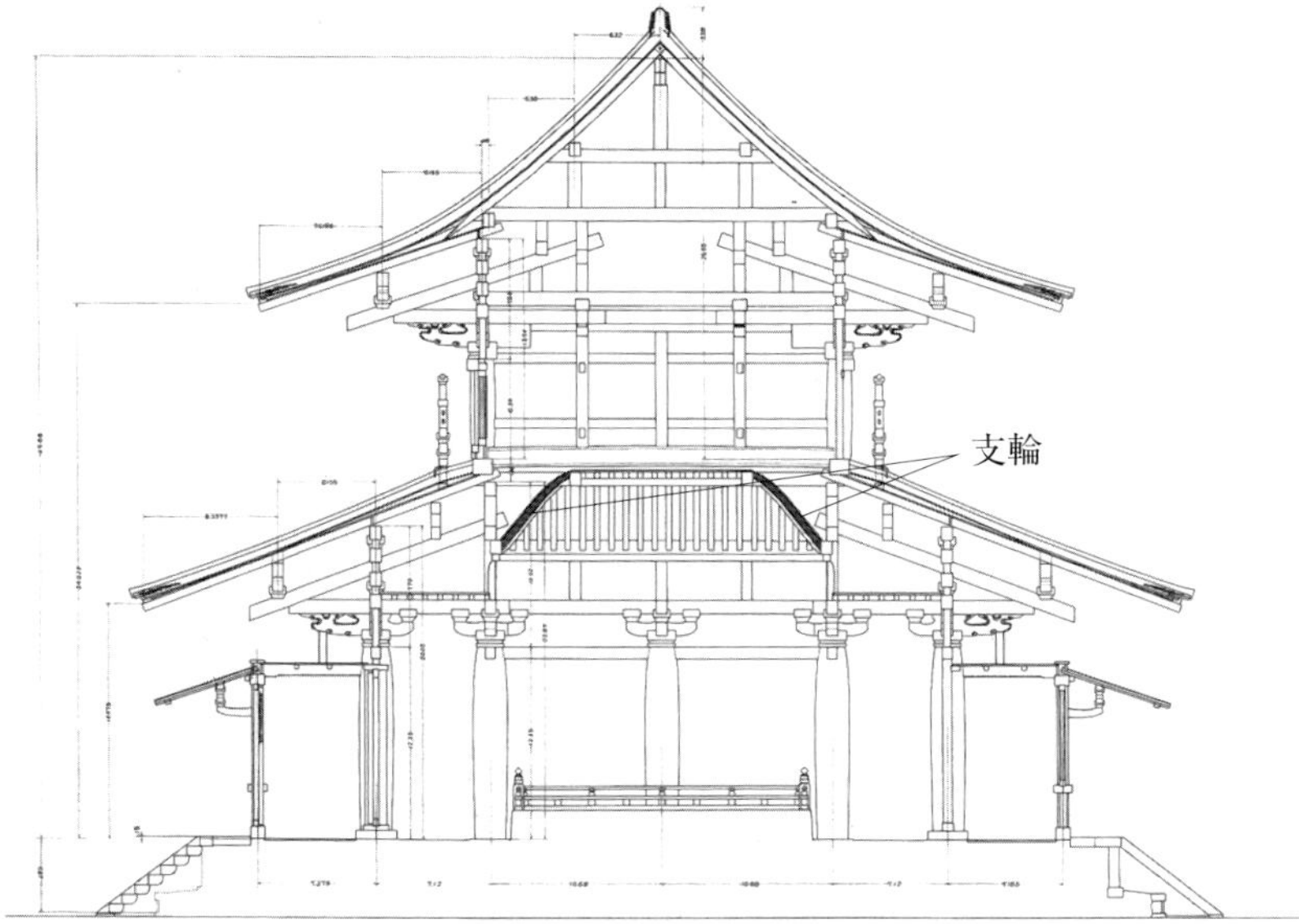

図29　法隆寺金堂断面図（支輪が荷重を受ける）

層建築の構造を再考することができました。大極殿の復原は、発掘調査と復原研究の両面において、奈文研を象徴する成果といえるでしょう。

おわりに

平城宮朱雀門と第一次大極殿の復原にみるように、復原建物の最大の根拠となる、発掘調査から得られる遺構の情報は、上部構造を復原するには意外なほど限られています。しかしながら、遺構の意味を十分理解するとともに、古代の基礎構造の法則について、現存建築や発掘事例に見いだすことで、平面、さらには上部構造の復

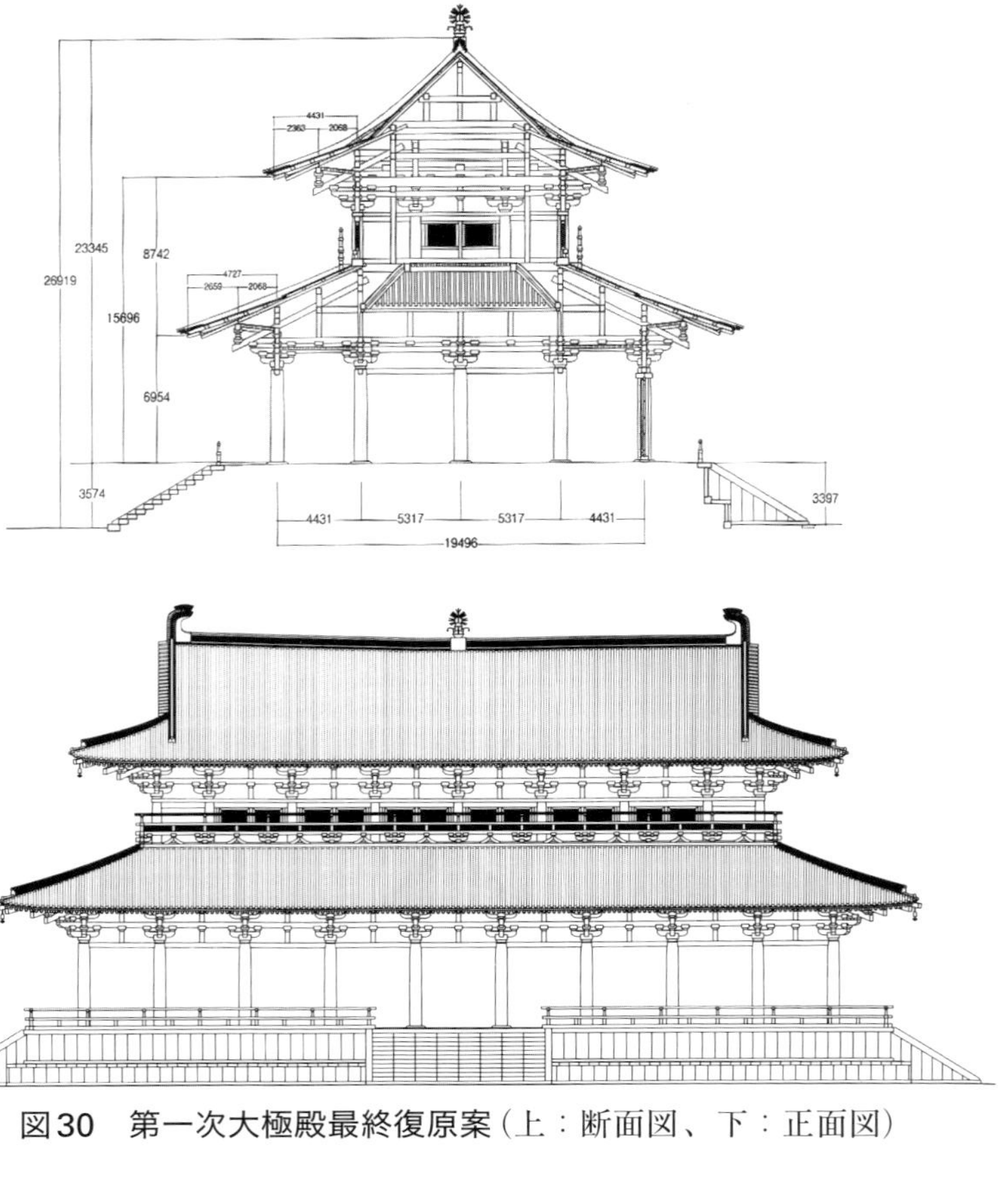

図30　第一次大極殿最終復原案（上：断面図、下：正面図）

原をおこなうことができます。翻って考えると、非常に残りの悪い遺構ではありますが、わずかな痕跡を見逃さない発掘調査における細心の注意が、復原を実現したともいえます。

具体的な上部構造や意匠についてはわからないことも多く、いろいろな類例を集めて各部を設計するため、全体はそのつぎはぎ、パッチワークによってできていると揶揄されることもあります。しかし、復原研究の本質は、パッチワークの成否にあるのではなく、そのプロセスのなかでもう一度現存する建築や発掘遺構を考え直すところにあり、古代の技術や古代の人びとの考えかたにどれだけ近づくことができるか、だと考えています。

私たちのような建築史研究者は、奈文研には一〇名ほど在籍していますが、このような復原研究を遂行できる機関は全国でも非常に限られています。私たちとしては、復原建物を建てるだけではなく、研究のプロセス、発掘調査の報告はもちろんのこと、復原のプロセスを報告書にまとめて、多くの人に知ってもらうことが重要であると考えています。

第一次大極殿復原の調査研究報告書は、基壇・礎石、木部、彩色・金具、瓦・屋根と四分冊で刊行しています。各検討過程において専門家を招集し、協力を得ながらまとめあげた復原研究の成果です。このような思考プロセスは、同じような問題に直面し復原に挑む人たち、あるいは考古学の発掘調査でこのような遺構の発掘調査にあたる人たちに共有してもらえるようにと日頃から考えています。

そして、平城宮跡を横切る車窓からみられる復原建築の姿が、古代の世界へといざなう扉になることを願ってやみません。多くの人に、これらの建物をみて古代の世界へ思いをめぐらせていただけるよう、ぜひ平城宮跡へ足を運んでいただければと思います。

図版出典

図1　新規作成。
図2　『図説　平城京事典』奈文研、二〇一〇。五二頁、図二七を一部改変。
図3・4・7～14・15右下・19・22　いずれも奈文研内部資料。図11・12は一部加筆。
図5　『特別史跡平城宮跡保存整備基本構想』文化庁、一九七八。
図6　パンフレット『特別史跡 平城宮跡』（奈文研、一九九九）掲載図を一部改変。
図15右上　太田博太郎編『奈良六大寺大観　法隆寺一』岩波書店、一九七二。二四頁。
図15左上・左下　いずれも筆者撮影。
図16　『平城宮朱雀門の復原的研究』奈文研、一九九四。図九・一一。
図17　『国宝唐招提寺金堂修理工事報告書』奈良県教育委員会、二〇〇九。本編三、図版第四二図。
図18　（公財）文化財建造物保存技術協会所蔵写真を左右反転。
図20　『古代都市誕生』大阪歴史博物館、二〇〇四。六三頁。
図21　『平城宮朱雀門復原工事の記録』（財）文化財建造物保存技術協会、一九九九。図三・八。
図23　『薬師寺発掘調査報告』奈文研、一九八七。図版PLAN一六に加筆。
図24　『平城宮発掘調査報告XVII―第一次大極殿院地区の調査二―』奈文研、二〇一一。図版編、遺構実測図八～十・十三・十四に加筆。
図25・26　『年中行事絵巻』（住吉家模本）を奈文研がトレース。
図27上　前掲『国宝唐招提寺金堂修理工事報告書』本編二、九三六頁、第一三－一図。
図27下・28　『平城宮第一次大極殿の復原に関する研究二―木部―』奈文研、二〇一〇。一〇九頁、Fig.Ⅲ－三－一。
図29　『国宝法隆寺金堂修理工事報告』法隆寺国宝保存委員会、一九五六。附図三八図。
図30　前掲『平城宮第一次大極殿の復原に関する研究二―木部―』一六七頁、一六八頁、Fig.Ⅳ－二、Fig.Ⅳ－三。

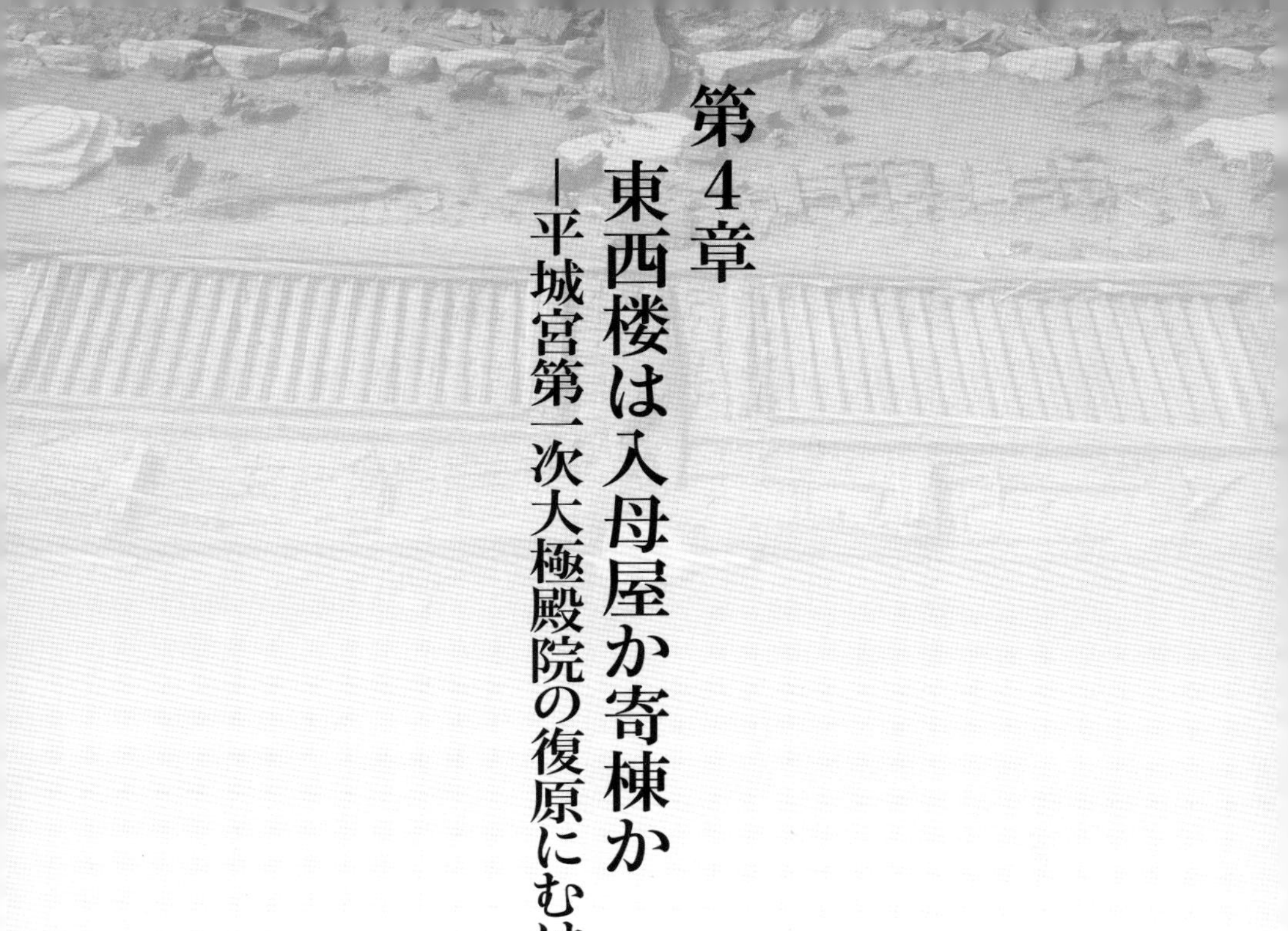

第4章 東西楼は入母屋か寄棟か
―平城宮第一次大極殿院の復原にむけて―

海野 聡

都城発掘調査部 遺構研究室 研究員

うんの・さとし

一九八三年 千葉県生まれ

二〇〇八年 東京大学大学院工学系研究科修士課程修了

二〇〇九年 東京大学大学院工学系研究科博士課程中途退学

同 年 奈良文化財研究所 研究員

二〇一四年 奈良県教育委員会事務局文化財保存事務所 薬師寺出張所 実務研修員

二〇一五年 現 職

現在の専門分野は、日本建築史、造営体制史。

《要旨》　平城宮第一大極殿院の東西楼は、礎石と掘立柱を併用した特殊な遺構で、現存建築に類をみません。そのために上部構造の復原は困難をきわめ、これまでの案においても、特に屋根の形状については、紆余曲折を経てきました。しかし、今回、新たな研究調査成果を加えて検討したところ、これまでとは異なる東西楼の屋根の形状や構造が導かれました。その最新の復原研究の成果を紹介します。この復原では、発掘調査が示す過去の建物の痕跡がきわめて重要だったのです。

はじめに

平城宮跡では、平成二二年に第一次大極殿《だいごくでん》の復原工事が竣工し、現在、大極殿を囲む一郭である第一次大極殿院の復原整備が進んでいます。第一次大極殿院は奈良時代前半の平城宮の中枢部であり、築地回廊《ついじかいろう》に囲まれた東西一七六・六メートル（五〇〇大尺《だいしゃく》）、大尺は通常の尺の一・二倍）、南北三一七・七メートル（九〇〇大尺）の空間です。南面の築地回廊中央には南門《なんもん》が建ち、南門の両脇には、東楼《ひがしろう》と西楼《にしろう》（以下、「東西楼」と称する）が東西対称に、築地回廊の北側に張り出すような形で建っています（**図1**）。なかでも東西楼は、のちに詳しく述べるように、日本の現存建築、あるいは発掘遺構でも類をみない建物です。さらに大極殿や朱雀門《すざくもん》の復原では、絵画資料や文献資料など、さまざまな素材を参考にすることができましたが、東西楼では、そういった直接的な材料がなく、これまでの復原検討でも困難をきわめてきました。

ここで第一次大極殿院の発掘調査の経過を紹介します。奈良文化財研究所（以下、「奈文研」と略す）の発掘では、宮殿の中枢部は基本的に左右対称形をしていることから、区画の東半分を発掘すれば、残りの西半分は折返しの対称形に想定できると考えています。ただし、復原建物が予定されている部分では、復原のための精緻な情報を得るため、また建物が建つと容易に発掘ができなくなるため、全面的な発掘調査をおこなうこととしています。

第一次大極殿院の発掘調査は、**図2**のようにおこなわれてきましたが、それぞれ調査した年代が異なります。**図2**の薄いグレー部分は、昭和三四（一九五九）〜五五年におこなった発掘調査で、第一次大極殿院の東半分を調査したものです。これらの調査を終え、発掘調査の報告書『平城宮発掘調査報告XI—第一次大極殿地域の調査—』（以下、『平城報告XI』と略す）を昭和五七年にまとめました。この報告書では、初めて第一次大極殿院の諸建築についての復原図を描いています（A）。その後、西面回廊の一部と、大極殿の南を東西に横断する調査をおこない（**図2**の斜線部分）、平成五年度に、第一次大極殿の復原検討の一環として、第一次大極殿院の一〇〇分の一復原模型を製作しました（B）。その後、第一次大極殿の復原の具体

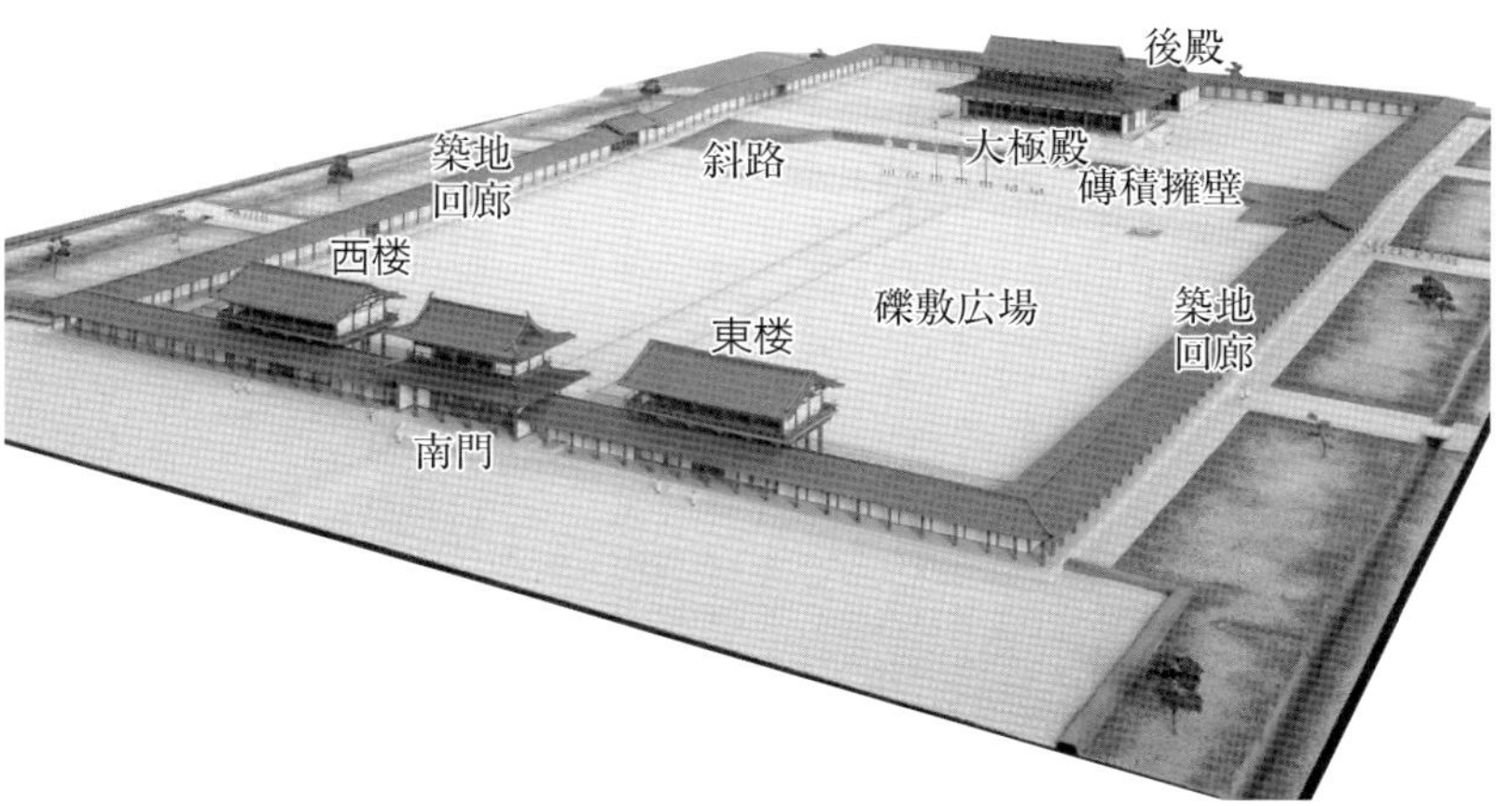

図1　第一次大極殿院の1：100復原模型

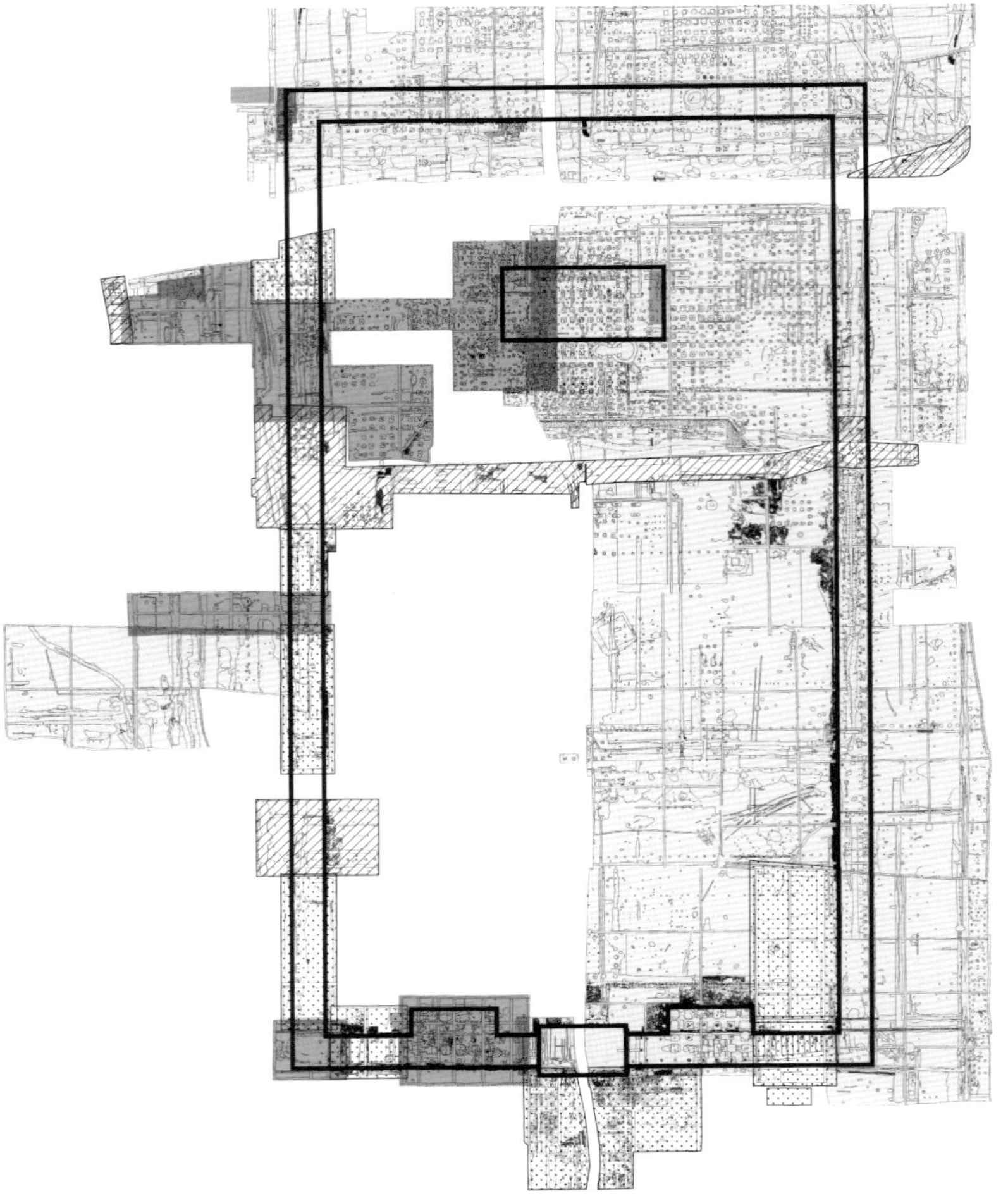

：昭和34～55年の発掘調査区
→昭和57年『平城報告XI』刊行（復原図作製）

：昭和58～平成4年の発掘調査区
→平成5年 1/100復原模型製作

：平成5～14年の発掘調査区
→平成15年「平成14年度案」提示（第一次大極殿院東半の成果にもとづく）

：平成15～21年の発掘調査区
→平成23年『平城報告XVII』刊行（平成17年までの発掘調査成果）

：奈良時代前半の建物の基壇外形

図2　第一次大極殿院地区の既往の発掘調査

化に伴って、未発掘であった大極殿の西半と西面の築地回廊を発掘し（図2の濃いグレー部分）、それとともに大極殿復原完成後の大極殿院の諸建築の復原を検討するなかで、平成一四年時点での検討案がまとめられています。これを「平成一四年度案」と呼びます（C）。さらに大極殿院の復原のため、未発掘区の調査を進めて（図2の水玉ハッチング部分）、平成一七年までの発掘調査成果を『平城宮発掘調査報告XVII—第一次大極殿院の調査—』（以下、『平城報告XVII』と略す）で公表しました。ここでは具体的な建築の復原図などは示されていません。

図1は、平成五年度に製作した第一次大極殿院の一〇〇分の一復原模型です。磚積擁壁《せんづみようへき》を築いて二メートルほど高くした部分には、大極殿のほかその背後に後殿《こうでん》が建ち、大極殿の前面にあたる磚積擁壁の南方には礫敷広場《れきじきひろば》が広がります。周囲には築地回廊がめぐり、南面の築地回廊には、中央に南門が開き、その東西には今回とりあげている二つの楼閣《ろうかく》が建っています。これまでの復原案では、東西楼の屋根の形状は、Aでは切妻造《きりづまづくり》、BとCでは入母屋造《いりもやづくり》と、異なる案が考えられてきましたが（図3）、いずれの案も決定打を欠いていました。

これらの案を検討するにあたり、根拠としていたのは、昭和四八年に発掘調査をおこなった東楼の遺構でしたが、平成一三・一四年には西楼の発掘調査をおこない、新たな知見が得られました。今回は、発掘遺構から屋根の形状を導いた最新の復原研究の成果を紹介し、発掘調査で得られる遺構の情報の重要性を再確認することにします。

一　平城宮第一次大極殿院について

第一次大極殿院は朱雀門の真北に位置し、重要な国家儀礼がおこなわれた場所です。天平《てんぴょう》一二年（七四〇）の恭仁《くに》遷都に伴い、大極殿と築地回廊は恭仁宮に移築されました。天平一七年の平城還都後は、大極殿は第一次大極殿院の東方にある第二次大極殿院に置かれました（**図４**）。

第一次大極殿院（以下、「大極殿院」とする）は、平城宮の変遷に伴って、大きく変化することが発掘調査で判明しています。これまでの整理によると、奈良時代前半をⅠ期、同後半をⅡ期、平安時代初期をⅢ期とし、Ⅰ期をさらに四期に細分し（Ⅰ－１～Ⅰ－４期）、この地区の変遷を理解しています（**図５**）。

和銅《わどう》元年（七〇八）から和銅八年までをⅠ－１期としており、第一次大極殿の造営期です。平城京に遷都してきた当初、東西楼は建てられていませんが、大極殿と後殿、それを囲む築地回廊と南門が完成していました。

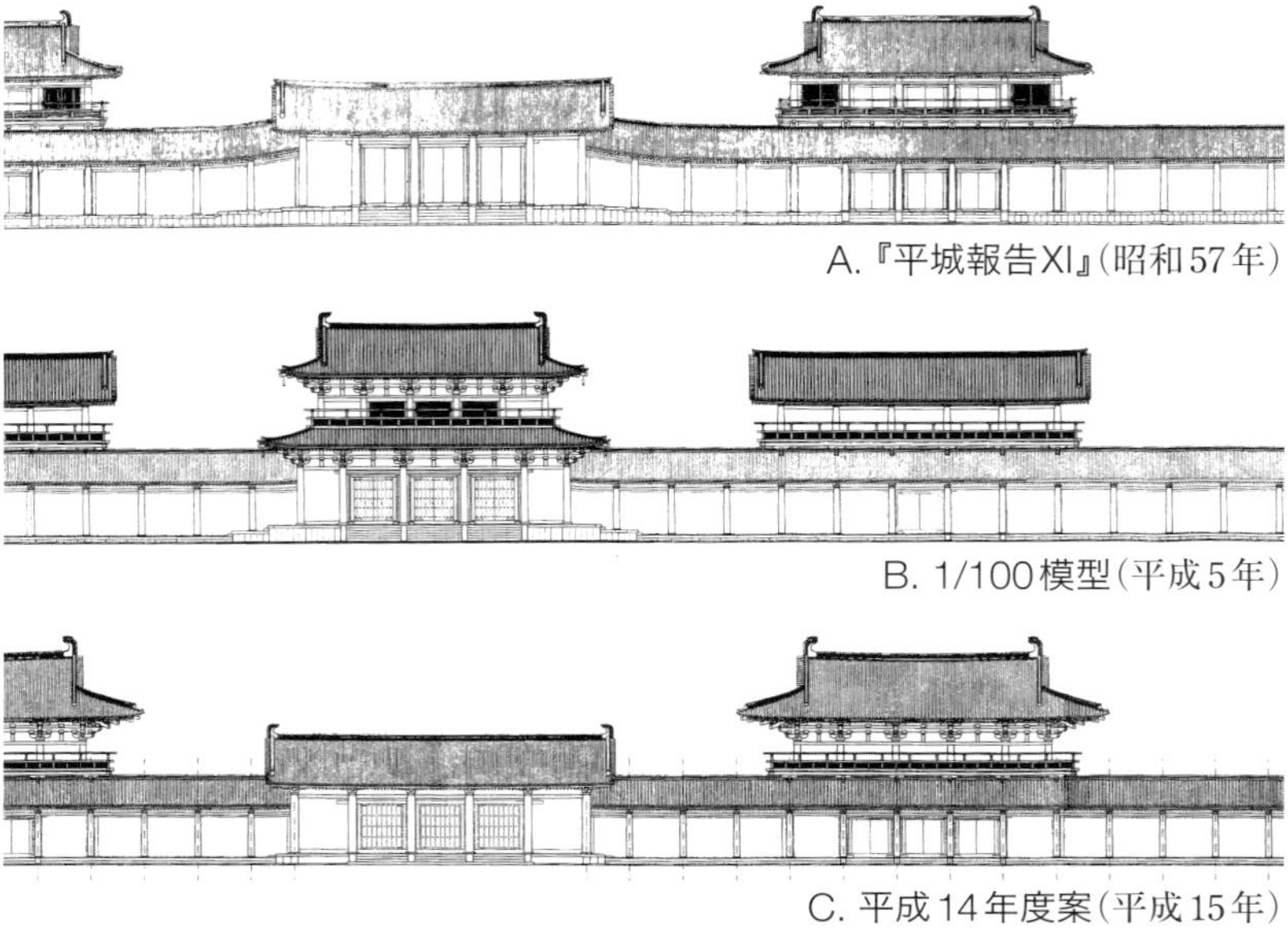

A.『平城報告XI』(昭和57年)

B. 1/100模型(平成5年)

C. 平成14年度案(平成15年)

図3　これまでの東西楼と南門の復原案

つづく和銅八年から天平一二年までをＩ－2期としており、南面築地回廊の一部を撤去し、東西楼を増築しています。その際、大極殿院の礫敷広場に敷き詰められている礫も、排水の関係から、東西楼の北方を中心に、「中層礫敷」と呼ぶ礫を新たに足して敷く作業がおこなわれました。この時をもって第一次大極殿院の諸建築が整い、最も見栄えがする華やかな時期となりました。

天平一二年から天平一七年までがＩ－3期です。天平一二年の恭仁遷都に伴い、大極殿と築地回廊の一部は解体移築され平城宮からなくなります。築地回廊は北面と南面しか残らず、大極殿院に誰でも入ることができる状態になってしまうことから、仮設的な掘立柱《ほったてばしら》による塀を東西の築地回廊の位置に建設します。この時期になると大極殿もなくなり、築地回廊も途切れ、大極殿院は閑散としたものに変わりました。

Ｉ－4期は、天平一七年から天平勝宝《しょうほう》五年（七五三）までで、第一次大極殿院の場所に、Ⅱ期の西宮《さいぐう》を整備する前のごく短い時期ですが、掘立柱塀を解体後、地区内の排水系統を再整備します。

以上、Ｉ期にあたる奈良時代前半の四時期のうち、東楼と西楼が整備され、大極殿院が最も整ったＩ－2期を復原の対象としました。

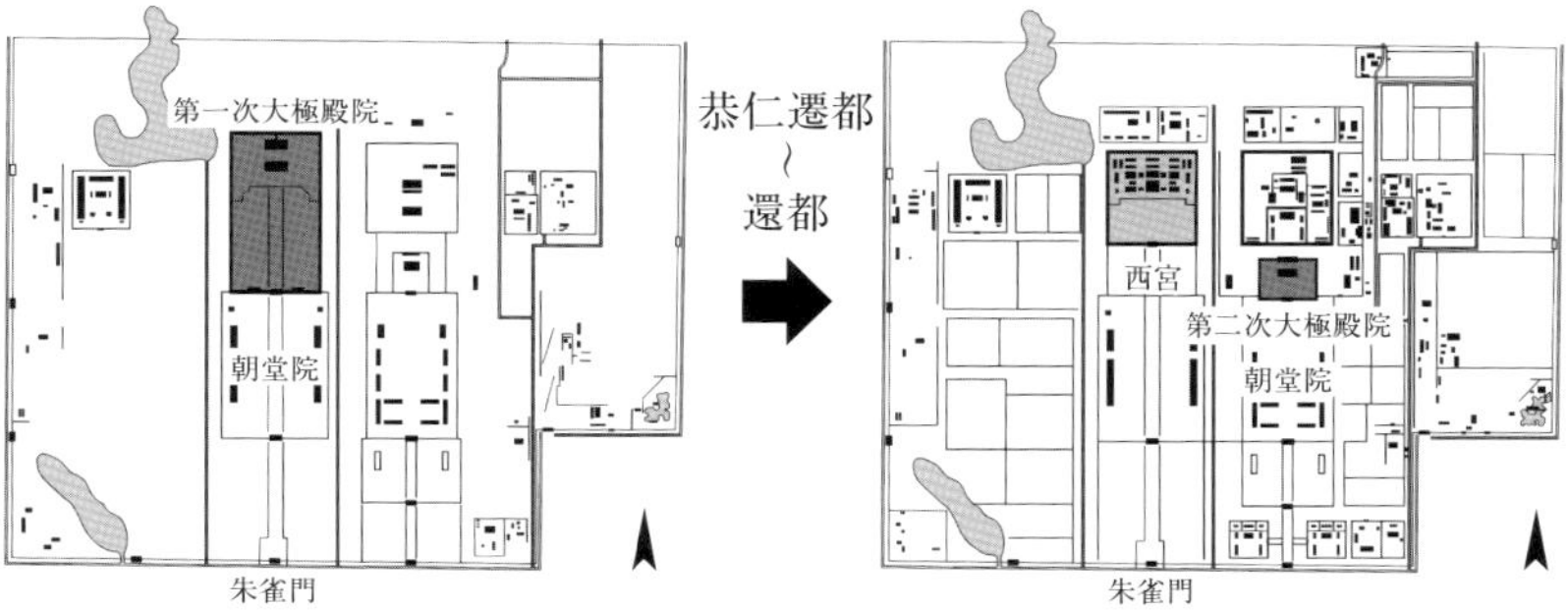

第一次大極殿院＋中央区朝堂院
奈良時代前半

第二次大極殿院＋東区朝堂院
奈良時代後半

図4　平城宮の変遷

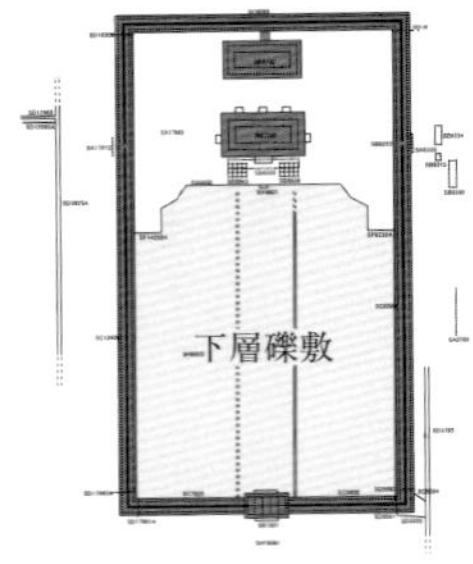

第一次大極殿院造営期。
大極殿・後殿・南門・築地回廊が完成。

Ⅰ-1期（708 ～ 715）

大極殿院が最も整った時期

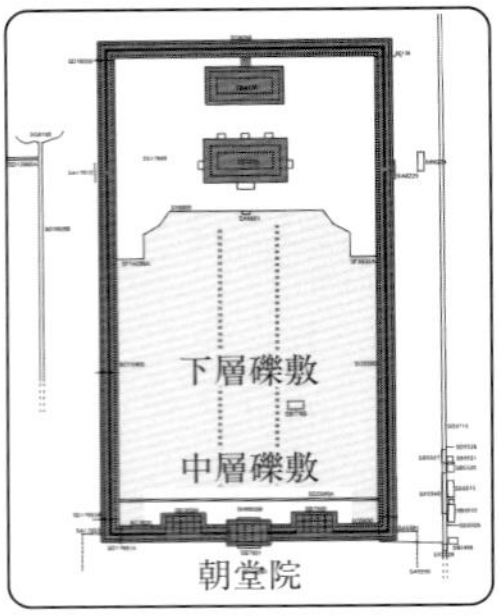

南面築地回廊の一部を撤去し東楼西楼を増築。佐紀池・朝堂院を整備。

Ⅰ-2期（715 ～ 740）

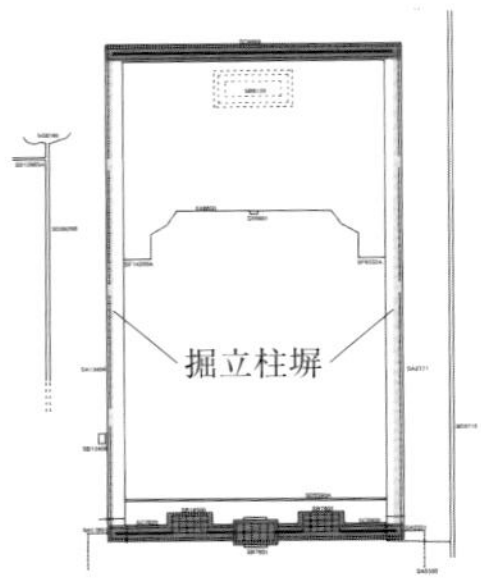

大極殿と東西面築地回廊を恭仁宮へ移築（「初壊二平城大極殿幷歩廊一、遷二造於恭仁宮一四年」『続日本紀』天平15年12月26日条）。東西面築地回廊跡に掘立柱塀を建設。

Ⅰ-3期（740 ～ 745）

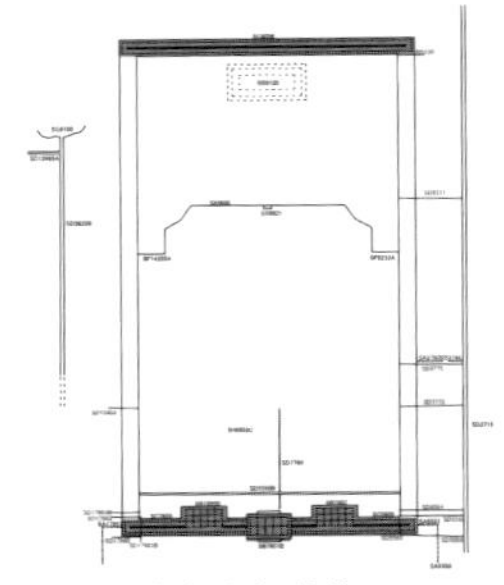

掘立柱塀を解体後、
地区内の排水系を再整備。

Ⅰ-4期（745 ～ 753）

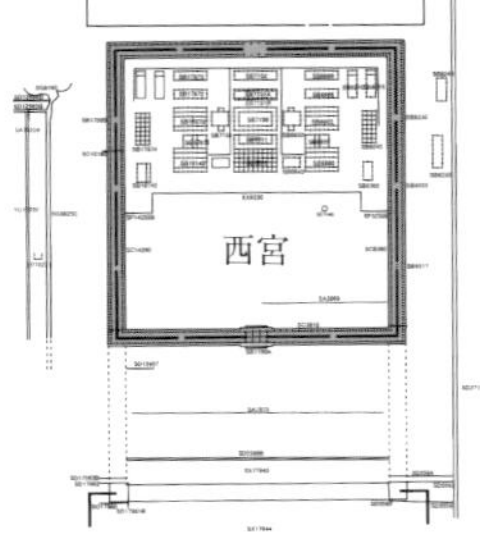

築地回廊で区画する西宮が完成。

Ⅱ 期（753 ～ 809）

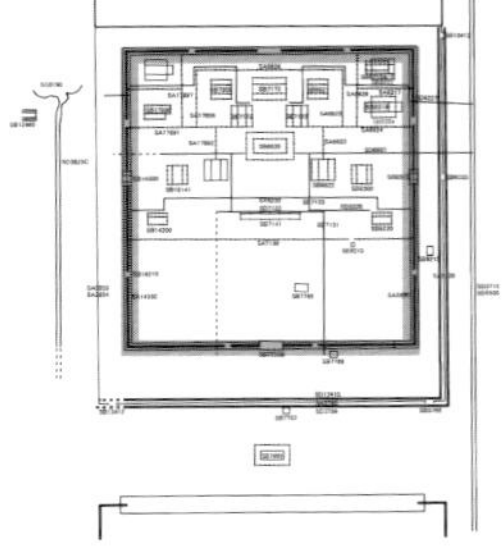

Ⅱ期の築地回廊を築地塀へと改める。

Ⅲ 期（809～）

図5　発掘調査で判明した第一次大極殿院地区の変遷

二　発掘調査成果の整理

東西楼の建築構造を考えるにあたって、その前提となる発掘調査の成果を概観しておきます。先述したように、東楼は昭和四八年（一九七三）に、西楼は平成一三・一四年に発掘調査をおこなっています。

柱配置　発掘調査の結果、東楼と西楼は同じ柱配置で、桁行が四・五七メートル（一五・五尺）×五間、梁行が三・八三メートル（一三尺）×三間であることが判明しました（図6）。一般的に、礎石《そせき》建物はすべての柱の下に礎石が据わり、掘立柱建物はすべての柱の下部が地中に埋まりますが、東西楼は、外周の柱一六本のうち一五本は掘立柱、残り一本と内部の柱八本は礎石建ちで、異なる柱の立て方を一つの建物で併用する特殊な構造でした。いわば掘立柱と礎石建ちのハイブリット建築です。このような建物は奈良時代では珍しく、上部構造を考える際、非常に難解でした。

大極殿院の区画全体を考えると、大極殿をはじめ、南門や築

図6　西楼の発掘調査（南東から）

地回廊はいずれも礎石建物です。奈良時代の立派な建物は基本的には礎石建物ですが、大極殿院のなかで、あえて東西楼だけ掘立柱を併用していることが大きな問題となりました。

基壇　基壇《きだん》周辺はⅠ－2期に整備された礫敷（中層礫敷）で覆われており、西楼では柱穴と、基壇外装《がいそう》の抜取穴《ぬきとりあな》を発見しました。これらの発掘成果によって、南面築地回廊から東西楼が北側に張り出した部分の基壇の規模は、東西約二七・〇メートル（九一・五尺）、南北約八・八〇メートル（三〇尺）と判明しました（**図6**）。

巨大な外周柱　外周の掘立柱が地中に埋まっていた深さは、なんと二・五～三・〇メートルもありました（**図7**）。一般的な掘立柱建物であれば、せいぜい一メートル程度です。さらに柱を立てる際に掘った穴（掘方《ほりかた》）や柱を抜き取る際に掘った穴（抜取穴）は通常の柱穴（掘方が平面一メートル程度、深さ一メートル程度）に比べ、非常に大きいという特徴があります。深い柱穴はそれだけ長い柱を立てるためのものと考えられることから、この遺構からは非常に高い建物であったと想起されます。

　さらに、東楼の柱穴に残っていた柱は、残存長さが二・八メートル、底面の径は

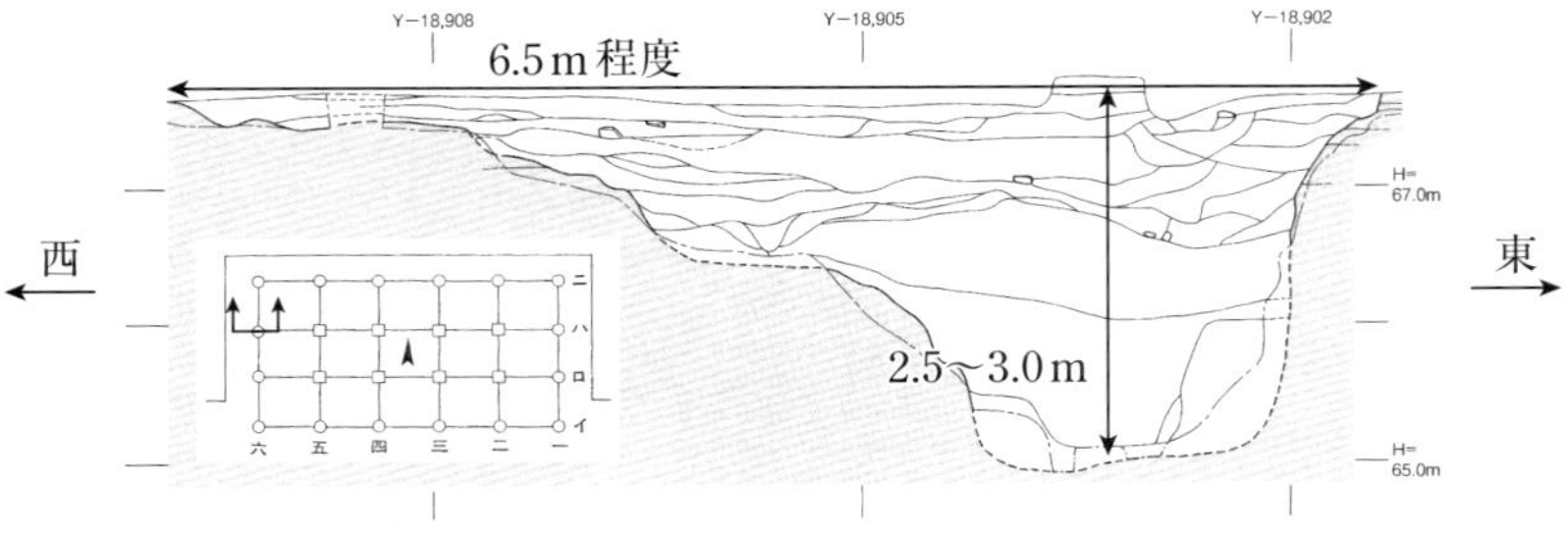

図7　西楼の外周柱穴（ハ六）の断面図

七二センチもあり（図8）、現在のところ、平城宮跡で出土した最大の掘立柱です。図9の写真ではこの柱穴に人が立ち、柱とともに写っていますが、人と比べても非常に大きいことがわかります。

小ぶりな内部柱　一方、西楼の掘立柱の抜取穴からは二点の礎石が出土しました（図10）。これらの大きさは、東西楼の内部柱の礎石抜取穴や礎石下

左が東楼出土の柱根で、径約72cm。平城宮跡最大の大きさを誇る。
右は東西楼の内部柱径に近い径約48cmの柱根（平城宮跡出土）。

図8　東楼出土の巨大な柱根

図9　東楼の巨大な掘立柱穴と柱根

に置かれる根石から想定される礎石の大きさと整合することから、東西楼の内部柱の礎石と考えられます。一つ目の礎石の大きさからみて、その上に立つ柱は、最大でも径四五センチ（一・五尺）程度と推定されます（**図10左下**）。二つ目の礎石からは最大で径五四センチ（一・八尺）ほどの柱を立てることは可能ですが（**図10右下**）、一つ目の礎石には五四センチの柱は立てられないため、東西楼の内部柱の径は最大で約四五センチになります。つまり外側の柱が非常に太く長いのに対して、内側の柱は細く、そしておそらく短い柱であったのです。このような外周柱と内部柱で太さに大きな違いがあることが、発掘遺構と出土遺物からわかりました。

造営工程　先述のように、東西楼は、Ⅰ－2

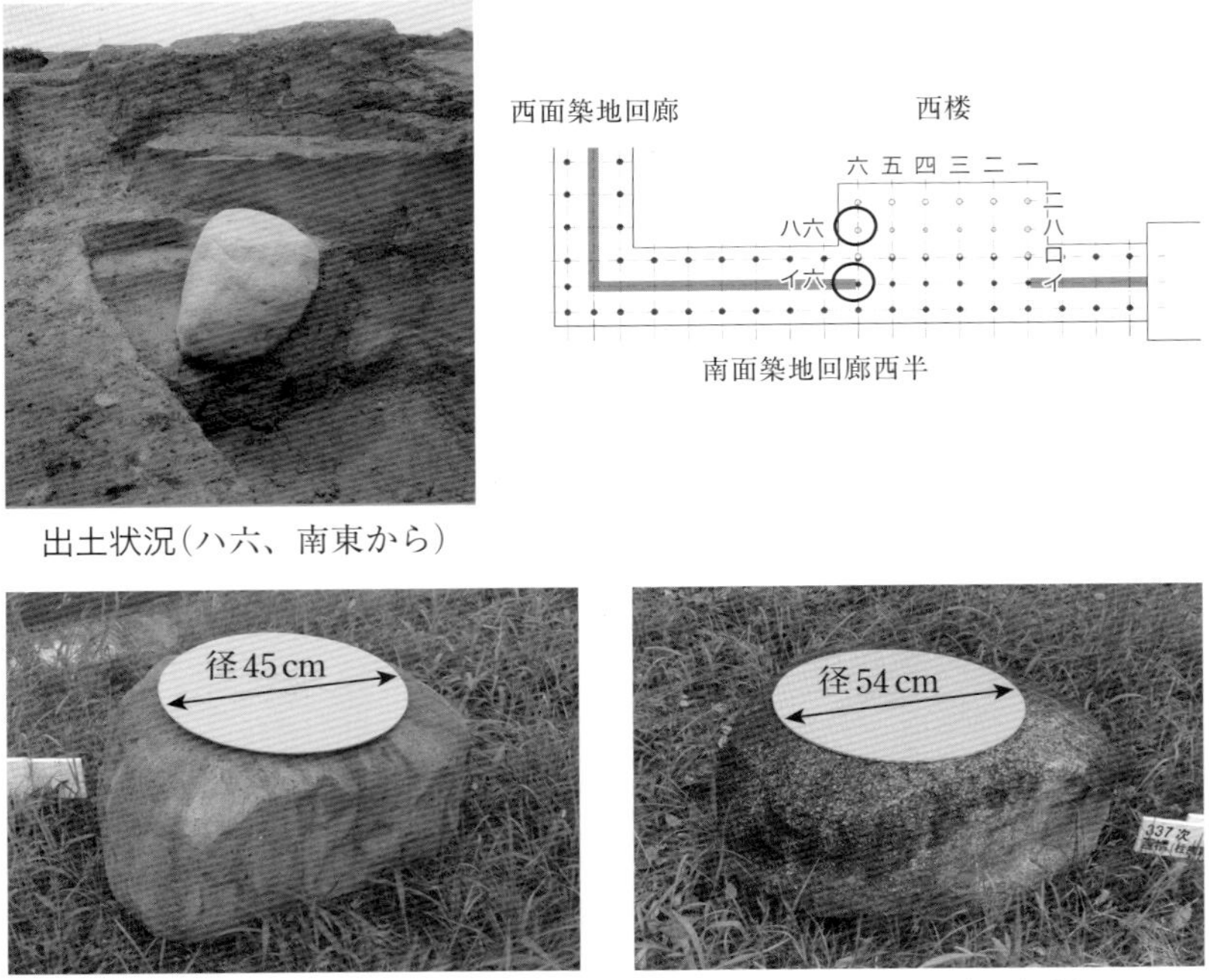

出土状況（ハ六、南東から）

ハ六出土石材（安山岩）　イ六出土石材（花崗岩）

図10　西楼出土の礎石

期に南面築地回廊の北側に張り出して増築された建物ですが、西楼の発掘調査によって得られた土層観察の成果を分析した結果、造営過程が次の五つの工程でおこなわれていることが判明しました（図11）。

①東西楼の外周柱の柱穴を掘る
②東西楼の外周柱を立てる
③南面回廊の基壇の北側に東西楼の基壇を増設する
④東西楼の内部柱の礎石を据えつける
⑤東西楼の内部柱を立てる

通常、柱は基壇をつくったのちにその上に立てますが、西楼は増築ということもあって、最初に大きな掘立柱を立てるための柱穴を掘って柱を立てています。屋根をどの範囲にかけているかはわかりませんが、基壇は外周柱による大きな躯体をつくってから、基壇の土を積み足しています。この五つの造営工程が、外周柱と内部柱の構造的な意味の違いの解明につながりました。

出土遺物　もう一つ、重要なことがわかっています。第2章では、四面廂《しめんびさし》の柱配置であれば入母屋造《いりもやづくり》か寄棟造《よせむねづくり》の建物だという話があ

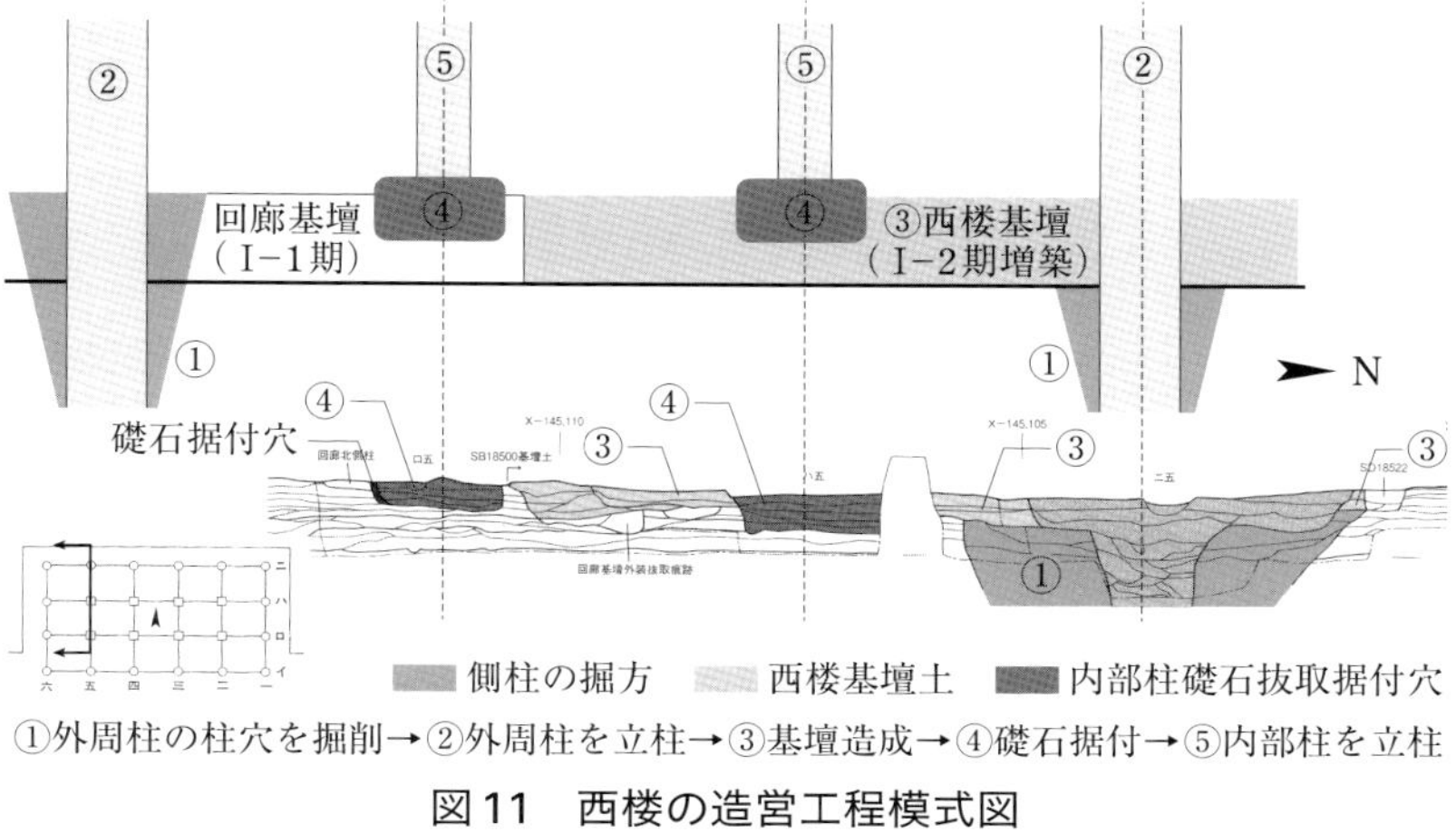

①外周柱の柱穴を掘削→②外周柱を立柱→③基壇造成→④礎石据付→⑤内部柱を立柱

図11　西楼の造営工程模式図

りましたが、東西楼の柱配置からは、屋根形状は容易に判断ができません。しかし、東西楼それぞれの掘立柱の抜取穴からは、隅木蓋瓦《すみぎぶたがわら》の断片が、複数個体出土しています（図12）。隅木蓋瓦とは入母屋造や寄棟造の場合に特有の隅木という部材の上面を覆う、つまり蓋をする瓦です（図13）。これは二種類が出土していて、

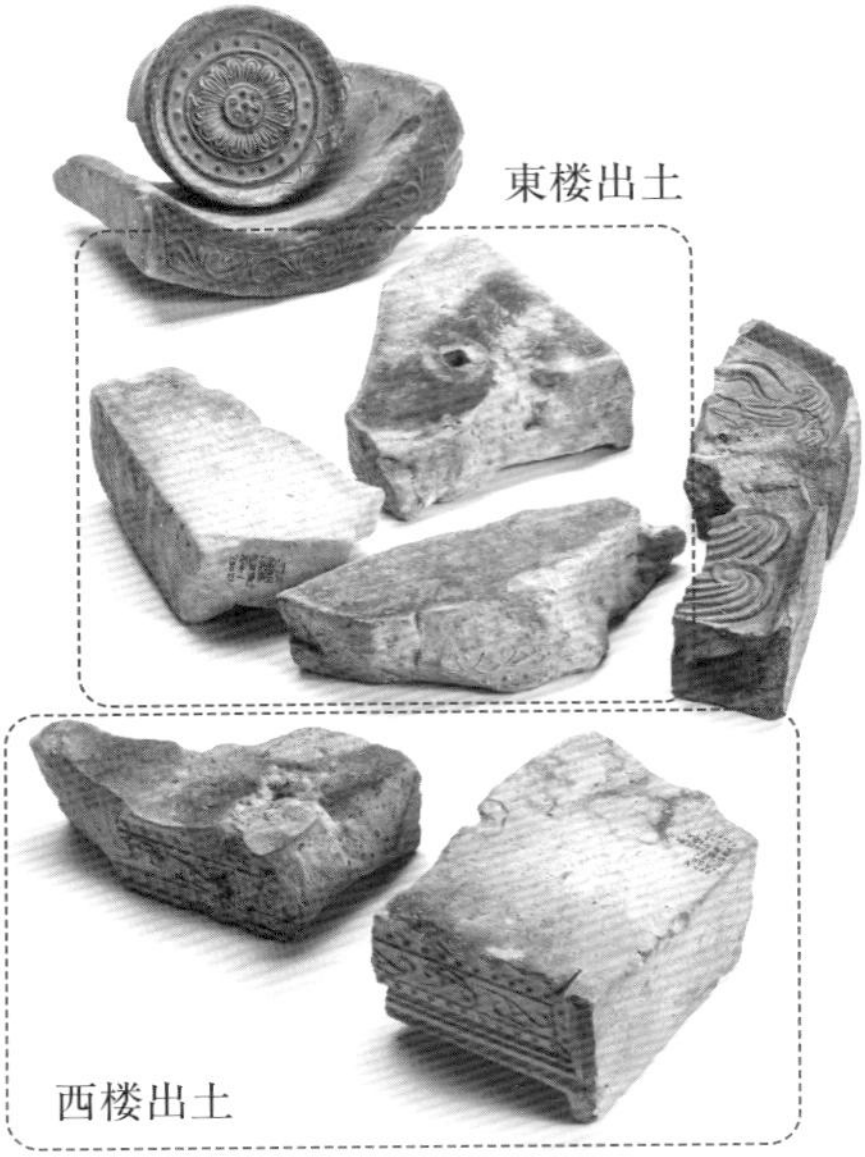

図12　東西楼から出土した隅木蓋瓦

図13　隅木蓋瓦と隅木

それぞれ形状や文様が違うことから、一種類を南門所用と考えても、もう一種類は東楼もしくは西楼で使われたと考えることができます。

三　遺構・遺物をひも解く

こうした発掘調査の成果をもとに、どのように復原していったのかを、順を追って考えてみましょう。建物を復原するには、発掘調査で判明した遺構や遺物に関する事実を復原の第一に優先すべき諸条件として整理したうえで、同時代の類例などを加味し、建物の上部構造を復原していきます。つまり復原は発掘成果による諸条件と整合しなければなりません。

長大な柱　まず柱や屋根の形状といった建物の大きな構造について考えてみます。発掘遺構と出土遺物から知られる東西楼の最大の特徴は、巨大な外周柱と深い柱穴です。最大七二センチ、長さ二・八メートルの柱が残っていたこと、柱抜取穴の深さが二・五〜三・〇メートルあり、しかも横に長いことから、柱は長大であったと考えられます。平屋（一階建て＝単層）の建物ではそのような長い柱を使わないことから、東西楼は、巨大な柱を用いた二階建て（重層）の建物であったと推察されます。

このことを補強する材料として、中央区東側の南北基幹排水溝から出土した木簡（神亀《じんき》〜天平：七二四〜七四九）に、「東高殿《ひがしのたかどの》」「西高殿《にしのたかどの》」「作高殿料《たかどのをつくるりょう》」「枚桁《ひらげた》」の記載がみられます（図14）。高殿とは読んで字のごとく、高層建築を示しており、枚桁とは主に重層建築の上層に置く高欄に用いる横木で、これらの木簡から大極殿院付近に高欄をもつ楼閣があったことがうかがわれます。

礎石と掘立柱の併用　もう一つの特徴は、礎石と掘立柱のハイブリット建築であるということです。これにはどのような意味があるのでしょうか。

まず外周柱と内部柱の大きさの差と造営工程から、内部柱は上部構造を支える主体とは考えにくいです。さらに礎石建物で構成される第一次大極殿院において、あえて掘立柱を用いたのは、構造的な理由があると解釈できます。

そこで、日本全国で発見されている礎石と掘立柱を併用した主要な発掘遺構二八例を図15にまとめました。大半は、両者を併用していても、柱穴の大きさ、すなわち柱の太さは礎石部分と掘立柱部分で大差がありません。わずかな事例として、掘立柱が太くて礎石に立つ柱が小さい事例があります

「里工作高殿料短枚桁二枝」

図14　「高殿」の記載のある木簡

（図15の実線で囲んだａ）。東西楼を除けば、藤原宮《ふじわらきゅう》で検出されている事例で、床を張るために小ぶりな礎石を使っているのです。もう一つは下野国府《しもつけこくふ》の事例で（図15の破線で囲んだｂ）、廂をもったために外側柱が細くなっていますが、これは東西楼とは柱配置が大きく違うため参考にはなりません。

この藤原宮の遺構を参考にすれば、東西楼の内部柱は床を支えるための柱である可能性が高くなります。つまり、外周の太い柱は巨大な建物を建てるための骨格として使い、内部の小さな柱は、二階の床を支えるための柱と考えるのです。上部構造と荷重の関係

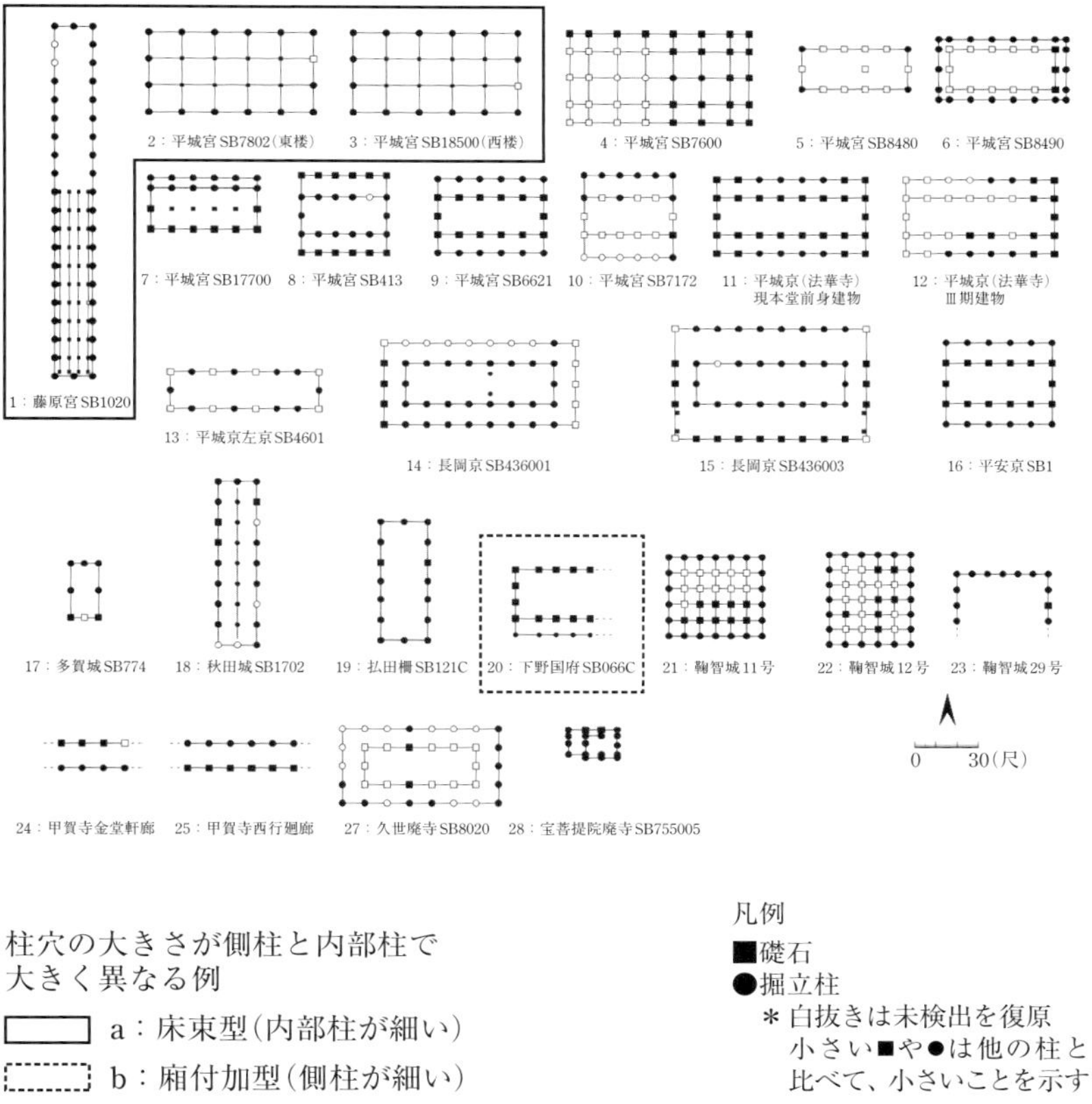

図15　礎石・掘立柱を併用した発掘遺構の事例

をみると、外周の柱と内部の柱が同じ太さであれば、**図16右**のように均等に荷重がかかる構造と想定されます。しかし、外周と内部の柱の径が大きく異なることから、外周の柱は屋根の荷重を直接支え、内部の柱はあくまでも床を支える、といった柱のはたす役割がまったく違うと考えられます（**図16左**）。

ところが、日本に現存する建物でこのような構造をもつ事例はありません。二階建てながら、下層に屋根をもたない建築形式を楼造《ろうづくり》と呼びますが、楼造の基本的な構造は、一階の構造をつくり、その上に二階の床を張り、さらに二階の柱を立てるという、**図16右**のような積み上げの構造です。しかし、発掘遺構の特徴から考えると、東西楼については、外周柱が構造的に重要で、外周柱が大きな躯体を支えていた可能性が高いと考えられるのです（**図16左**）。

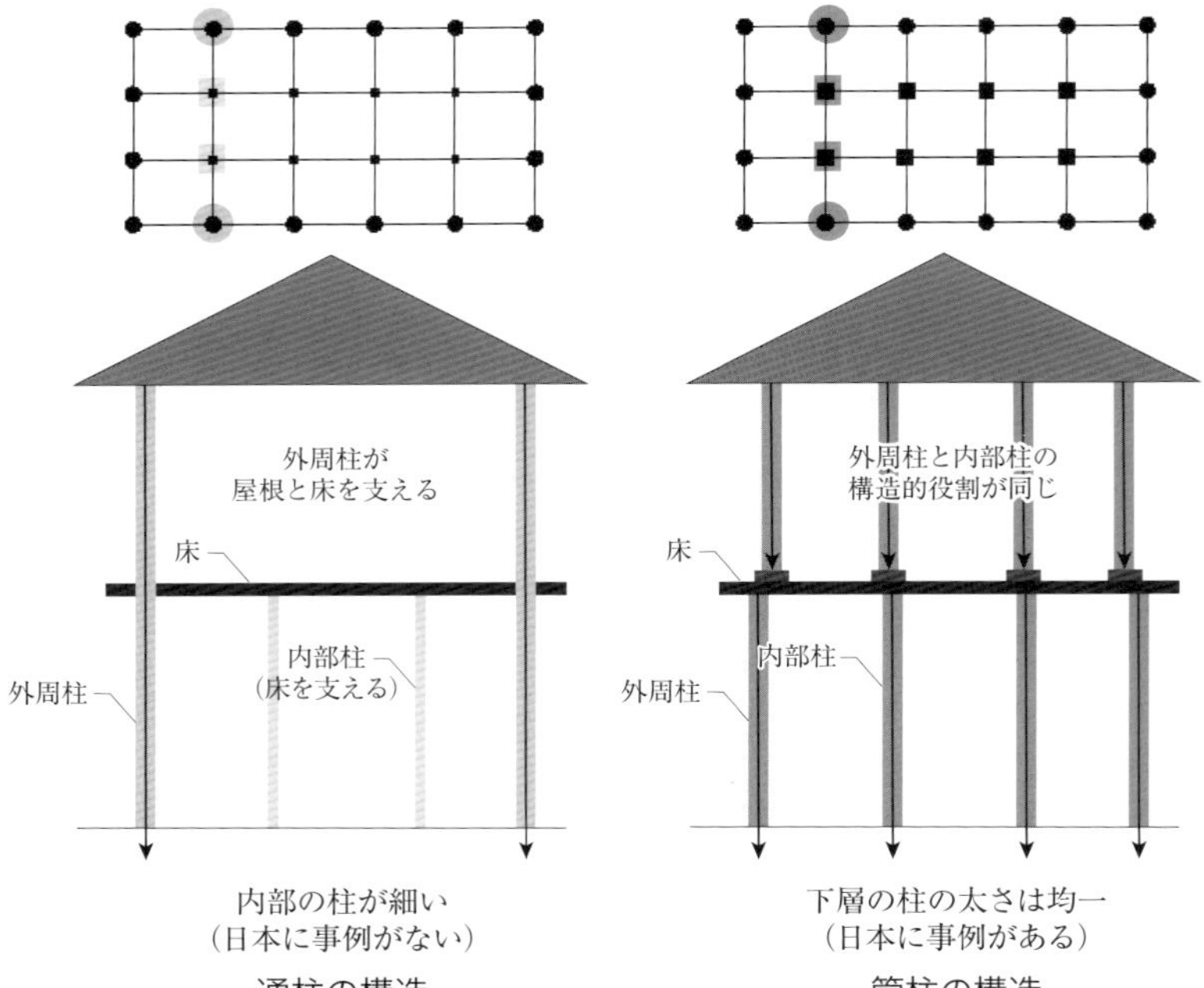

図16　通柱と管柱の構造比較模式図

東西楼の概形　以上から、東西楼の概形の根拠について整理してみます（**図17**）。東西楼の上部構造を支えたのは、径七二センチの長大な外周の掘立柱で、柱は二階の床で継がずに屋根を支える通柱《とおしばしら》と解釈できます。一方、内部柱は、礎石建ちで最大径が約四五センチです。

　ここから考えられることは、外周柱は構造的な負担が大きく、内部柱の構造的な負担は小さいということです。また、土層観察で判明した造営工程から、外周柱を先に立て、内部柱は基壇を積んだあとに立てるという時間差のあることがわかりました。ここから外周柱は一階と二階を突き抜けて屋根の荷重を直接支え、内部柱は二階の床を支えると考えられます。大極殿や朱雀門の復原では、絵画資料や文献資料、現存する建物など、類例としていろいろ利用できましたが、東西楼については同じ構造で現存する文化財建造物はありません。あくまでも上部構造の根拠を発掘遺構から考

側　柱：掘立柱＋径約72cmの太い柱
内部柱：礎石建＋最大径約45cmの柱

→ 側柱の構造的負担大
内部柱の構造的負担小

→ 側柱を先に立柱
内部柱を後に立柱

→ 側柱は屋根荷重を直接支え、
内部柱は束柱として上層床を支える
→ 根拠は遺構
側柱を通柱、
内部柱を束柱

東西楼の形
・外周柱を通柱とする楼造
・入母屋造or寄棟造
・2階に内部柱なし
・柱で囲まれた四隅の平面区画が長方形

図17　東西楼復原のフローチャート

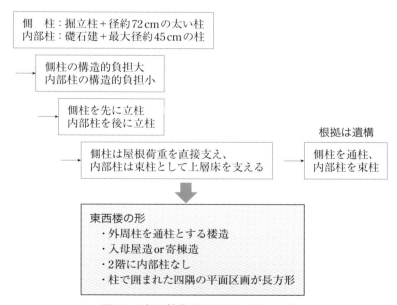

えていくしかないのです。

通柱の傍証としては、掘立柱の柱穴の抜取穴の深さが二・五～三・〇メートルに及ぶことがあげられます。一階と二階とで柱を分ける管柱《くだばしら》の場合、一階の柱の長さは、一般的な掘立柱よりも極端に長くなることはないと考えられるため、三メートルもの深さは必要ありません。ところが東西楼の場合は、抜取穴の平面が最大六・五メートルに及ぶことから、長い柱が想起されるのです。

屋根は、隅木蓋瓦が出土していることから、入母屋造か寄棟造と考えなければなりません。

これらをまとめると、東西楼は楼造で外周に通柱を用い、屋根は入母屋造もしくは寄棟造と考えなければなりません。これで復原完了となればよいのですが、これを古代建築の技術で建設することは容易ではないのです。

二階の柱配置　まず、二階の柱がどうなっていたかが問題になります。第2章において、隅木《すみぎ》をもつ建物は、隅木は身舎の隅の柱と廂の隅の柱で支えるので、廂の桁行両端部と梁行両端部の柱の間隔（柱間寸法）が同じ長さ、つまり隅の間が正方形平面になっていなければ、入母屋造、寄棟造にはならないという話がありました。しかし、東西楼の柱間寸法は、桁行五間がいずれも四・五七メートル（一五・五尺）であるのに対して、梁行三間がいずれも三・八三メートル（一三尺）であるため、隅の間が長方形になります（**図18左**）。二階の柱配置は、通柱のため少なくとも外周は一階と同じになりますが、一階の内部柱は二階の床を支えて止まるため、二階の内部柱の有無が問題となります。

古代建築の常識から考えると、この柱配置で入母屋造や寄棟造の屋根を想定することは困難です。これらの屋根形状の場合、建物隅の柱上から斜め四五度の方向で内側に引き込んで屋根を支える隅木が必要であり、この隅木の真下には柱を立てるのが通例です（図18右）。しかし、東西楼で内部柱を想定すると、外周柱どうしをつなぐ縦横いずれかの柱筋とずれてしまいます（図18左）。そのような柱配置は、現存する古代建築からは考えられません。このため上層に柱を立てることは想定しにくいこととなります。

さらに、先述のように、上部構造を支える主体は外周柱であり、造営工程からみても、二階の屋根を支えるための内部柱は、特段必要なかったと考えられます。

四　導かれる屋根の構造

類例のない建物　遺構と遺物をひも解くと、東西楼は通柱で、二階建てですが二階の内部には柱を立てず、入母屋造か寄棟造の屋根をもつ建物であったと考えられました。このように、遺構と遺物から導かれる建物の概形は、言葉では表現することができますが、現存する古代

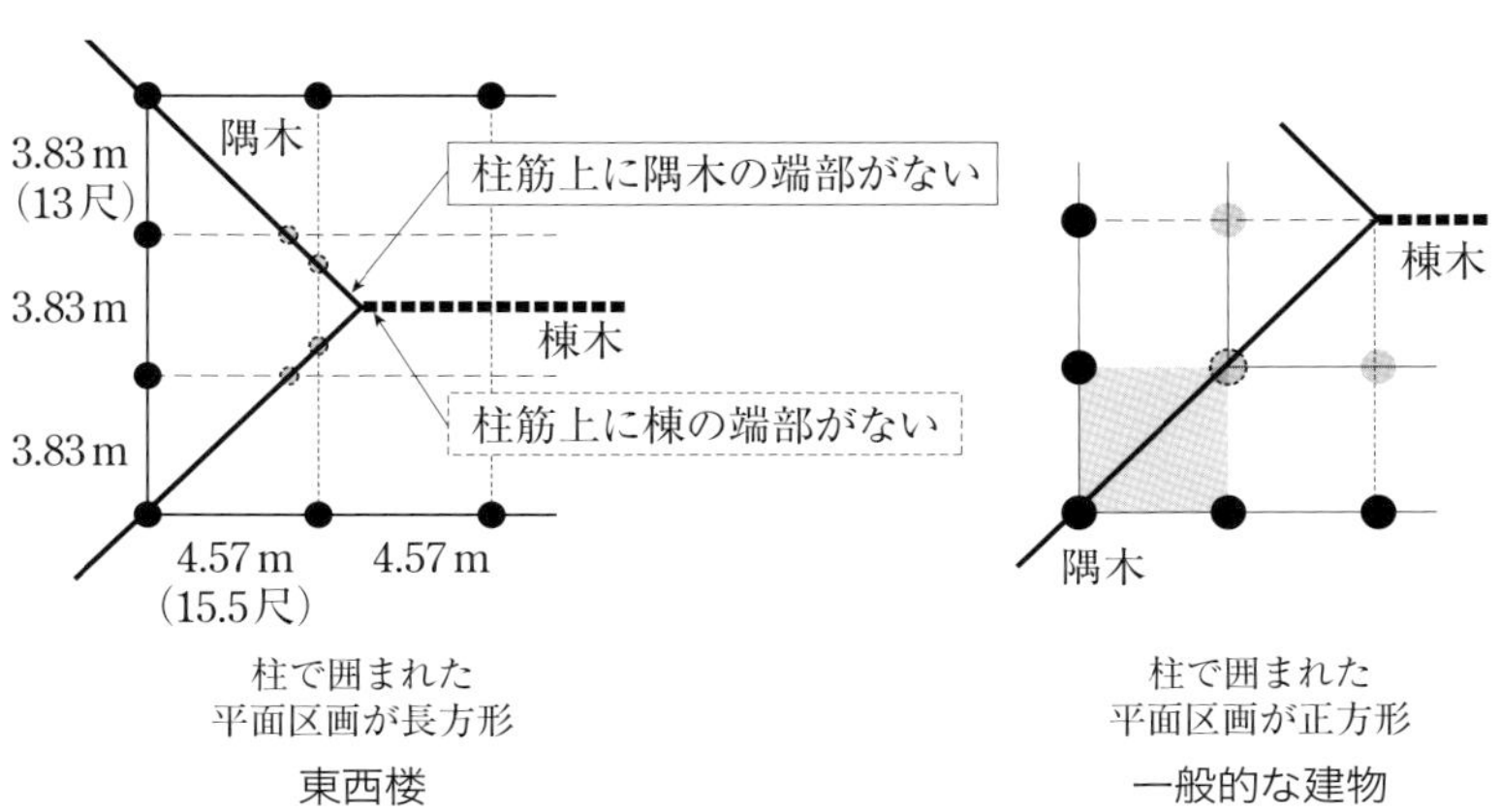

図18　東西楼上層の柱配置の考え方

建築に類例がなく、常識外の形式です。いうなれば、類例のない遺構の上部構造は、やはり類例のないものであった蓋然性が高いのです。

そのうえで、上部構造を古代建築の技法・法則に則りながら考えていかなければなりません。その際、考慮すべきは、古代建築の各部の構成要素は、単純に屋根なら屋根だけを支える構造ではなく、第2章で述べているように、組物《くみもの》や天井などが相互に関係しているという事実です。そこで現存する古代建築について分析し、屋根構造、組物、天井などの関係から復原を試みました。

組物　まず、組物に着目しました。組物は建物の格式を象徴しますが、発掘遺構との関係でいうと、推定できる軒《のき》の出、つまり、柱から軒の先端の雨が落ちるところまでの距離が重要です。軒の出がわかれば、その軒の出を構造的に可能にする組物がどのような形式になるか考えることができます。通常、建物の軒は基壇よりも外側まで延ばしますので、柱から基壇の端までの距離が、軒の出の最小値ということになります。

東楼の遺構平面図をみると（図19）、外周の大きな掘立柱の外側にグレーの太線で示したのが基壇の端です。明確な基壇の外側を飾る構造は発見されていませんが、基壇周囲の中層礫敷はよく残っているため、この部分が基壇の縁辺部と考えられます。したがいまして、東楼の軒はこのグレーの太線より外側にでなければなりません。柱から基壇縁辺までの距離は、東西辺が約二・一メートル（七尺）、北辺が約二・四メートル（八尺）であることから、東西楼の軒の出は、これよりも〇・三メートル（一尺）ほど大きくした二・四〜二・七メートル（八〜九尺）と考えられます。

さらに二階の内部柱がないため、外周柱の上に置いた組物の水平材が内部に引き込まれるような構造とすることができません。そのため、組物は軒を大きくださない形式と考えられます。具体的には、第2章で紹介した大斗肘木《だいとひじき》または平三斗《ひらみつど》といった形式（**第2章図13**参照）と考えられます。この二つのどちらがよいかは後述しますが、東西楼は天井を張ると考えられますので、天井を張らない形式と関連のある大斗肘木ではなく、天井を張る形式と関連のある平三斗が適当と考えることができます。

屋根の形状　屋根の形状は、入母屋造と寄棟造のどちらでしょうか。入母屋造とする場合、屋根の側面（梁行方向）にできる三角形の壁（妻壁《つまかべ》）をどの位置で支えるかが課題となります。**図20**に現存する入母屋造の屋根をもつ古代建築の縦断面図を示しましたが、奈良時代の建物では、基本的

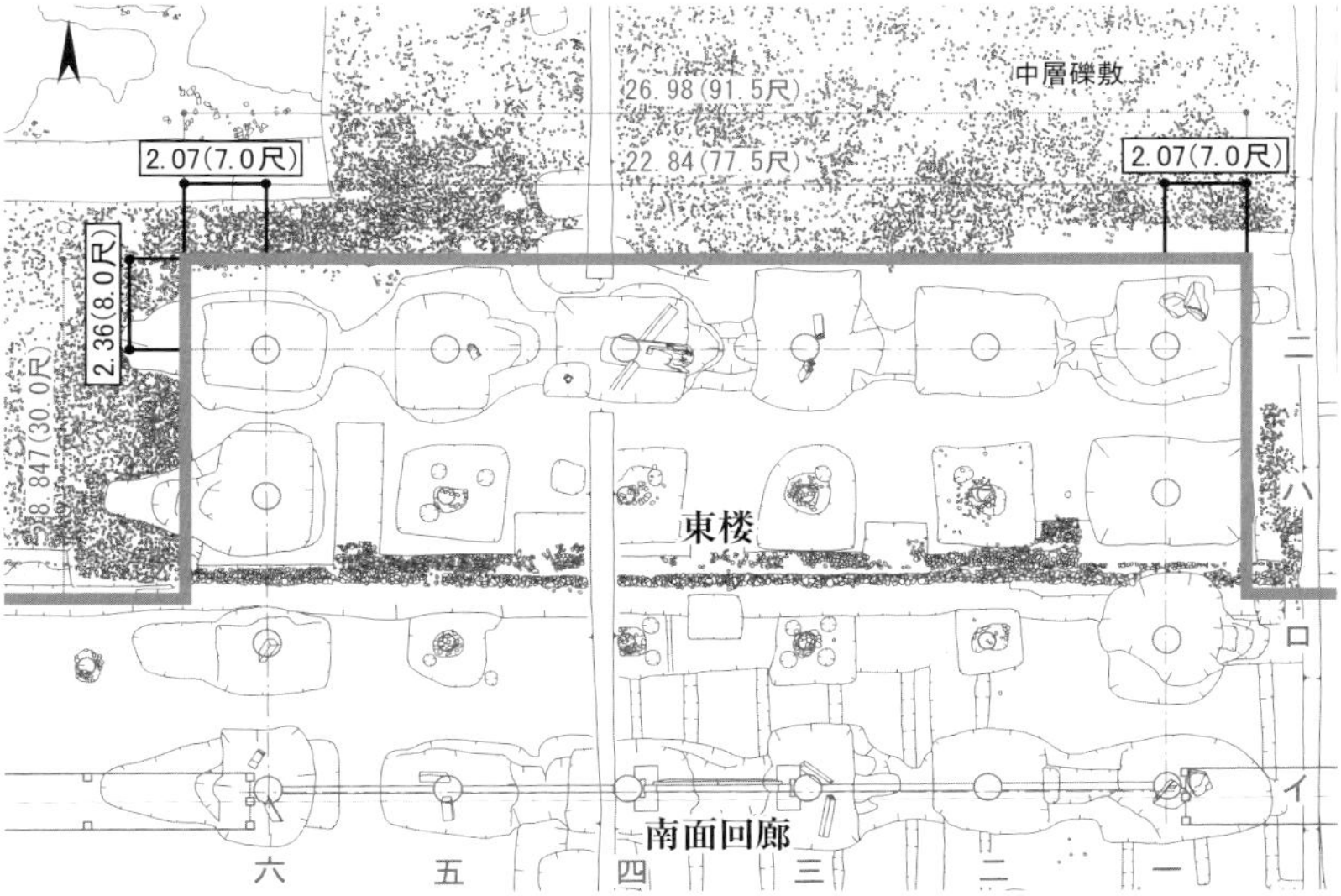

図19　東楼の遺構と基壇の出

に柱筋と妻壁の位置が一致することが特徴です。単層で組物の手先がでない建物では、外周柱より内側にも柱がある、身舎—廂の構造をとると、妻壁を身舎柱の筋に立てた入母屋造とすることができます。

東西楼では二階に内部柱がなく、外周柱だけで屋根を支えていますが、それと類似する構造をとるのは京都府宇治市の平等院《びょうどういん》鳳凰堂《ほうおうどう》（一〇五三年）

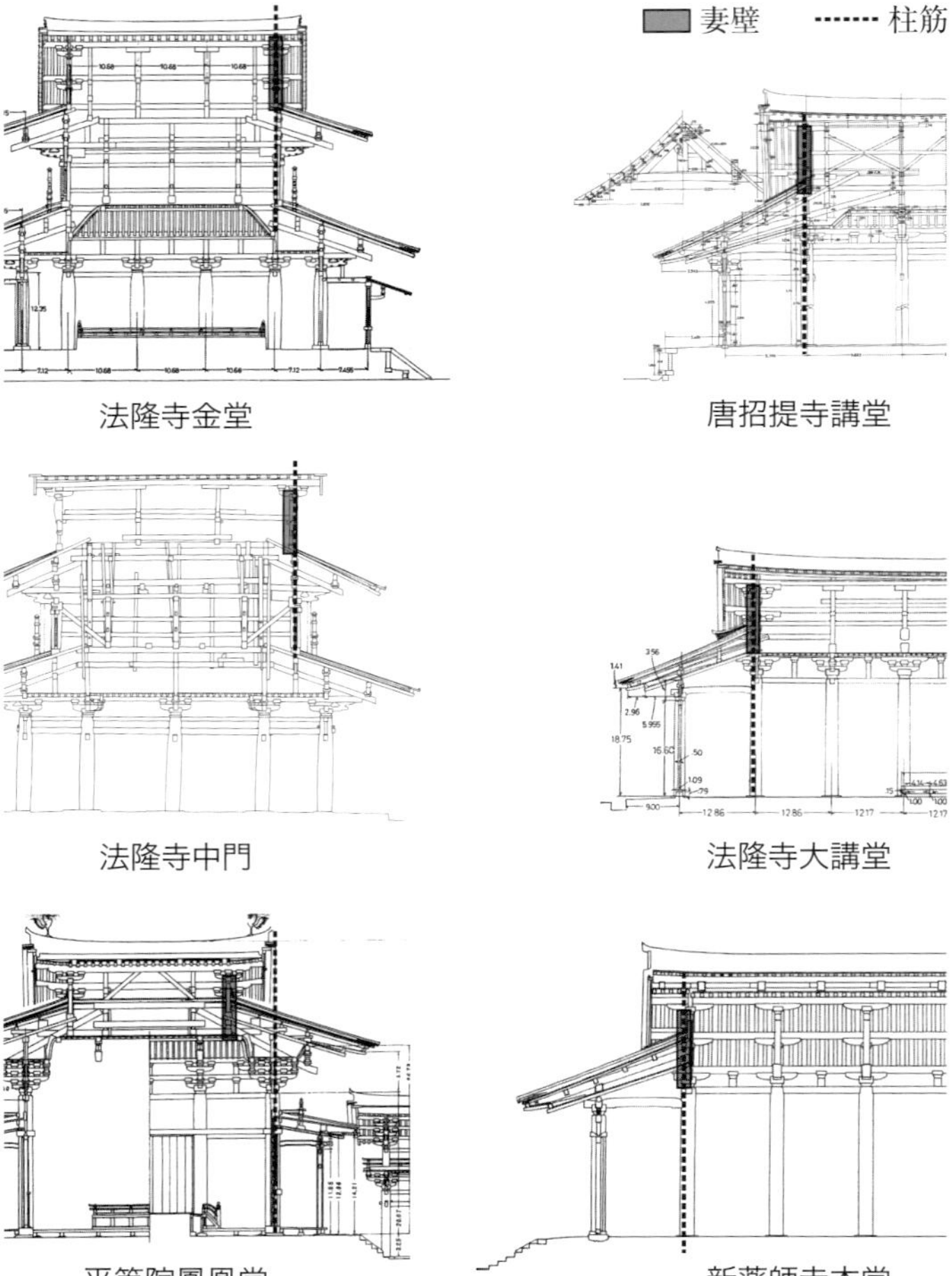

図20　入母屋造の屋根をもつ古代建築の妻壁の位置

のみです。平等院鳳凰堂は技術が進歩した平安時代の建物で、手先をだす組物をもち、二重の屋根が架かります。上重の入母屋造の屋根を支える柱からやや内側に妻壁を置く構造となっています。奈良時代の建築技術でこれと同様の形式を想定することは難しいと考えました。このため東西楼を入母屋造とすることは困難と解釈し、東西楼は寄棟造の蓋然性が高いと考えたのです。

一方、屋根を寄棟造としても、現存する寄棟造の屋根の構造には、以下の三つの形式が考えられます（図21）。一つ目は東大寺法華堂経庫《ほっけどうきょうこ》（奈良時代）などにみられる梁を架け束《つか》を立てて、屋根の構造を組み上げていく梁・束式です。二つ目は、唐招提寺金堂《こんどう》などにみられる、梁をかけて斜めに叉首《さす》と呼ばれる斜材を置いて三角形を組む梁・叉首式です。三つ目は、奈良県葛城市の當麻寺《たいまでら》本堂（一一六一年）の内陣《ないじん》にみられる、二重虹梁蟇股《にじゅうこうりょうかえるまた》という、梁を二重に架けて、そのあいだに蟇股と

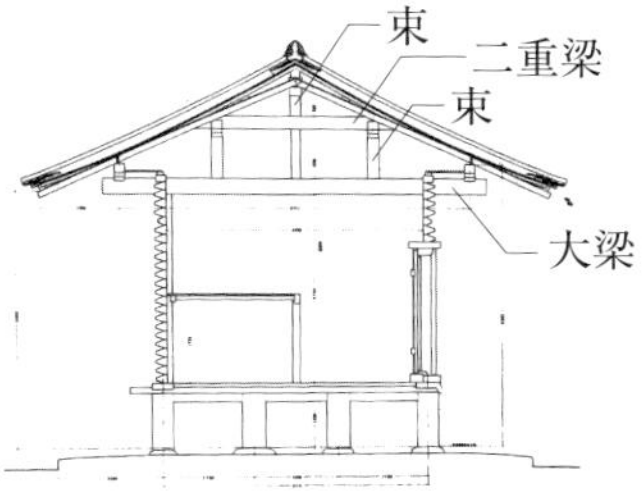

東大寺法華堂経庫（梁・束式）

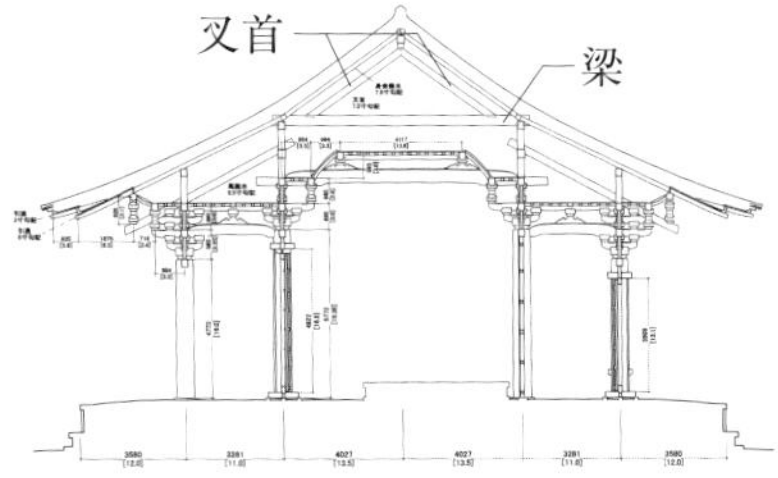

唐招提寺金堂（梁・叉首式）

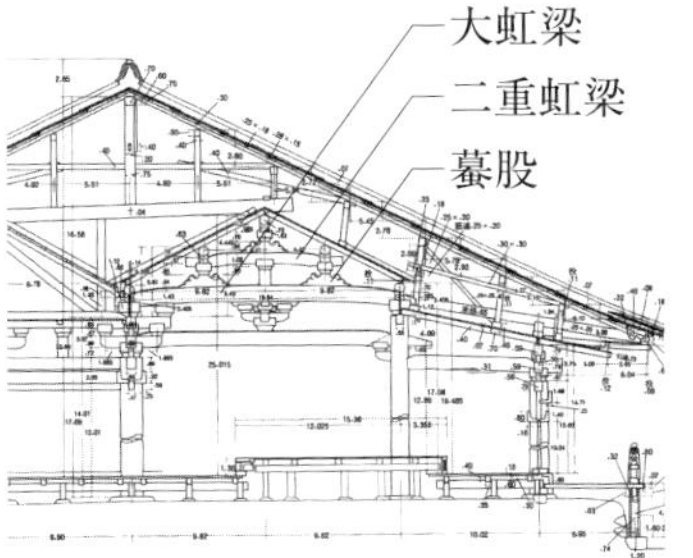

當麻寺本堂内陣（二重虹梁蟇股）

図21　古代建築の屋根架構

いう部材を挟み込む形式です。

東西楼には二階の柱がありませんので、どのように寄棟造の屋根を架けるかがもう一つの課題です。そのときに参考になるのが、法隆寺綱封蔵《こうふうぞう》（平安時代前期）という建物です。法隆寺綱封蔵の屋根構造は、梁を架け束を立て、その上にまた梁を架ける、梁・束式です。このような、柱を必要とせず、屋根をつくることができる構造はよいのですが、一方で、側面《そくめん》側（妻側と呼ぶ）の構造をどうするかという点で、法隆寺綱封蔵が参考になるのです。具体的には、妻側の屋根を支えるために、妻梁と呼ぶ桁行方向に架ける水平材を用いる手法です。これについては**図22**に示すような、梁行方向の大梁に桁行方向の短い妻梁を組み、その上に束を立て、その上にさらに梁を架け、さらに桁行方向に水平材を架け、そのうえでまた束を立てて、屋根頂部の棟木あるいは屋根途中の母屋桁を支持するという構造で、妻側の構造的問題を解消できます。梁・束式の構造であれば、内部に柱を置かなくても、最後に隅木を

図22　法隆寺綱封蔵の屋根架構

掛ければ寄棟造の屋根をつくることができます。この手法を東西楼の妻側の構造に採用したのです。

天井　梁・束式の構造は、東大寺法華堂経庫のほか法隆寺綱封蔵も、さらに正倉院正倉《しょうそう》（奈良時代）もこの構造ですが、これらは基本的に倉庫建築ですから、日常的に人が堂内に入って活動するような建物ではありません。倉庫建築以外では、法隆寺大講堂（九九〇年）が、梁・束式の構造で天井を張って屋根の構造を隠しています（**図23**）。これらを勘案すると、梁・束式の倉庫建築の場合、屋根を支える構造自体が露出して堂内からみえる状態となりますが、これは倉庫建築特有のもので、倉庫建築以外の建物には望ましい構造とはいえません。人が何らかの用途でその建物の内部を用いる場合は、屋根を支える構造をそのままみせるのではなく、天井を張って構造を隠してしまうのが適切と考えられます。東西楼は貴人のための宮殿建築でもありますので、天井を張ると想定するほうが自然でしょう。東西楼の場合、この法隆寺大講堂に倣って、組入《くみいれ》天井という形式の天井を張ると考えたのです。

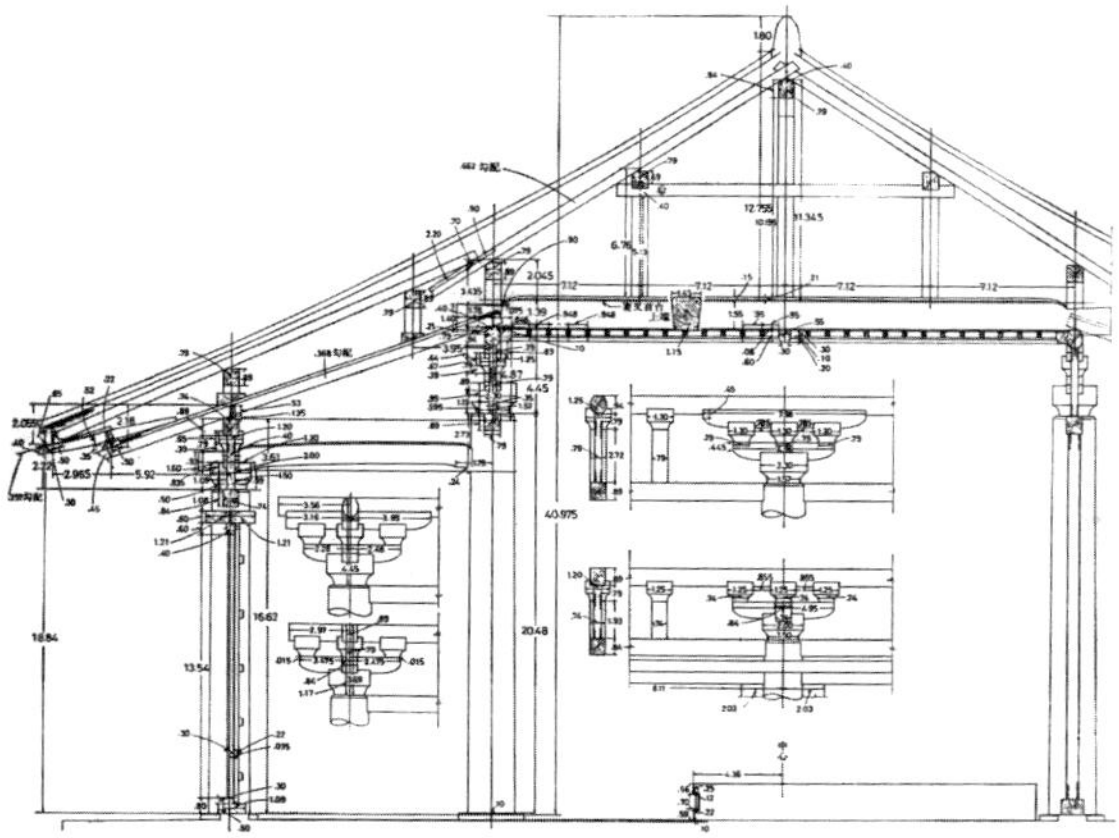

図23　法隆寺大講堂の架構と天井

なお、天井を張る建物の場合、現存する日本の古代建築では、平三斗や出組、三手先といった組物を用いており、組物の検討成果とも符合します。

さらに、東アジアの宮殿の事例をみてみましょう。時代は降りますが、中国の故宮太和殿《こきゅうたいわでん》（一六九七年）や韓国の景福宮慶会楼《けいふくきゅうけいかいろう》（一八六七年）や昌徳宮宙合楼《しょうとくきゅうちゅうごうろう》（一七七七年）などの宮殿建築では、基本的には内部に天井を張っています。日本にはいわゆる中国式の宮殿建築は現存しませんが、時代は降るものの中国や韓国の宮殿建築では、内部に天井を張る傾向がうかがえます。こういったことからも、東西楼は天井を張っていたと考えられます。

以上のような複雑かつ専門的な検討から、東西楼の屋根を支持する構造は梁・束式であり、組物には平三斗を用い、天井で構造を隠すという結論に至りました。天井の形式にもいくつかありますが、ここでは組入天井とし、屋根の形状は寄棟造と復原できました（**図24**）。これは、これまでの復原案（**図3**参照）とはまったく違う形式です。**図24**を導いた根拠は、あくまでも東西楼の発掘調査によって得られた遺構・遺物であり、その成果を分析しつつ描いた復原案なのです。

おわりに

日本の現存建物からみると、寄棟造の楼閣はなじみが薄く特異に映るかもしれません。しかし、平安時代中期の辞書である『和名類聚抄《わみょうるいじゅうしょう》』に載せている、唐の法律について書いた「唐令古記《とうれいこき》」によると、宮殿の建物はみな、鴟尾《しび》つきの寄棟造とすることが定められています。さらに、奈良時代

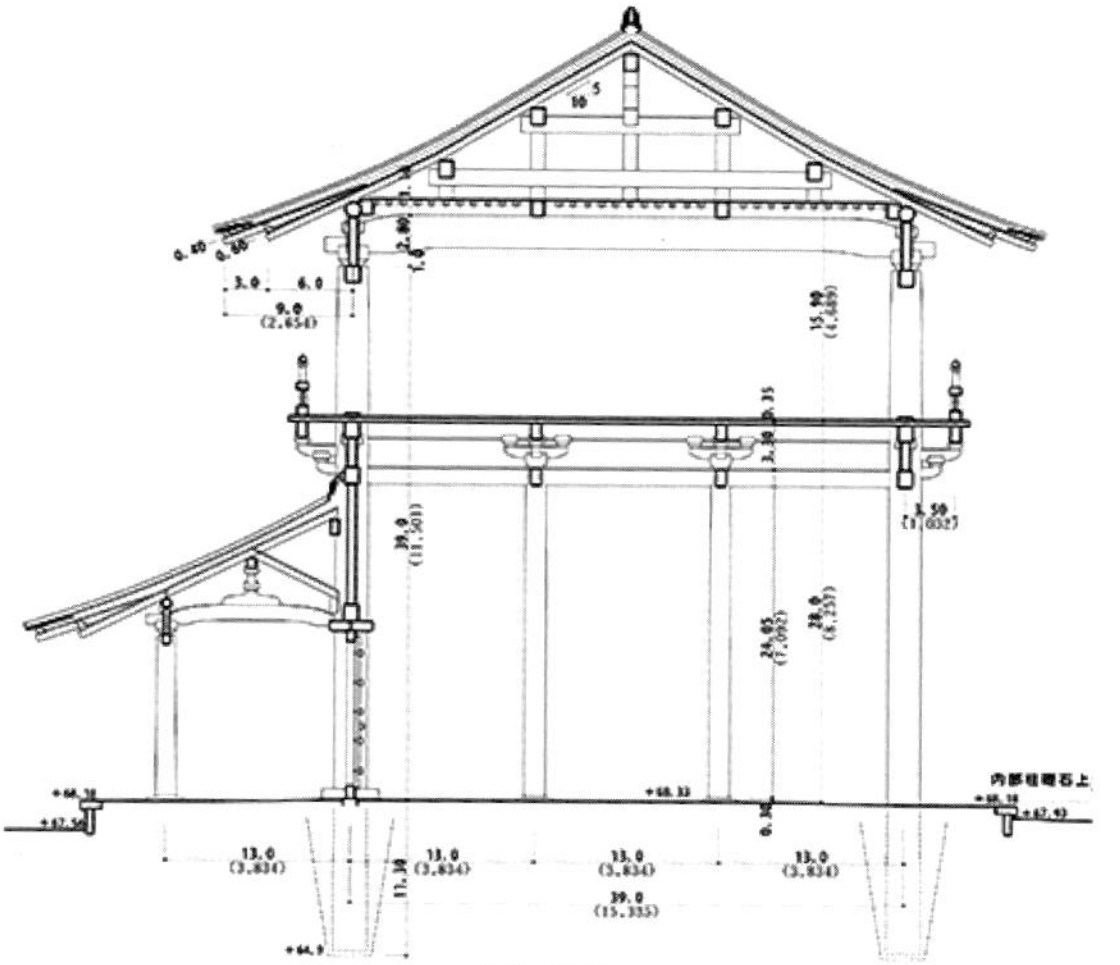

断面図

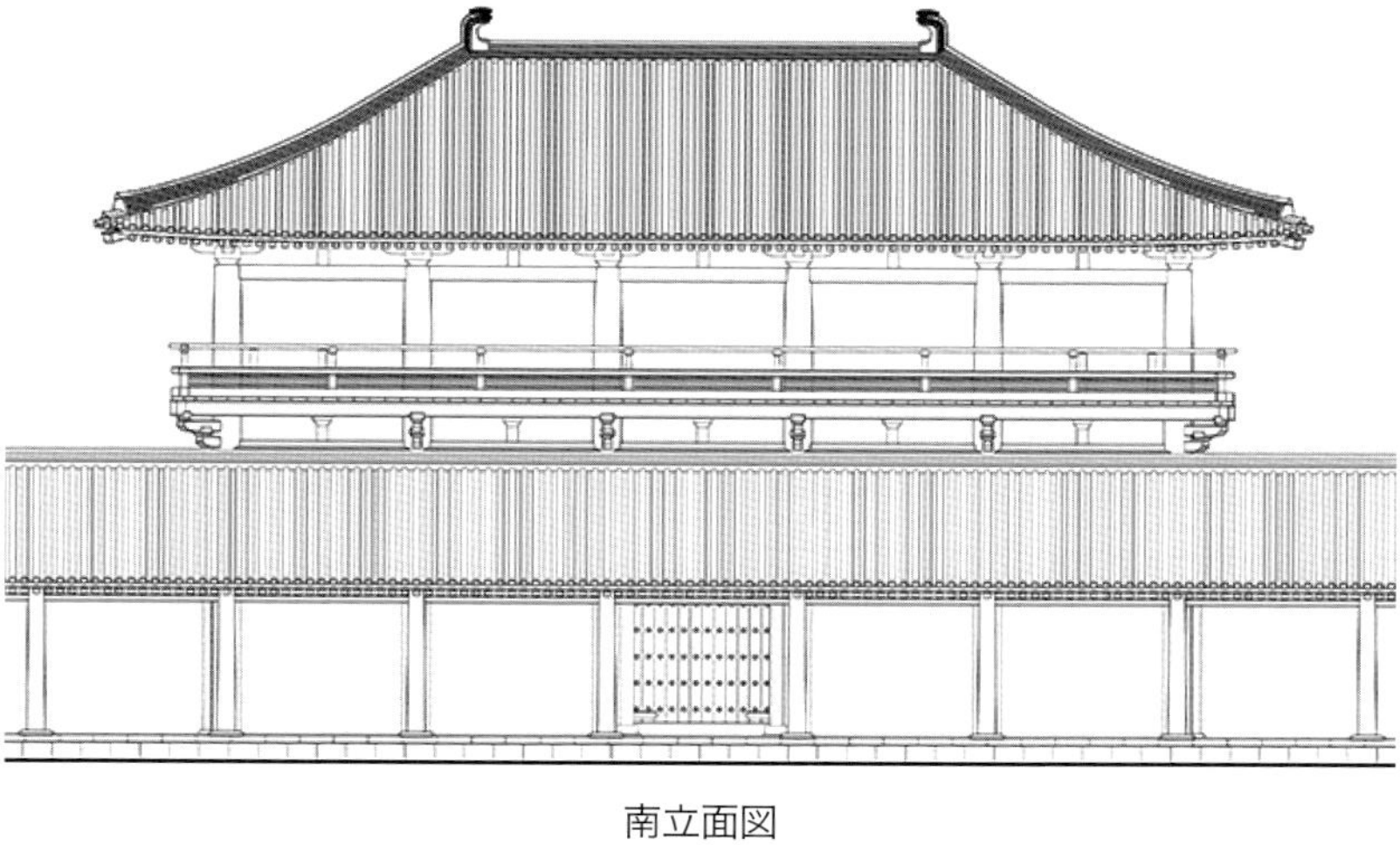

南立面図

図24　東西楼の復原図

の平城京の二条大路から出土した木簡のなかに、楼閣の絵が描かれたものがあります（図25）。楼閣の二階部分には高欄《こうらん》（手すり）がまわり、屋根は寄棟造であることが確認できます。

日本以外の事例では、中国の敦煌楡林窟《とんこうゆりんくつ》二五窟北壁（中唐：八世紀半ば〜九世紀半ば）の壁画に、城壁の上にのっている楼閣が寄棟造で描かれています。また、中国の懿徳太子《いとくたいし》墓壁画（盛唐：八世紀）にも同じような磚積みの上に建っている楼閣が寄棟造で描かれています（図26）。さらにもう一つ、現在アメリカにある『法華堂根本曼荼羅《ほっけどうこんぽんまんだら》』（八世紀）には、コの字形に三棟並ぶ建物のうち、中

図25　楼閣山水之図（8世紀）

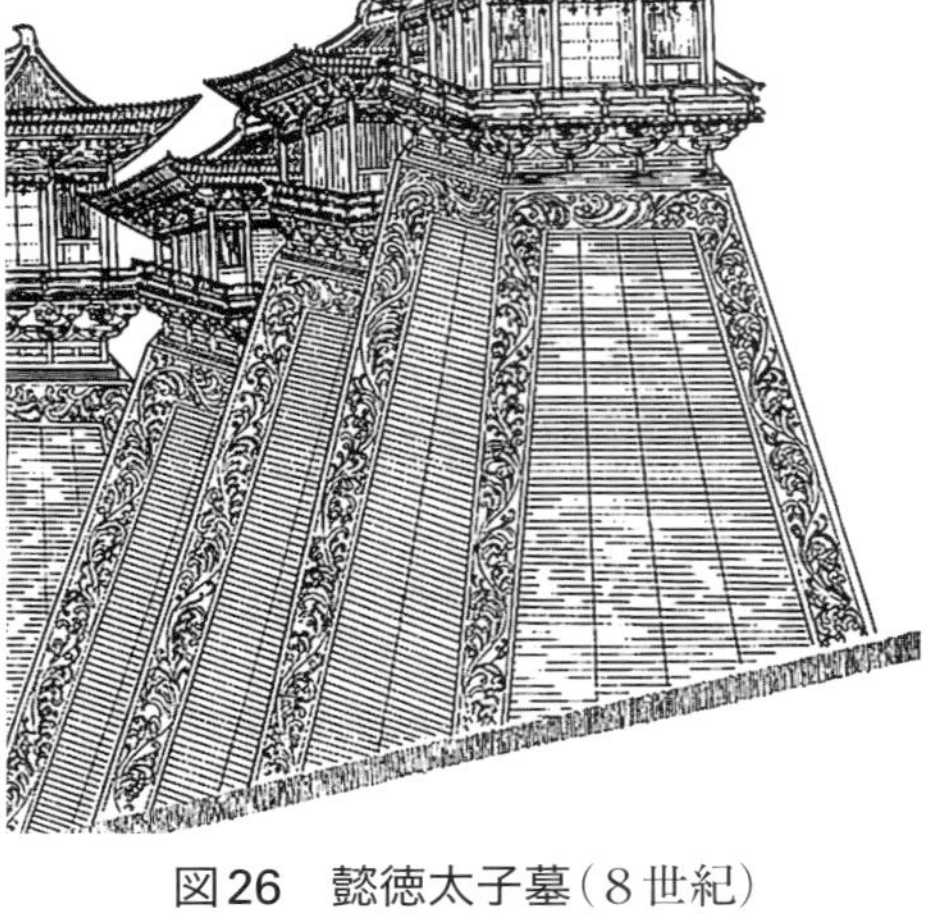

図26　懿徳太子墓（8世紀）
壁画に描かれた楼閣

心に鴟尾つきの寄棟造の楼閣、両脇に入母屋の楼閣が描かれています。特にこれは、二つの屋根形式を書き分けているので、入母屋造とは別に寄棟造の楼閣が存在したことがわかります。以上より、寄棟造の楼閣というのは、我々が特異に思うほど、当時は特異なものではなかったのではないかと考えております。

以上の検討をもと

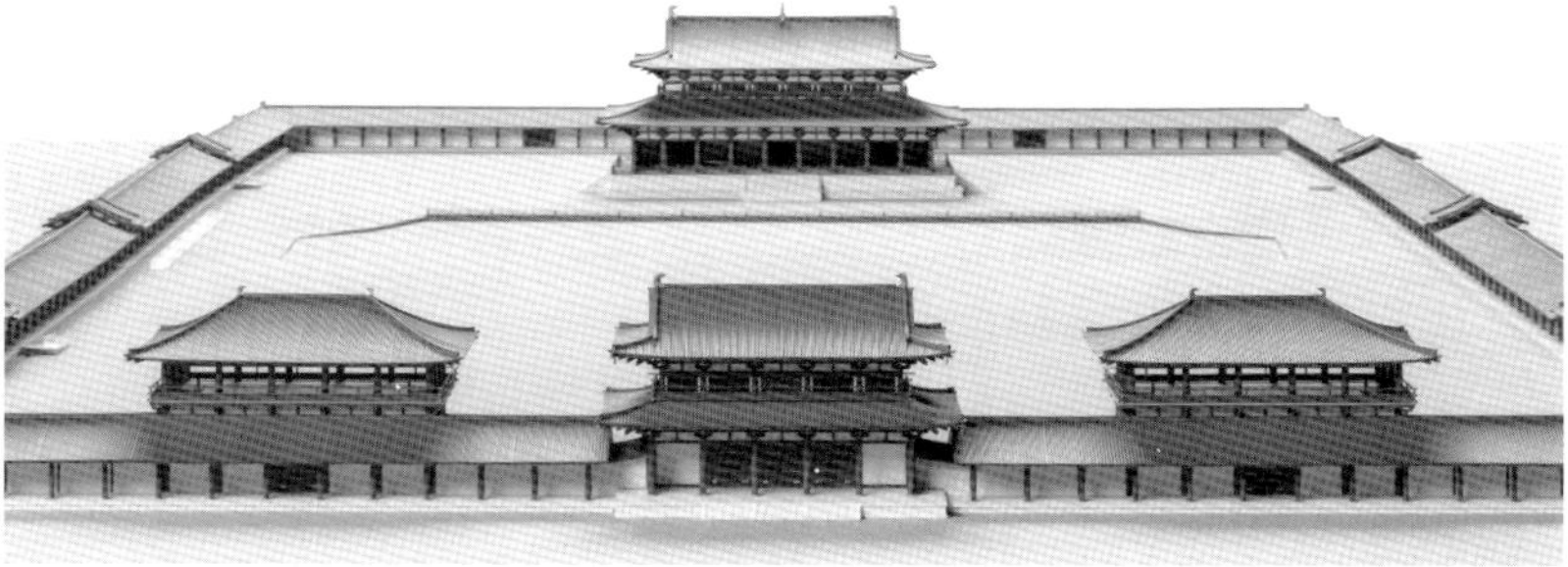

図27　東西楼の1：200復原整備模型
（平成26年度製作、第一次大極殿院復原事業情報館にて展示）

に平成二六年度に製作した復原整備模型が図27です。言うまでもなく、南門の両脇に建つ寄棟造の楼閣が東西楼です。この写真ではわかりづらいですが、外周柱は通柱としており、組物は平三斗、上層内部に柱は立たず、天井を組入天井としています。また上層には扉や窓、壁を入れない開放の形式で、上層へあがる階段が備えられています。階段の形式の話はここでは詳しく触れませんでしたが、韓国の宮殿に残る楼閣建築などを参照して、その位置や形式を復原しました。

朱雀門や大極殿といった、著名な建物については、絵画資料や文献資料に描写されることもあって、その形を知る手がかりを得ることができます。しかし、こうした建物はごくわずかで、一般的には絵画資料や文献資料による情報はほとんど期待できません。復原のための情報は、発掘成果、すなわち、遺構や遺物が最大かつ唯一であることが大半です。東西楼の復原では、古代建築の常識を超えた遺構と遺物から、当時の建築技術を検討して、上部構造の論理を組み立てました。その根底にあるのは発掘調査で得られた情報です。そして復原には、古代建築を読み解く以前に、発掘調査の成果を読み解く、そして何よりも、発掘調査成果を生み出す、発掘現場における研究員の高い意識が重要なのです。東西楼の復原では、発掘成果とそれにもとづく調査研究を重ねることで、一歩一歩実際の形に近づけてきたと考えております。そういった最新の研究の一端を、本章では紹介しました。

図版出典
図1　奈文研内部資料に加筆。
図2・6・8〜10・12〜14・16・18　いずれも奈文研内部資料。

図3　A：『平城報告Ⅺ』奈文研、一九八一。図版PLAN三六。B：奈文研内部資料。C：『奈文研紀要二〇〇四』奈文研、二〇〇五。第四二図。

図4　『平城宮第一次大極殿院のすべて』奈文研創立六〇周年記念　平城宮跡資料館秋期特別展図録、奈文研、二〇一二。三頁掲載図を一部改変。

図5　『平城報告ⅩⅦ』奈文研、二〇一一。本文編二三〇～二三三、二三七、二三九頁、図九五～一〇〇を一部改変。

図7　前掲『平城報告ⅩⅦ』本文編七一頁、図三二に加筆。

図11　上段：奈文研内部資料。下段：前掲『平城報告ⅩⅦ』本文編七〇頁、図三一に加筆。

図15　海野 聡「鞠智城の遺構の特徴と特殊性―建物の基礎構造と貯木場を中心に―」『鞠智城Ⅱ―論考編一―』熊本県教育委員会、二〇一四。六九頁、第六図を一部改変。

図19　前掲『平城報告Ⅺ』図版PLAN一一に加筆。

図20　以下の図に加筆。法隆寺金堂：『日本建築史基礎資料集成四　仏堂Ⅰ』中央公論美術出版、一九八一。一六六頁、図面四。法隆寺中門：奈良県所蔵建造物図面。唐招提寺講堂：『国宝唐招提寺講堂他二棟修理工事報告書』奈良県教育委員会、一九七二。図面第七図。法隆寺大講堂：前掲『日本建築史基礎資料集成四　仏堂Ⅰ』一七五頁、図面三。新薬師寺本堂：前掲『日本建築史基礎資料集成四　仏堂Ⅰ』二一一頁、図面三。平等院鳳凰堂：『国宝平等院鳳凰堂修理工事報告書』京都府教育庁文化財保護課、一九五七。附図二、図面五頁の六（©平等院）。

図21　以下の図に加筆。東大寺法華堂経庫：『重要文化財東大寺法華堂経庫修理工事報告書』奈良県教育委員会、一九六四。図面第一一図。唐招提寺金堂：『国宝唐招提寺金堂修理工事報告書』奈良県教育委員会、二〇〇九。本編二、九三六頁の第一三－一図。當麻寺本堂：『日本建築史基礎資料集成五　仏堂Ⅱ』中央公論美術出版、二〇〇二。一五三頁、図面一二。

図22　『重要文化財法隆寺綱封蔵修理工事報告書』奈良県教育委員会、一九六六。第一六七図に加筆。

図23　前掲『日本建築史基礎資料集成四　仏堂Ⅰ』一八〇頁、図面一五。

図24　奈文研内部資料。（公財）文化財建造物保存技術協会作成。

図25　『平城京左京二条二坊・三条二坊発掘調査報告―長屋王邸・藤原麻呂邸の調査―』奈文研、一九九五。図版編PL.二二〇及びPh.二七一。

図26　百橋明穂・中野 徹編『世界美術大全集 第四巻　隋・唐』小学館、一九九七。八三頁、図十七。

図27　奈文研内部資料。国土交通省国営飛鳥歴史公園事務所製作。

第5章 山田寺倒壊回廊が語る古代建築史

箱崎 和久

都城発掘調査部 遺構研究室 室長

はこざき・かずひさ

一九七〇年 福島県生まれ
一九九五年 横浜国立大学大学院工学研究科計画建設学専攻修了
同　年 奈良国立文化財研究所 研究官
二〇〇八年 同 主任研究員
二〇〇九年 現 職
現在の専門分野は、日本建築史。

《要旨》　倒壊した状態で発見された山田寺の回廊の建築部材からは、現存する法隆寺西院の回廊と比較できるほど詳細な建築技法や様式を見いだすことができました。その結果、現存建築の位置づけも再考に迫られました。新たな現存古代建築の発見は望むべくもありませんが、発掘調査によって新たに建築遺構が発見され、現在の日本建築史の教科書が書きかえられる可能性があります。また、現存建築がごく限られている七世紀の建築の場合、新たな発見が東アジアの建築史やその社会背景にまで及ぶかもしれません。本章では山田寺回廊の発見を通して、波及する建築史的問題点に言及し、古代建築史研究のおもしろさを紹介します。

はじめに

山田寺《やまだでら》の回廊は、**図1**の状態で発見されました。まさにバッタリと倒れた状態で見つかったことがわかると思います。これは建築遺構の検出という表現ではなく、地中からの建物の出現、あるいは「出土建築」といった表現のほうがふさわしいかもしれません。建築部材が組まれた状態で発見されたことにより、細かな建築技法や様式についても知ることができました。

これを現存最古の木造の回廊である法隆寺《ほうりゅうじ》の西院伽藍回廊《さいいんがらんかいろう》（八世紀初頭）と比較検討したところ、いくつか共通する様式も見いだせますが、まったく同じではないことが判明しました。建築史は建物の歴史を研究する学問ですので、研究の基礎は、現存する建物を対象として、当時の建築様式や技法の変遷を究明することであり、こうして建築史の教科書がつくられてきました。その教科書を、

図１　発見された山田寺の回廊（南から、第６次調査：昭和59年）

この「出土建築」が覆したのです。さらに建立当時の歴史的背景を考えると、この山田寺の「出土建築」のもつ意義は、さらに広がりをみせそうです。

この山田寺の例は、発掘事例のなかでもきわめて特異と言えますが、出土建築部材は、少なくとも埋没する以前の建築技法や様式を直接知ることができる点で、今後の建築史の構築に大きな可能性を秘めています。ここでは山田寺の「出土建築」について概観し、その意義を再確認してみたいと思います。

一　山田寺と倒壊回廊

山田寺の創建　山田寺は、奈良盆地東南部の丘陵東麓、現在の奈良県桜井市に建てられました（**図2**）。奈良盆地東南部の少し南に張り出した平地が、日本最古の寺院である飛鳥寺《あすかでら》や、天武《てんむ》天皇の飛鳥浄御原宮《あすかきよみはらのみや》が営まれた飛鳥地域（奈良盆地東南部全般を飛鳥と呼ぶこともあるが、ここではもっと地

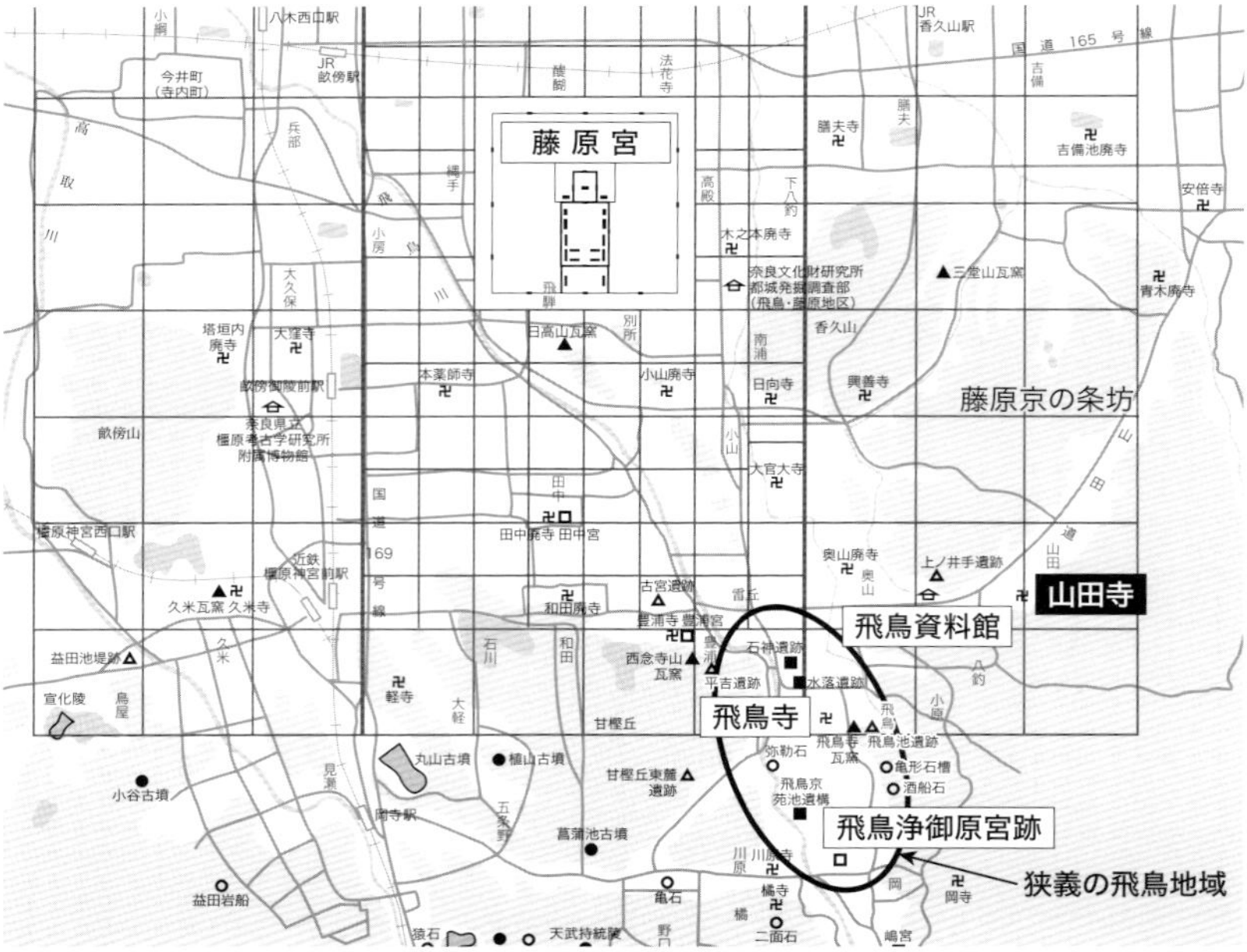

図2　山田寺の位置

域を限定している）で、山田寺はそこから北東へやや離れたところに立地しています。その目と鼻の先には、倒壊回廊が復原展示されている飛鳥資料館があります。ちなみに、藤原宮《ふじわらきゅう》は山田寺からみて北西の方向にあります。

山田寺の歴史は、『上宮聖徳法王帝説《じょうぐうしょうとくほうおうていせつ》』という文献の裏に書かれていた記事により、かなり詳しくわかっています（**表1**）。舒明天皇一三年（六四一）に「建立の地を定め整地する」という記事があり、皇極《こうぎょく》天皇二年（六四三）にはまず金堂《こんどう》が建立され、大化《たいか》四年（六四八）には僧侶が住み始めています。山田寺を創建したのは、蘇我倉山田石川麻呂《そがのくらのやまだのいしかわのまろ》という蘇我氏の一族ですが、乙巳《いっし》の変（大化の改新）では、中大兄皇子《なかのおおえのおおじ》らに組して、蘇我蝦夷《えみし》・入鹿《いるか》らの本宗家を滅ぼした人物です。ところが、石川麻呂は謀反の疑いをかけられ大化五年三月二五日に、息子の興志《こごし》らとともに自害してしまいます。施主を失って山田寺の造営は頓挫したようですが、石川麻呂は金堂と回廊、中門などが完成した姿はみることができたようです。

大化五年から天智《てんじ》天皇二年（六六三）にかけての

表1　山田寺の歴史

舒明 11年	(641)	建立の地を定め整地する
皇極 2年	(643)	金堂建立
大化 4年	(648)	僧侶が住み始める
大化 5年	(649)	3月25日：石川麻呂、謀反の疑いをかけられ自害
天智 2年	(663)	造塔に着手
天武 5年	(676)	塔完成
天武 7年	(678)	丈六仏を鋳造
天武 14年	(685)	丈六仏開眼（＝講堂完成）
治安 3年	(1023)	10月17日：藤原道長、山田寺を参詣
	(10??)	東面回廊倒壊
文治 3年	(1187)	興福寺東金堂衆、講堂の丈六仏を奪取し、東金堂の本尊とする
応永 18年	(1411)	興福寺東金堂火災、本尊の御首のみ取り出す
昭和 14年	(1939)	仏頭、興福寺東金堂の須弥壇下で発見

山田寺の具体的な様相はわかりませんが、のちの持統天皇の後ろ盾を得ることができたらしく、天智天皇二年には塔の造営に着手し、天武天皇五年（六七六）に塔が完成しています。天武天皇七年には丈六仏《じょうろくぶつ》を鋳造しており、天武天皇一四年（六七五）に丈六仏が開眼します。この丈六仏が講堂《こうどう》の本尊です。ここから、このころに講堂が完成したと考えられます。

その後の山田寺

その後は具体的な記事がないため、詳細がわからなくなりますが、治安《ちあん》三年（一〇二三）一〇月一七日には、かの藤原道長が山田寺を訪れています。道長は「堂中は以て奇偉荘厳《きいしょうごん》にして、言語云うを黙し、心眼及ばず」（『扶桑略記《ふそうりゃくき》』）と述べています。すなわち、金堂や塔の内部は素晴らしく、言葉を失うばかりだ、と言うのです。

その直後、一一世紀前半ころ、山田寺は東方からの土砂流入によって、少なくとも東面回廊周辺が倒壊し埋没してしまいます。さらに、文治《ぶんち》三年（一一八七）には興福寺《こうふくじ》の東金堂《とうこんどう》衆の乱入により、焼き討ちにあったようです。その際、講堂の本尊が強奪され、興福寺東金堂の本尊とされました。興福寺は治承四年（一一八〇）に平重衡《たいらのしげひら》によって東大寺とともに焼き討ちを受けており、復興が急務だったのでしょう。ところがこの東金堂も応永一八年（一四一一）に焼失し、本尊の御首（仏頭）のみ取り出したと言います。現在国宝に指定されている興福寺東金堂は、この焼失後、応永二二年（一四一五）に再建されたものです。

そして昭和一四年（一九三九）、興福寺東金堂の修理工事の際、この御首（仏頭）が須弥壇《しゅみだん》の下から発見されました（**図3**）。言うまでもなく、これが天武天皇一四年に開眼した山田寺講堂の本尊なのです。この仏頭は、現在「旧山田寺仏頭」として国宝に指定されており、興福寺において収蔵・展示されています。

このように数奇な運命をたどった山田寺ですが、当時のいくつかの不幸が、後世の驚くべき発見につながったのです。回廊の発見もその一つと言えるでしょう。

伽藍配置　山田寺は、南から南門《なんもん》・中門《ちゅうもん》・塔《とう》・金堂・講堂が中軸線上に並び、中門両脇から発した回廊が、金堂の背後で閉じる伽藍《がらん》配置をもっています（**図4・5**）。先述した文献のほか、発掘調査の成果から、創建当初に建てられたのは、金堂と中門、回廊、南門などで、塔や講堂の建立は七世紀後期に降り、南門もこのころに建て替えられたことがわかっています。

山田寺の発掘調査　山田寺の発掘調査は昭和五一年から平成八年までの二一年間に、一一次に

図3　旧山田寺仏頭

わたっておこなわれました（**図5**）。倒壊した回廊が初めて発見されたのは、昭和五七年八月からの第四次調査でしたが、それ以前に、金堂や塔、講堂の調査がおこなわれていました。それらをすべて述べる紙面の余裕はありませんので、金堂の成果について少し紹介します。

金堂は、基壇の高まりの上に礎石を二つ残しており、周囲の石敷きなどもよく保存されていました（**図6**）。第2章では、

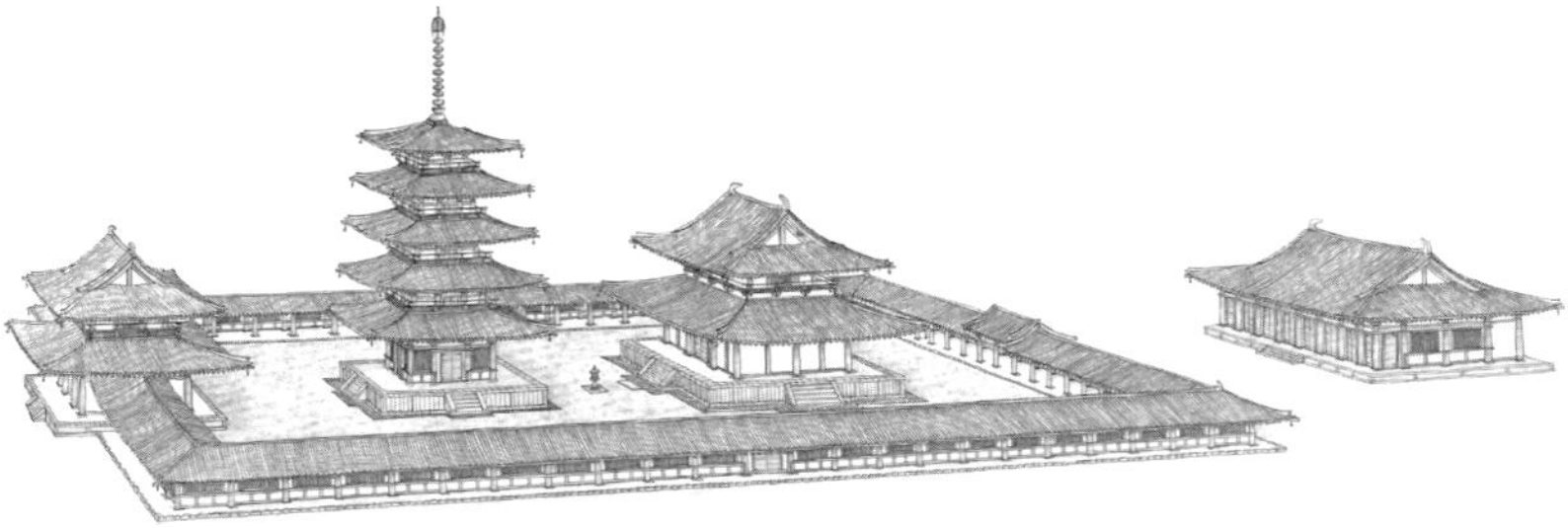

図4　山田寺伽藍復原図

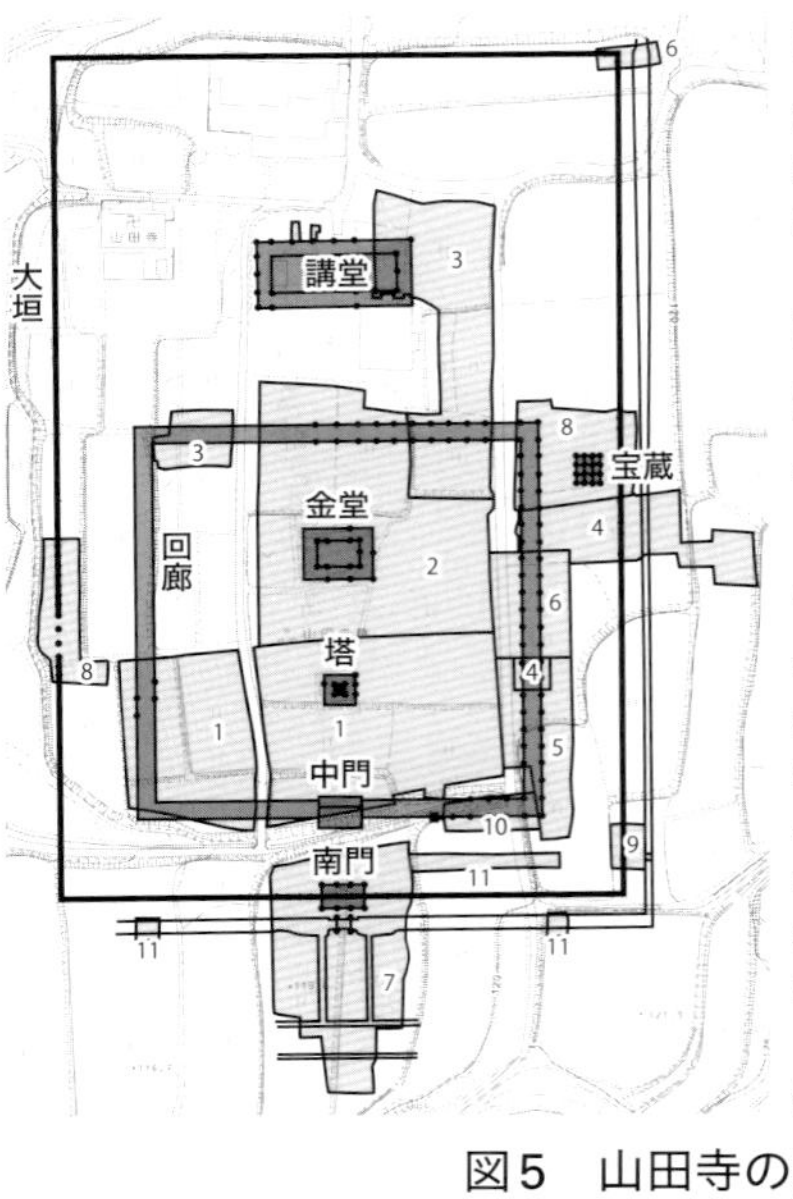

昭和51年(1976) 4～10月		第1次調査 中門・塔・西面回廊
昭和53年(1978) 1～7月		第2次調査　金堂・北面回廊
昭和54年(1979) 5～9月		第3次調査　講堂・北面回廊
昭和57年(1982) 8月	～58年 1月	第4次　東面回廊・寺域東限
昭和58年(1983) 5～10月		第5次調査　東面回廊
昭和59年(1984) 8～12月		第6次調査 東面回廊・寺域東北隅
平成 元年(1989) 10月	～2年 2月	第7次　南門・寺域南限
平成 2年(1990) 8～12月		第8次調査 東面回廊・宝蔵・寺域西限
平成 6年(1994) 11～12月		第9次調査　寺域東南隅
平成 7年(1995) 3月		『山田寺出土建築部材集成』刊行
平成 8年(1996) 5～8月		第10次調査　南面回廊
平成 8年(1996) 10～12月		第11次調査　寺域南辺
平成13年(2001) 3月		史跡整備工事竣工
平成14年(2002) 3月		『山田寺発掘調査報告』刊行
平成19年(2007) 3月		『飛鳥藤原京木簡1』刊行

発掘調査位置（図中の数字は調査次数）

図5　山田寺の発掘調査と研究

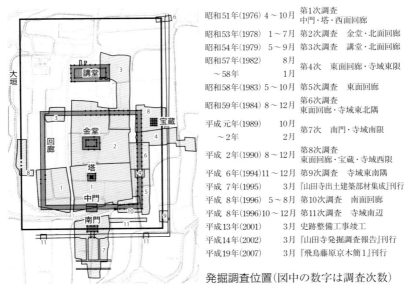

身舎《もや》と廂《ひさし》についての説明がありましたが、そこでは身舎と廂の柱は、縦横の柱筋の交点に規則正しく配置されるものだったと思います。つまり、身舎が桁行三間、梁行二間であれば、廂は桁行五間、梁行四間になるのです。

ところが山田寺の金堂は、身舎と廂からなる構造は同じなのですが、身舎が桁行三間、梁行二間、廂も桁行三間、梁行二間なのです（図7）。つまり、身舎の桁行両端間が狭く廂の柱間がほぼ等間となる特異な柱配置をしています。現存する建築に、このような平面をもつものはありませんが、発掘遺構では山田寺のほか、三重県名張市の夏見廃寺《なつみはいじ》、滋賀県大津市の穴太廃寺《あのうはいじ》の各金堂が同様の平面をもっています。これらも、建築史の教科書を書き換えるべき発見と言えるでしょう。

これらの建築の上部構造については、法隆寺金堂や法隆寺の玉虫厨子《たまむしのずし》が、原理的には近いと考えられますが、具体的な構造や意匠については、まだまだ研究の

図6　山田寺金堂の遺構（南から）

余地があると思います。

倒壊回廊の発見　先述したように、倒壊した回廊が初めて発見されたのは、昭和五七年（一九八二）の第四次調査でした。昭和五七年一二月一日の朝刊は、「飛鳥時代の回廊出土」、「最古の木造建物遺構」、「最古の木造木組み出土」などと各紙一面で報じています（**図8**）。「最古の木造建物遺構」という表現は適切ではなく、縄文時代や弥生時代の竪穴《たてあな》建物や高床倉庫なども木造の遺構ですし、弥生時代の建築部材は、昭和五七年当時でも、全国から比較的多数出土していました。ですから、建築部材が組まれた状態で出土した点が、やはり注目すべき点だったはずです。ただし、これらの記事からは、現場の調査員や取材した記者たちの興奮がよく伝わってくると思います。

　第四次調査で出土したのは、回廊の柱間一間分の部材でしたが（**図9**）、翌年の第五次調査ではその南側を発掘し、**図10**のように、瓦が葺かれた状態のまま落下しているのが

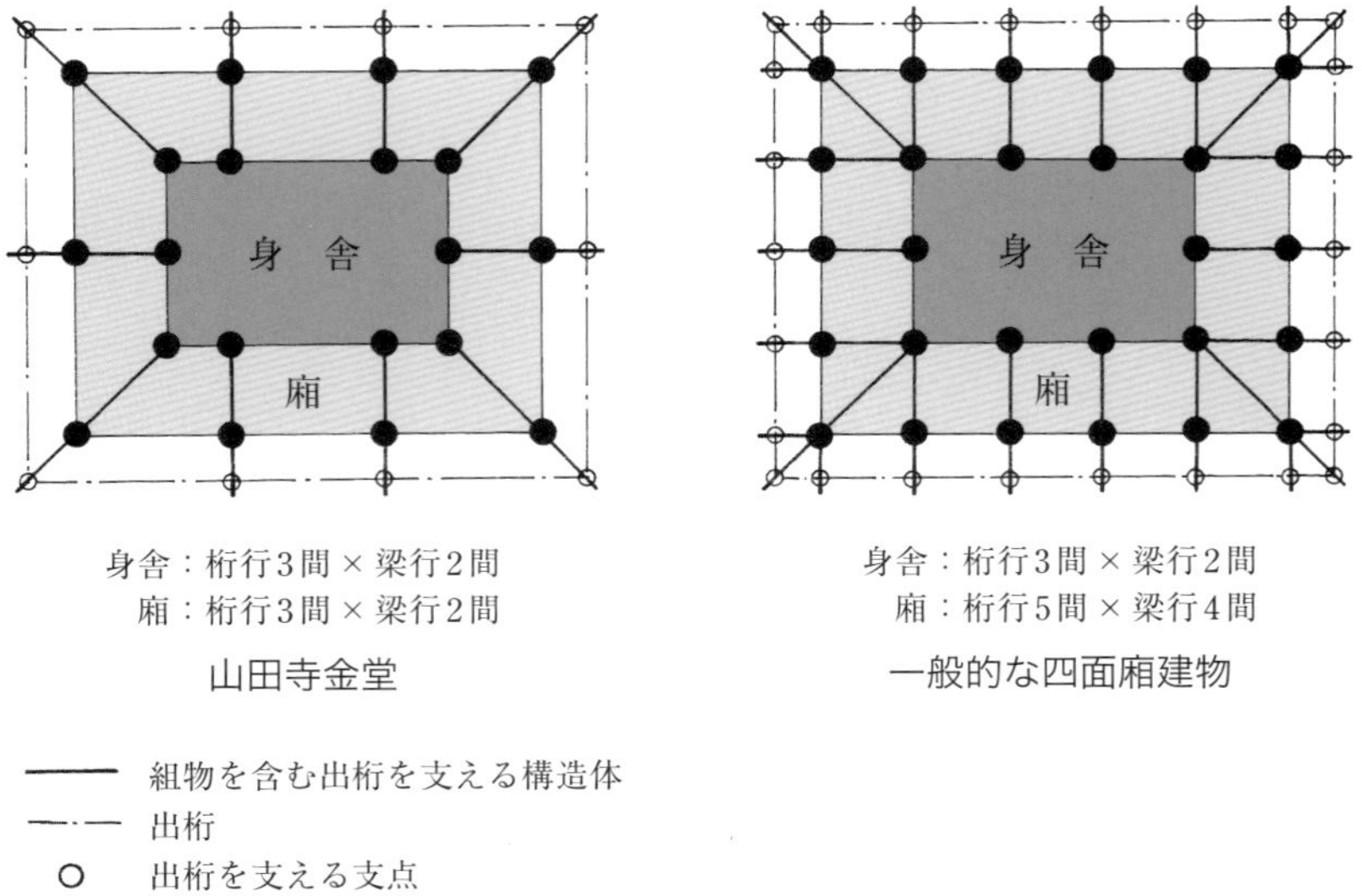

図7　特殊な山田寺金堂の平面模式図

発見されました。その下にあるはずの建築部材は散在した状態で、第四次調査ほどの倒壊状態では発見できませんでした。昭和五九年の第六次調査では、第四次調査の北側を発掘調査しました。図1は第六次調査のものです。よくみると、写真下端の柱より下（方位としては南）には部材があり

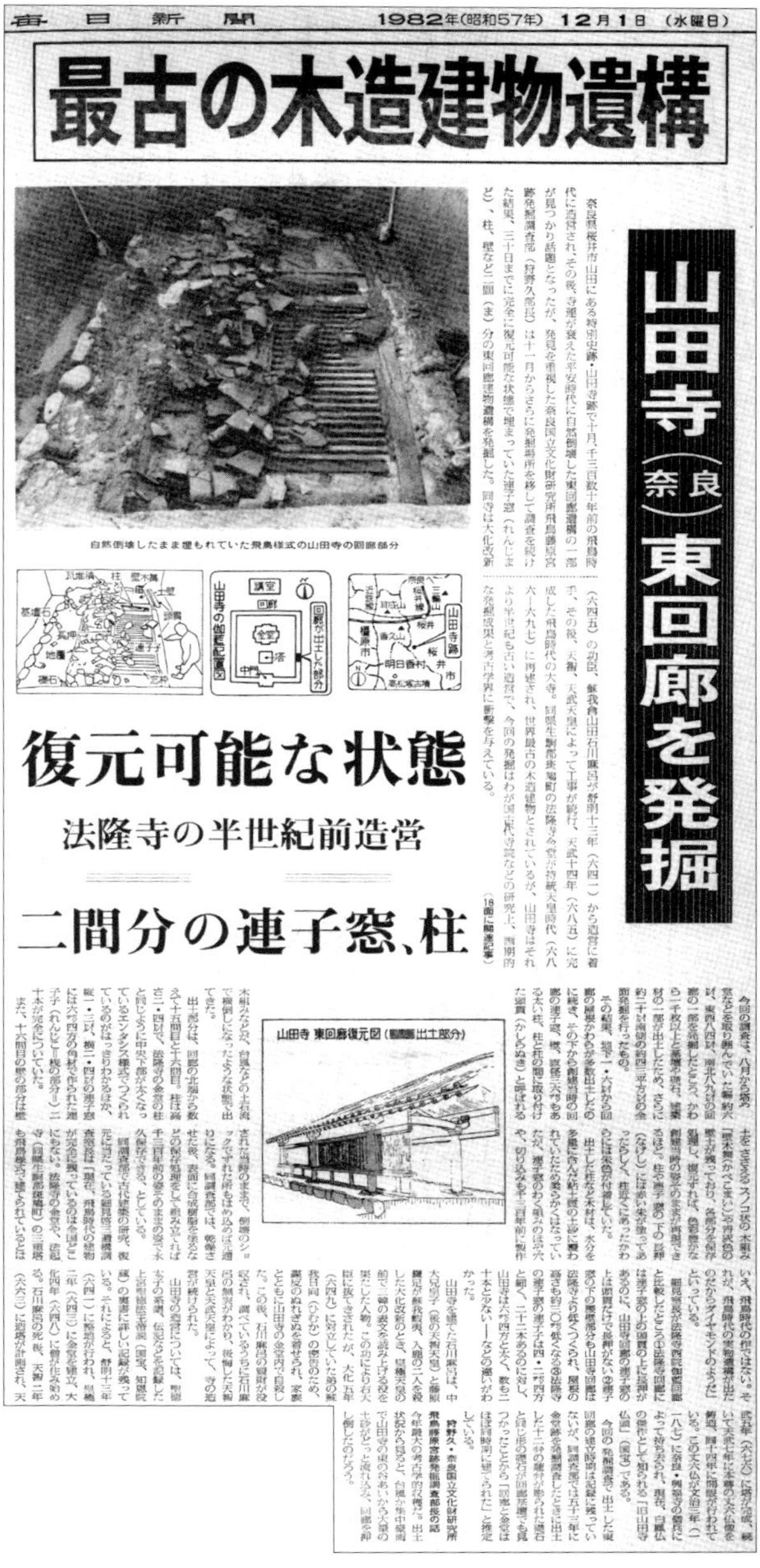
毎日新聞　1982年(昭和57年)12月1日（水曜日）

最古の木造建物遺構

山田寺（奈良）東回廊を発掘

奈良県桜井市山田にある特別史跡・山田寺跡で十月、千三百数十年前の飛鳥時代に造営され、その後、寺運が衰えた平安時代に自然倒壊した東回廊遺構の一部が見つかり話題となったが、発見を重視した奈良国立文化財研究所飛鳥藤原宮跡発掘調査部（狩野久部長）は十一月からさらに発掘場所を移して調査を続けた結果、三十日までに完全に復元可能な状態で埋まっていた連子窓（れんじまど）、柱、壁など二間（ま）分の東回廊建物遺構を発掘した。同寺は大化改新（六四五）の功臣、蘇我倉山田石川麻呂が舒明十三年（六四一）から造営に着手、その後、天智、天武天皇によって工事が続行、天武十四年（六八五）に完成した飛鳥時代の大寺。同県生駒郡斑鳩町の法隆寺金堂が持統天皇時代（六八六－六九七）に再建され、世界最古の木造建物とされているが、山田寺はそれより半世紀も古い遺構で、今回の発掘はわが国古代寺院などの研究上、画期的な発掘成果と考古学界に衝撃を与えている。

（18面に関連記事）

自然倒壊したまま埋もれていた飛鳥様式の山田寺の回廊部分

復元可能な状態

法隆寺の半世紀前造営

二間分の連子窓、柱

山田寺 東回廊復元図（網部は出土部分）

図8　山田寺倒壊回廊の発見を伝える新聞
（昭和57年12月1日、毎日新聞）

ません。ちょうどこの部分は第四次調査で発見した部分にあたり、大半の部材は第四次調査で取り上げたために、部材がないのです。東面回廊はほぼ全面を発掘調査しましたが、建築部材の残存状況が良好だったのは、この第四・六次調査で検出した、東面回廊全長二三間（八七メートル）のうち、南から九〜一一間でした。

倒壊と埋没のメカニズム　ところで、どのように倒壊し、どのように埋没したら、このような状態で発見されるのでしょうか。葺かれた状態の瓦がダルマ落としのように真下の回廊の位置に落下し、その下から建築部材がでてきます。**図1**では、柱の上部が西を向いていますので、バッタリと倒れたことがわかりますが、南面回廊の柱の一部は、柱の上部が東を向いているものもありました。足下をすくわれた柱が、土砂とともに下部は流れ、上部は原位置にとどまったと考えられます。こういった出土状況からみて、多量の土砂が相当な勢いで襲ったと推定されるのです。

図9　初めて発見された山田寺倒壊回廊（西から、第4次調査：昭和57年）

こうして東面回廊のほぼ全体が倒壊してしまったのですが、どうして、さきほどみた南から九～一一間がきわめて良好な状態で残っていたのでしょうか。

山田寺は丘陵の東麓に営まれており、現在でこそ伽藍全体が平坦なのですが、谷地形と尾根地形があったのを、寺院の敷地造成時に、尾根地形を削り谷地形を埋めたようなのです。良好な状態で残っていたのは、谷地形にあたる場所でした。次章で述べるように、建築部材が残るには水浸けの状態にあることが必要です。谷地形を埋めたところのため地下水位が高く、バッタリと倒れて、当時の地面に部材が密着する状態で土砂に覆われたという偶然が、部材を現代まで残してきたようなのです。

回廊の復原　柱より上にある虹梁《こうりょう》のほか、叉首《さす》と呼ばれる斜めの部材、屋根の斜面を構成する垂木《たるき》の残存状況はよくありませんでしたが、柱と連子《れんじ》窓はよく残っており、**図11**のように復原することができました。つまり、南北に長

図10　瓦が葺かれた状態で倒壊した回廊（東から、第5次調査：昭和58年）

い東面回廊は、東側の柱筋に連子窓と呼ばれる縦格子や壁を入れて内外を隔て、西側の柱筋には列柱のみで壁などを設けない形式です。このように内外を隔てる連子窓の内側を通路とする形式の回廊を、単廊《たんろう》と呼びます。

さらに部材の組み合わせをみると、礎石の上に丸柱を立て、柱の頂部を頭貫《かしらぬき》で回廊の長手方向につなぎ、その上に大斗《だいと》を置きます。大斗の上には内外の柱筋をつなぐ虹梁を架け渡し、肘木をかませて巻斗《まきと》三個をのせます。この形式の組物は、第2章で述べたように、平三斗《ひらみつど》という形式です。平三斗の巻斗の上には、桁《けた》をのせます。また虹梁の上には叉首を組み、その頂部に棟木をのせて、棟木から桁に垂木を掛けるのです。

二 法隆寺西院回廊との比較

法隆寺西院の回廊は、八世紀初頭に建立されたと考えられる現存する最古の単廊です。これを山田寺の「出土建築」と比較してみましょう。

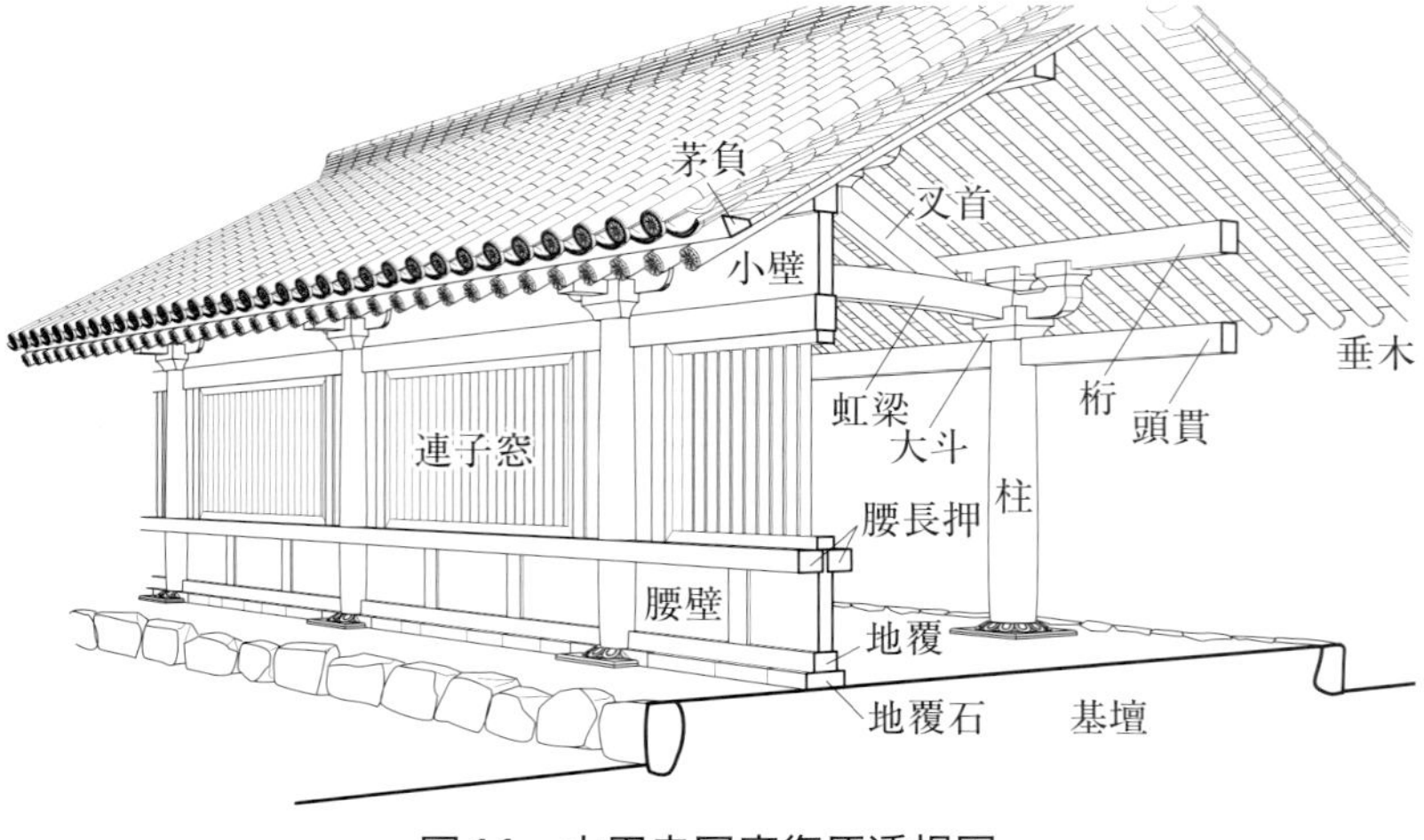

図11　山田寺回廊復原透視図

全体形の比較　法隆寺西院回廊の現状が**図12**です。山田寺と同じく単廊で、外側の柱筋に連子窓を入れ、内側は柱だけが立っている形式です。柱と柱の間隔（柱間《はしらま》寸法）は、山田寺が三七八センチ、法隆寺が三七〇センチ前後で、ほぼ同規模です（**図13**）。また連子窓下の腰壁を三区に分ける点も共通しています。柱はいずれも胴張り（エンタシス）、すなわち柱の下部と上部をすぼめ、下から三分の一程度の位置をもっとも太くする技法を用いていることも共通します。

しかし、柱の高さは山田寺が二二六・八センチ、法隆寺は二七五・八センチと、山田寺のほうが短く、これによって連子窓の上下幅も山田寺のほうが小さくなっています（**図13**）。連子窓の縦格子の一つひとつは、正方形断面の頂部を正背面側に向けているのですが、山田寺のほうが一辺一・八センチほど太く、縦格子の間隔も山田寺のほうが一センチほど狭いのです（**図14**）。腰長押《こしなげし》という水平材は、山田寺は少し厚いの

図12　法隆寺西院回廊

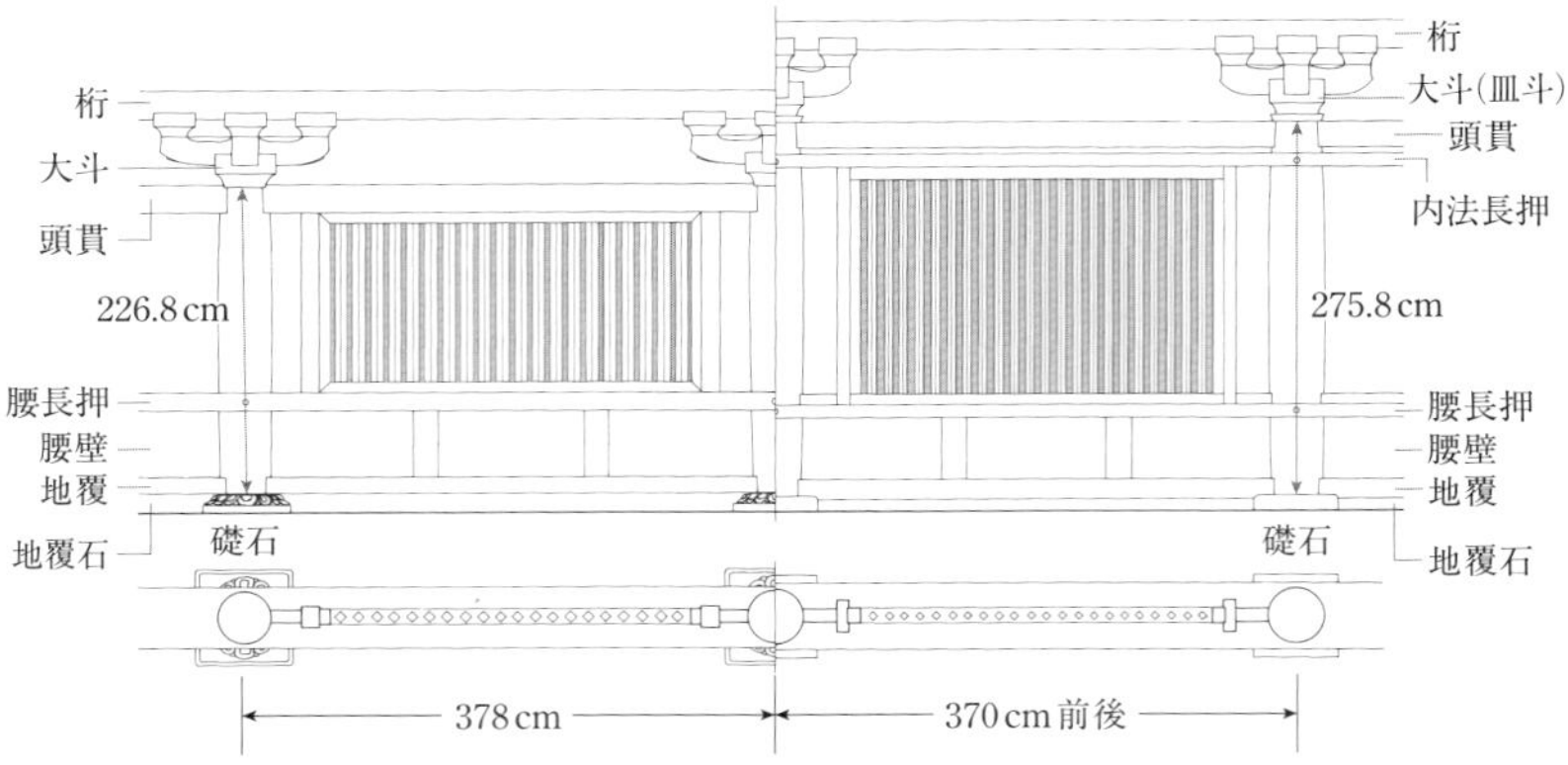

図13　山田寺回廊と法隆寺西院回廊の比較

山田寺回廊　　法隆寺西院回廊

図14　山田寺回廊と法隆寺西院回廊の連子窓

に対し、法隆寺では少し薄くなっています。そのほかの部材の断面も、山田寺のほうが少し大きくなっています。総じて山田寺のほうが建ちが低くて部材が太く、どっしりした印象となります。

組物の比較　次に柱の上の組物を比較してみましょう（図15）。山田寺も法隆寺も回廊の組物は、先述した平三斗という形式です。柱の頂部は頭貫で回廊の長手方向がつながれています。頭貫は柱上で継ぐことも、二間あるいは三間を一つの材でまかなうこともありますが、山田寺では、頭貫の上辺が柱の上端より少し高く、柱部分の頭貫をやや欠き込んで大斗をのせています。通常は、頭貫の上面は柱の上端とそろえるのですが、頭貫を欠き込んで大斗をのせるのが山田寺の特徴の一つです。

大斗は、山田寺は一般的な形状ですが、法隆寺の大斗は下部に皿状の板をつくりだした皿斗と呼

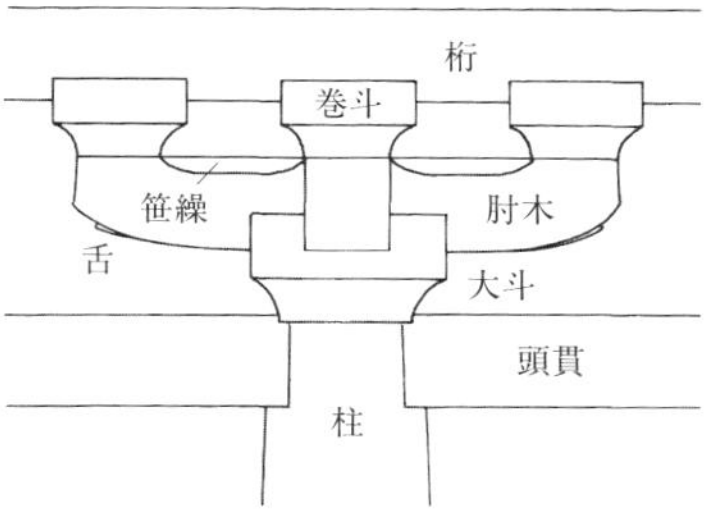

山田寺回廊の組物模式図

山田寺の頭貫上面の欠き

山田寺回廊の組物

法隆寺回廊の組物

図15　山田寺回廊と法隆寺西院回廊の組物

ぶ形状です。この皿斗は法隆寺の金堂や五重塔、中門に用いられており、現存する古代建築では法隆寺以外ではみられません。

また、大斗上の肘木は、山田寺が横に長く伸びやかな形状をしています。肘木の上には巻斗三個をのせますが、巻斗と巻斗のあいだの肘木の上角には、笹繰《ささぐり》と呼ぶ笹葉状の切れ込みを施し、肘木の側面下部には、舌《ぜつ》と呼ぶ小さな突出（**図16**）をもっています。法隆寺の回廊に舌はないのですが、法隆寺の金堂にはあり、笹繰と舌をもつ技法は、法隆寺と山田寺に共通すると言えます。

扉まわりの技法の比較　つづいて扉まわりの技法を比較します。ここでは扉をどのように回転させて開閉するかが重要です。**図13**をもう一度みると、法隆寺にあって山田寺にはない部材に、頭貫のやや下で柱を横方向につなぐ内法長押《うちのりなげし》があります。**図17**は法隆寺西院回廊の扉ですが、扉口には、地面に接する地長押《じなげし》を法隆寺では備えています

図16　山田寺回廊組物肘木の舌

が、山田寺にはそれがありません。法隆寺ではこの内法長押の下にもう一つ長押を入れていますが、回廊に設けた扉の上下の回転軸を長押で受けるというのが、法隆寺の特徴です。

一方の山田寺では、扉の軸の下部は、礎石間をつなぐ地覆石《じふくいし》に軸穴を穿っている遺構が発掘されています（図18下）。この穴に扉の軸穴をさしこみ、上部は頭貫の側面に藁座《わらざ》と呼ぶ部材を釘二か所で打ち付け、藁座下面に軸穴を穿って扉の軸の上部を受けています（図18上）。

山田寺の講堂でも扉の軸穴をもつ地覆石があり、現在も現地でみることができます。また、南門の礎石にも同じように扉の軸穴があります。このため、回廊だけではなく講堂や南門も同じような扉の構造だったと考えられます。このように扉まわりの技法は法隆寺とはまったく異なります。ただし、この技法の類例は、古代寺院ではみられません。

図17　法隆寺西院回廊の扉

その意義　このように、出土した建築部材や遺構から現存する建築と比較できるほど詳細な情報を引き出すことができました。そのうえ、山田寺回廊の建立年代は、法隆寺西院回廊よりも半世紀ほど古いのです。

法隆寺建築の特徴と山田寺回廊の特徴をまとめると、**図19**のようになります。七世紀の建築史は、

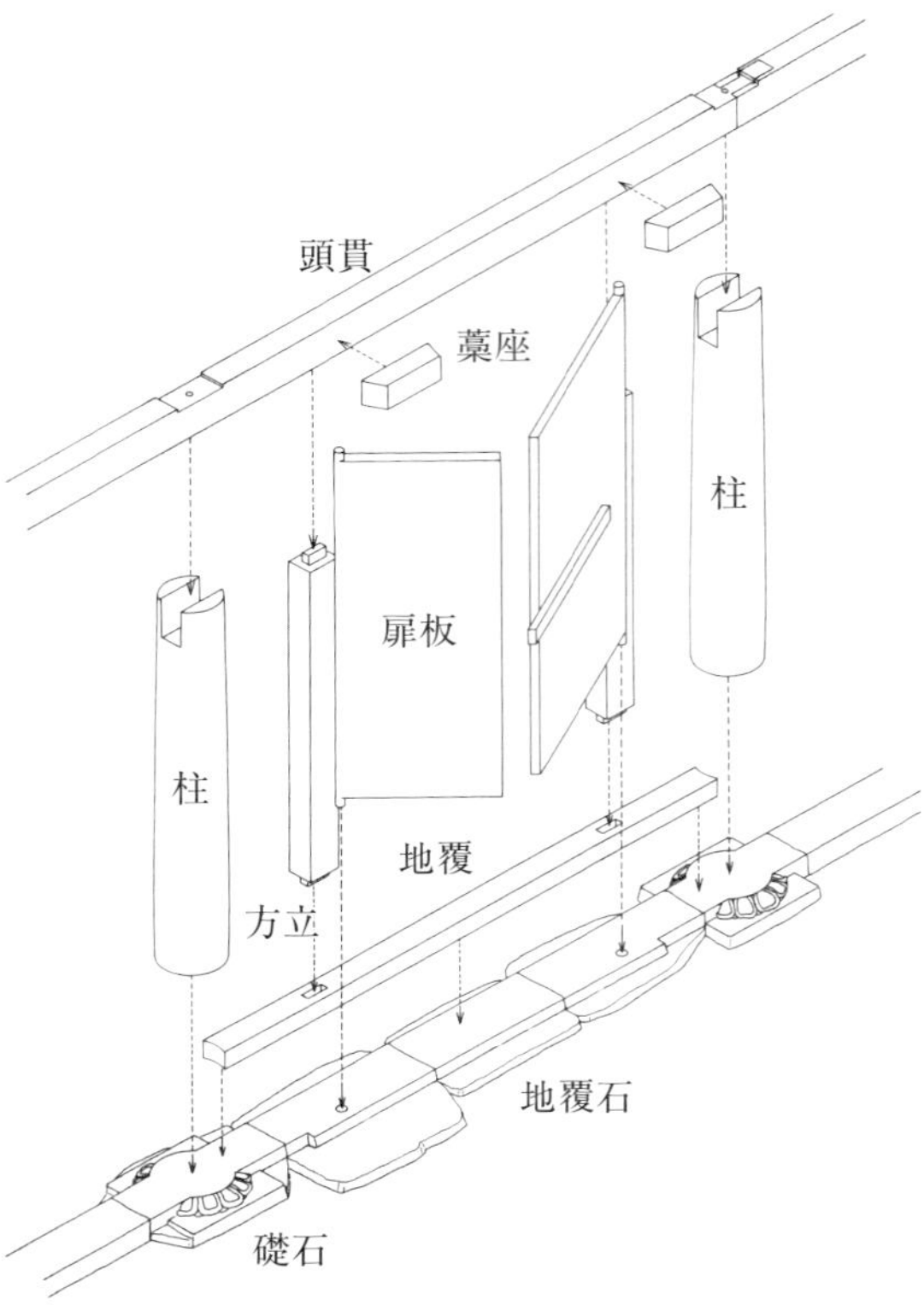

図18　山田寺回廊の扉まわりの遺構

法隆寺金堂や五重塔など、奈良県斑鳩《いかるが》地方にあるわずかな建物から構築されてきました。山田寺回廊の出土部材により、法隆寺にみえるエンタシスや組物の笹繰、舌といったいくつかの様式は、確実に山田寺回廊の七世紀中期まで遡ることが確認できました。一方、法隆寺建築にみられる、皿斗や扉を吊る技法などは、七世紀の建築として普遍的ではないことが判明しました。山田寺回廊と法隆寺西院回廊、

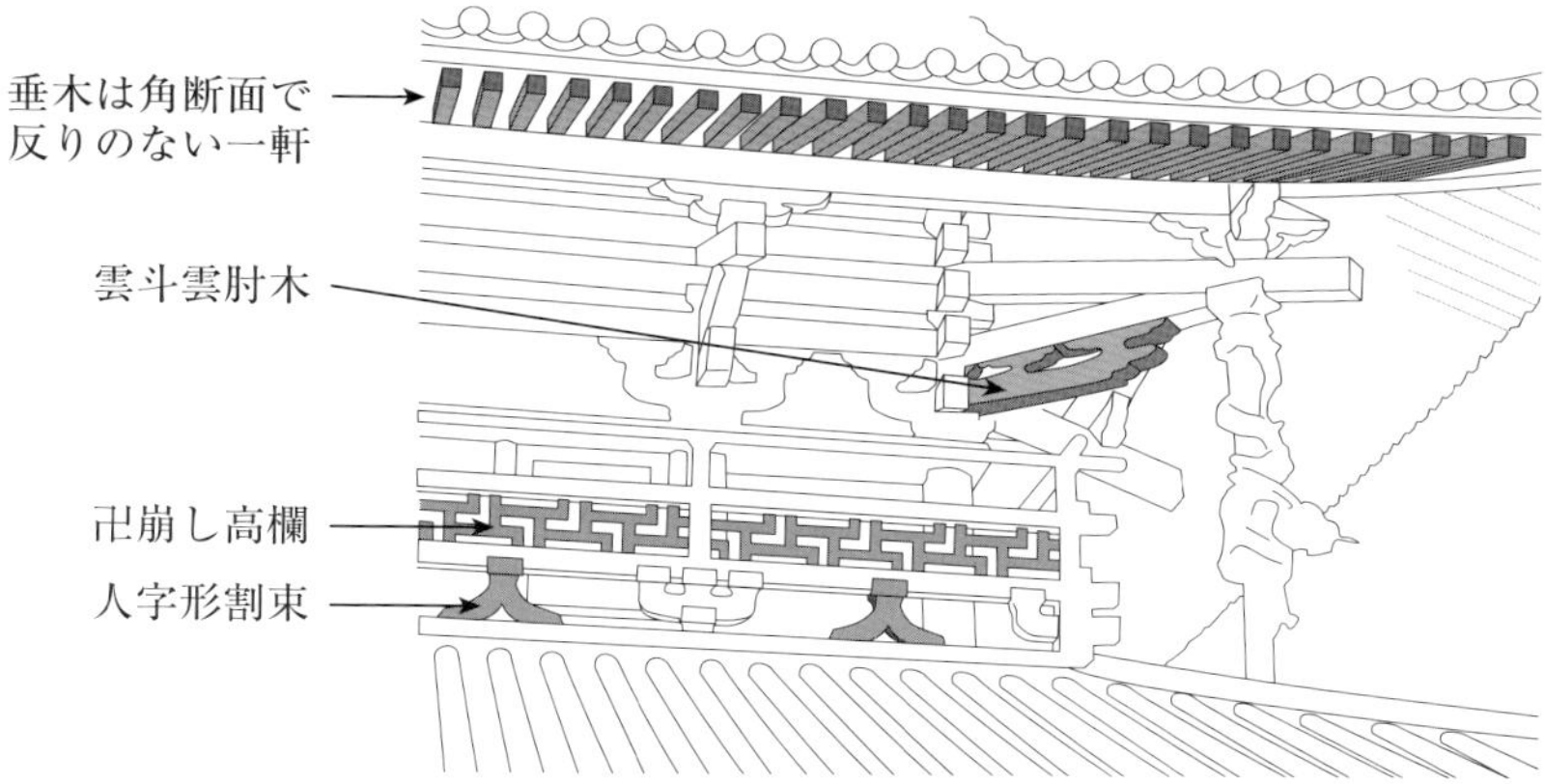

法隆寺金堂上層の模式図

山田寺回廊の特徴	法隆寺建築の特徴
・胴張り(エンタシス)のある柱	・胴張り(エンタシス)のある柱
・大斗を皿斗としない	・大斗は皿板がついて皿斗とする
・肘木に笹繰をもつ	・肘木に笹繰をもつ
・垂木は丸断面で反りのある一軒	・垂木は角断面で反りのない一軒
・金堂などの組物形式は不明	・雲斗雲肘木による組物(金堂・五重塔・中門)
・舌をもつ	・舌をもつ(金堂)
・金堂などの高欄形式は不明	・卍崩し高欄(金堂・五重塔・中門)
・金堂などの高欄形式は不明	・人字形割束(金堂・中門)
・藁座を用いて扉を吊る 地覆石に軸穴を穿つ	・扉を吊る部材は長押
・頭貫を若干欠き込んで大斗をのせる	・頭貫の上辺は柱天と同高

明朝体:共通　ゴシック体(黒色):相違　ゴシック体(灰色):不明

図19　山田寺回廊と法隆寺建築の比較

ひいては法隆寺建築との差異は、細かい手法の差にすぎませんが、法隆寺建築の様式や技法が七世紀のものとして普遍的ではないことを証明した点で、きわめて重要な意義をもっています。

三　特異な細部技法とその背景

中世大仏様との共通点　頭貫の上面を柱の上端とそろえず、頭貫を若干欠き込んで大斗をのせる技法と、藁座を用いて扉を吊る技法は、日本では中世の大仏様《だいぶつよう》と呼ぶ建築様式で確認できる技法です。建築史の教科書にも、このことはしっかり書かれています。藁座は、中世のもう一つの代表的な建築様式である禅宗様《ぜんしゅうよう》にも用いられており、中世以降では珍しい技法ではありません。

山田寺の歴史のところでも若干述べたように、東大寺や興福寺をはじめとする南都諸寺は、治承《じしょう》四年（一一八〇）の平重衡の焼き討ちにより、壊滅的な打撃を受けます。大仏様は、その後の東大寺の復興にあたって用いられた中国直輸入の建築様式と考えられています。現存する建物では、奈良市の東大寺南大門（正治《しょうじ》元年：一一九九）と兵庫県小野市にある浄土寺浄土堂《じょうどじじょうどどう》（建久《けんきゅう》三年：一一九二）が典型例です。東大寺南大門は、一見して一般の寺院建築とは違うことがわかると思います（**図20右下**）。まず、柱を貫通する貫《ぬき》と呼ばれる水平材で建物を固め、長押を使いません。また、組物は柱の頂部からではなく、柱の途中からでてくる挿肘木《さしひじき》を用い、組物の横方向への広がりがありません（**図20右上**）。斗には皿斗を用いています。軒は一軒《ひとのき》で、反りがありません。さらに、天井を張りませんし、建具には桟唐戸《さんからど》を用い、藁座を用いて扉の軸を受けています。

組物について浄土寺浄土堂の例を詳しくみてみましょう（図21）。組物は柱の上からではなく、柱の途中からでています。法隆寺の大斗にみられた皿斗が、法隆寺とは若干形状が異なりますが、ここでは巻斗まで用いているのがわかります。また、組物は桁を受ける三手目以外は横方向に広がりません。柱を貫通する貫がありますし、扉が藁座で吊られています。それから、頭貫の上辺が柱の頂部より少し上にきて、大斗の部分で頭貫を少し欠き込んでいます。この頭貫の上辺を欠き込む技法と藁座を用いる技法が、中世大仏様と山田寺の回廊で共通しています。とりわけ頭貫を欠き込んで大斗を据える技

中世大仏様建築の特徴＝12世紀末

・柱を貫通する横架材で軸部を固め、長押を用いない。
・挿肘木を用い、組物に左右の広がりがない。
・斗には皿斗を用いる。
・軒は一軒で、反りがない。
・天井を張らない。
・建具に桟唐戸を用い、藁座を用いて軸受けとする。
・頭貫を若干欠き込んで大斗をのせる。

東大寺南大門の組物

浄土寺浄土堂（1192年）

東大寺南大門（1199年）

図20　中世大仏様建築の特徴

法は、日本の現存建築では大仏様でしか用いられておらず、山田寺と大仏様とで約五五〇年の時を隔てて再び現れたことになります。

大仏様と中国建築　大仏様は中国直輸入の様式と述べましたが、中国では福建省《ふっけんしょう》に大仏様の様式をもつ建物が現存しています。ただし、日本の大仏様の特徴をすべて備えた建物があるわけではありません。例を一つみてみましょう。莆田《ほでん》市にある元妙観三清殿《げんみょうかんさんせいでん》は西暦一〇〇九年に建てられた建物で（**図22**）、柱に貫を通す点、柱の途中から組物をだす挿肘木である点、大斗や巻斗の下に皿板をもつ皿斗である点、などが一見して大仏様と共通する技法であることがわかります。細かい部分ですが、頭貫の上面を欠き込んで大斗が置かれていることも確認できます。

高い石材加工技術　このほか、山田寺回廊の礎石やその他の遺構、石像物などから、高い石材加工技術をもっていたこと

図21　浄土寺浄土堂の組物

がうかがえます。まず、回廊の礎石には、蓮の花をかたどった蓮弁《れんべん》が彫刻されています（図23）。中国や韓国では珍しくありませんが、石材加工技術が未発達だった日本では、近世まで含めても類例が多くはありません。

次に金堂の階段側面の凝灰岩《ぎょうかいがん》製羽目石《はめいし》には、精巧な彫刻が施されています。モチーフは獅子といわれており、前脚が確認できますが、後脚と前脚のあいだの部分については、翼という説もあります。

もっと驚くのは、金堂の正面にある石燈籠の遺構です。遺構として原位置では台座だけが出土し、そのほかは灯火をともす火袋《ひぶくろ》の部分と、屋根部分となる蓋《かさ》の一部が出土しました。台座には蓮弁がかたどられています。また、火袋は上下に分かれているのですが、いずれも大きな石の塊の内部をくりぬいて八角形の筒形をつくり、下の石（下段火袋）はさらに逆ハート型をくりぬき、上の石（上段火袋）も連子窓の縦格子のスリットを彫り込んでいます。**図23左**はその石燈籠の復原模

頭貫上面の欠き・皿斗

図22　中国福建省甫田市の元妙観三清殿（1009年）にみえる細部技法

型で、台座は発掘で出土したそのものです。火袋は上下二石ですが、その他の蓋や台座は一石ずつをこの形でつくりだしており、きわめて高度な石材加工技術をもっていることがわかります。こういった高度な石材加工技術は、日本では七世紀代の遺跡ではみられるものの、その後すたれ、一三世紀に再び盛んになります。この一三世紀というのは大仏様が用いられるなどした、大陸の技術が導入された時期であり、七世紀も渡来人が多数日本に来た時代にあたるのです。高い石材加工技術は、こういった大陸の工人たちがもたらしたものと考えられます。

山田寺の建築技法の源流　七世紀の東アジア情勢をみると、韓半島は新羅と百済、高句麗の三つの国が覇権を争っていました。

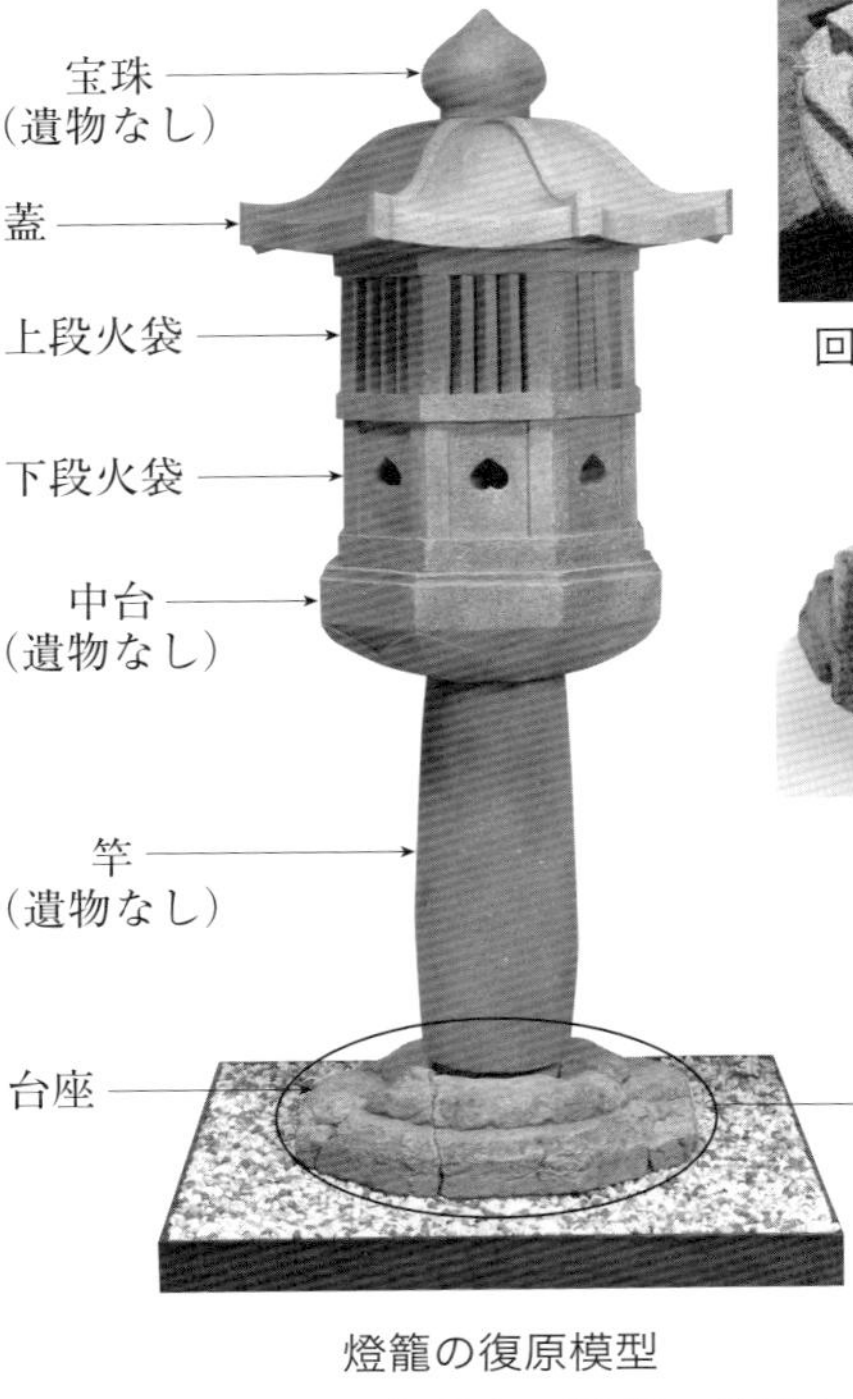

燈籠の復原模型

回廊礎石の彫刻

金堂階段側面の石材にある彫刻

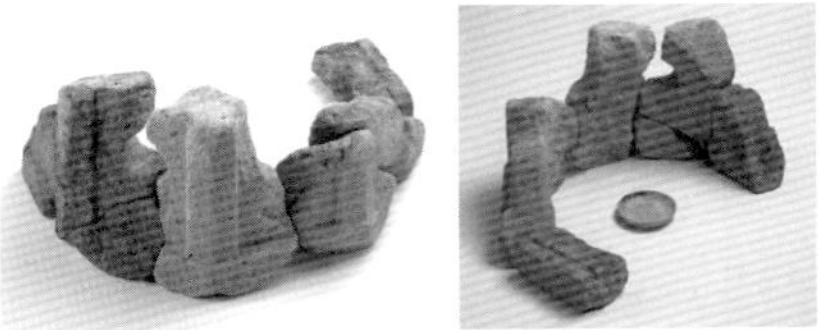
出土した燈籠下段火袋

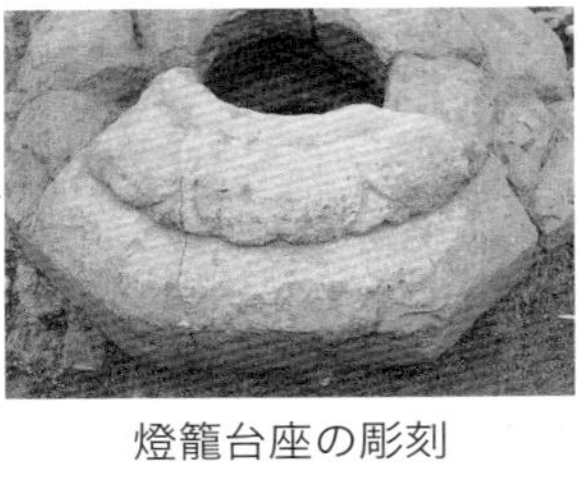
燈籠台座の彫刻

図23　山田寺の遺構・遺物にみえる高い石材加工技術

このうち百済は日本と密接な関係があったことが、よく知られています。

一方、中国は、南北朝時代（四三九～五八九年）には、北朝と南朝に分かれて勢力争いをしており、北朝も南朝も、およそ一五〇年のあいだにそれぞれ四か国程度ずつ国が変わりました（**図24**）。これを五八九年に隋《ずい》が統一します。それをほぼ引き継ぐかたちで唐《とう》が六一八年に興ります。百済は南朝の各王朝と密接な交流があったことが知られています。大仏様の特徴をもつ建物がある現在の中国福建省は、この南朝に属する地域です。

山田寺の建築にみえる特異な細部技法の源流は、南朝の中国福建省あたりにあり、それが百済との交流を通じて韓半島に伝わり、そこから日本にもたらされた可能性があると私は考えています。

七世紀の社会背景と山田寺　仏教の伝来、および日本で最初の本格的寺院である飛鳥寺の造営にあたっては、百済が大きな役割をはたしたことは、『元興寺縁起《がんごうじえんぎ》并《ならびに》流記資財帳《るきしざいちょう》』や『日本書

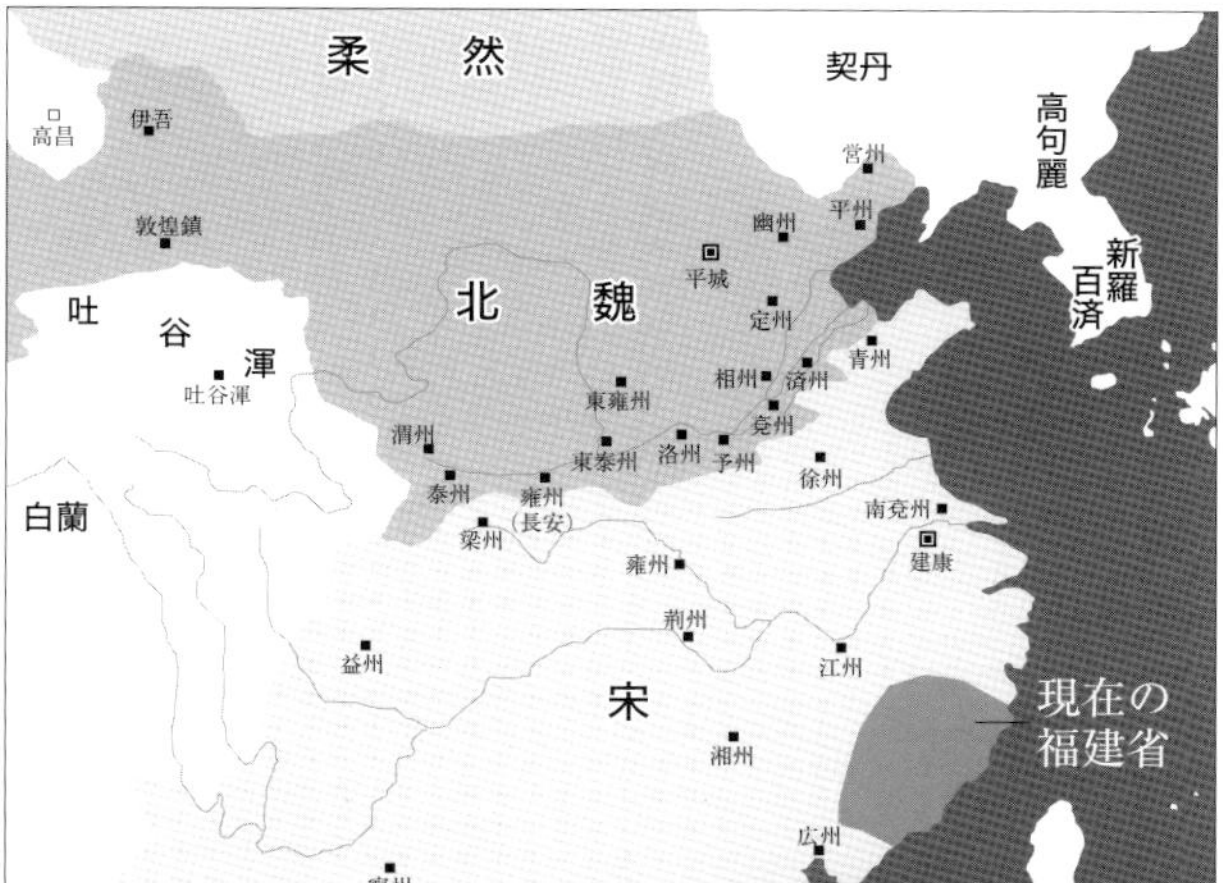

中国南北朝時代
439～589年

北朝
・北魏：386～534
・東魏：534～550
・西魏：535～556
・北斉：550～577
・北周：556～581

南朝
・宋：420～479
・斉：479～502
・梁：502～557
・陳：558～589

隋：589～618
唐：618～907

図24　5世紀頃の東アジア

紀』などの記述から明らかです。たとえば、五五二年には百済の聖明王《せいめいおう》から仏教や経典が送られ、五八八年には百済から舎利、僧侶、寺院をつくる専門の工人などが来日し、飛鳥寺が建立されます。六一二年には百済の路子工に命じて、須彌山《しゅみせん》と呉橋《くれはし》をつくらせるとあります（図25）。

一方、六三九年には舒明《じょめい》天皇が大寺と大宮の造営を始めます。この大寺が、日本で初めて天皇が発願した百済大寺《くだらのおおでら》です。百済大寺の遺跡は、一九九七年に金堂が発見された、奈良県桜井市にある吉備池廃寺《きびいけはいじ》ですが、巨大な金堂と塔をもつ寺院であることが判明しました（第2章図5参照）。山田寺の創建は六四二年でしたから、百済大寺とほぼ並行して工事が進められたと考えられます。山田寺と百済大寺の軒瓦の文様はほぼ同じであり、塔や金堂の規模は異なりますが、山田寺の造営に百済大寺を造営する技術が用いられたと考えることができるかもしれません。

その後、強大な唐帝国の背後で、韓半島の覇権争いは激しさを増します。六六〇年には百済が滅亡し、日本は百済の復興を後押ししますが、六六三年に白村江で敗北を喫し、復興の道は途絶えました。さらに六六八年には唐と新羅の連合軍が高句麗を滅ぼし、六七六年に唐の勢力を追い出して新羅が韓半島を統一します。日本は白村江の敗北前後から極度の緊張状態に置かれ、六六七年には天智天皇が近江大津宮《おうみおおつのみや》に都を遷し、西日本の各地にはいわゆる古代山城が築かれて防衛・戦闘体制が敷かれました。この山城の造営にも韓半島の工人たちの助力があったでしょう。現在みることができる福岡県太宰府市の大野城《おおのじょう》や岡山県総社市鬼《き》ノ城《じょう》といった古代山城には、やはり高度な石材加工技術がみられます。六七二年には、天智天皇亡きあと壬申《じんしん》の乱が起こり、天武天皇が勝利して飛鳥浄御原宮《きよみはらのみや》に都を遷します。山田寺の塔や講堂がつくられたのはこの頃です。

六九一年には新益京《あらますきょう》の地を鎮めるとあります。これは六九四年に遷都される藤原京の造営に関する記述です。藤原京は日本で初めての本格的な都城であり、七〇一年には大宝律令が成り、ここに天武天皇が目指した律令国家が完成したのです。

このような激動の七世紀に山田寺は建立されました。そこには、強大な唐帝国の驚異のなか、日

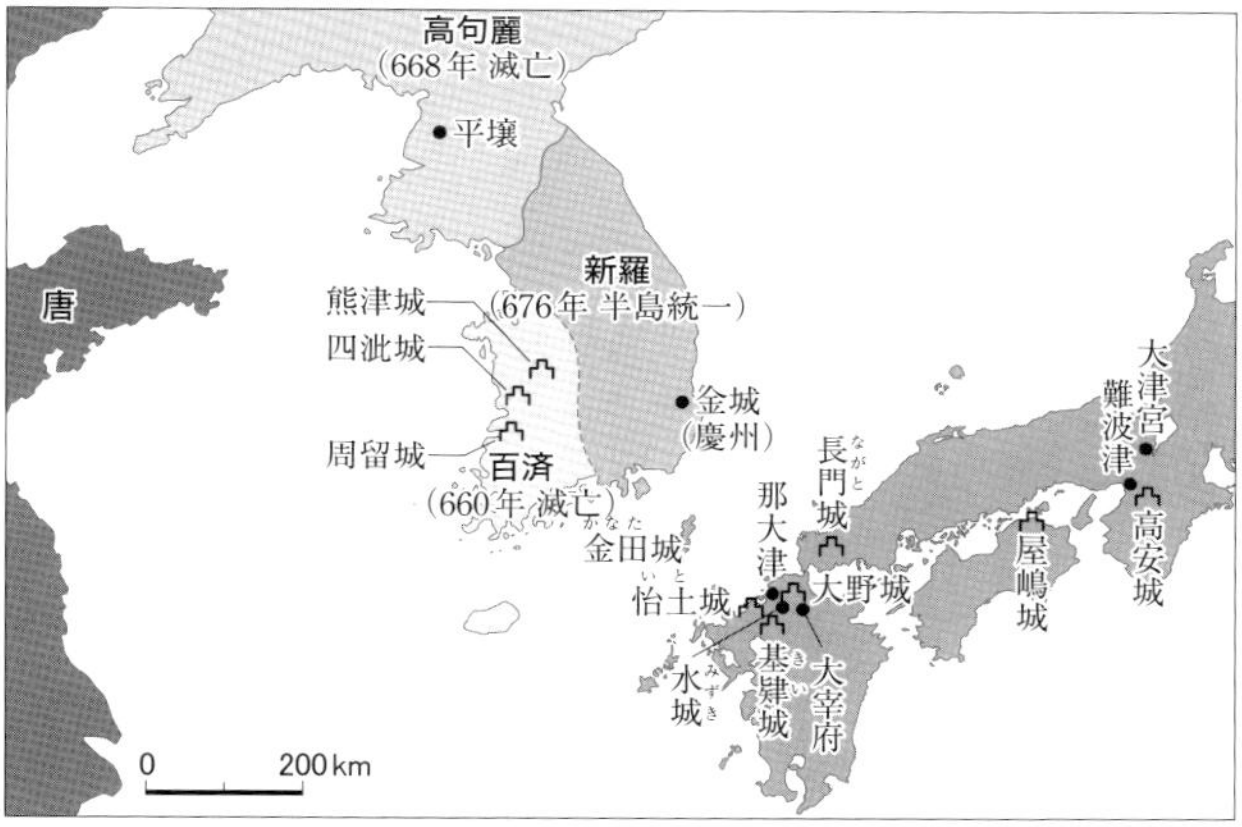

552年：百済聖明王、仏像と経典を送る。
588年：百済から舎利・僧・寺工など来る。飛鳥寺造営開始。
589年：隋の中国統一。
612年：百済の路子工に命じて、須彌山と呉橋をつくらせる。
618年：隋が滅び唐が興る。
639年：舒明天皇、大寺と大宮の造営を始める→百済大寺創建。
641年：山田寺の創建。
645年：乙巳の変(大化の改新)。蘇我本宗家滅亡。
649年：蘇我倉山田石川麻呂の変。
660年：百済滅亡。
663年：白村江にて日本・百済軍敗北。
667年：近江大津宮に遷る。
668年：高句麗滅亡。
672年：壬申の乱。飛鳥浄御原宮に遷る。
676年：新羅の韓半島統一。山田寺の塔完成。
685年：山田寺の丈六仏開眼(講堂完成)。
691年：新益京の地を鎮める祭りをおこなう。
694年：藤原京に遷る。

図25　山田寺の建立と東アジア情勢

本という国家が独り立ちするために東アジア諸国と発展を競い、さまざまな文物を取り入れてきた背景があります。高度な技術をもつ工人たちが、韓半島から日本にきて、さまざまな文化や技術をもたらしたと考えられます。先述したように、山田寺から出土する遺構や遺物からみて、山田寺の造営にも、そういった人びとがかかわったことは間違いないでしょう。このような背景を考えると、山田寺のもつ意味が、単に飛鳥地域や日本の遺跡というだけではなく、東アジアともつながっていくことが理解できると思います。

山田寺倒壊回廊の東アジア的意義　現存する東アジアの建築をみると、中国でもっとも古い建築は、山西省《さんせいしょう》にある七八二年の南禅寺《なんぜんじ》大殿で、二番目に古いのが、やはり山西省にある八五七年の仏光寺《ぶっこうじ》大殿です（図26）。法隆寺西院の諸建築より一〇〇～一五〇年ほど新しいものです。また、韓国における最古の建築は、慶尚北道《けいしょうほくどう》にある一二世紀頃の鳳停寺極楽殿《ほうていじごくらくでん》で、その次は、やはり慶尚北道にある一三世紀頃の浮石寺無量寿殿《ふせきじむりょうじゅでん》です。

七世紀末に建立された法隆寺金堂は、現存する世界最古の木造建築ですが、山田寺の回廊はそれより約半世紀遡ります。それが、法隆寺の建築と違った様式や技法をもっているのです。今後、中国や韓国の古代建築、あるいは遺跡から検出される建築の上部構造を考えるうえでも、山田寺の建築は参照されるべき「出土建築」になるはずです。それと同時に、このことは、山田寺の様式や技術の源流がどこかという大変興味深い問題にもかかわると思います。

おわりに

山田寺倒壊回廊が良好に発見された柱間三間分は、適切な保存処理を施したのち、鉄骨フレームにもたれさせるという方法で再び立ち上がり、山田寺からほど近い飛鳥資料館に展示されています（図27）。

山田寺跡は、大正一〇年（一九二一）に国の史跡に指定され、昭和五七年（一九八二）、これは第四次調査で倒壊回廊が初めて発見された年ですが、史跡の追加指定がなされ、回廊で囲まれた全域が史跡となりました。平成一四年（二〇〇二）には発掘調査報告書が刊行されました。刊行日の三月二五日は、山田寺を創建した蘇我倉山田石川麻呂の無念の最期から一三五三年目の命日にあたります。平成一九年には、保存処理を施した建築部材一八〇点が、出土した瓦や土器などとともに、一

南禅寺大殿
（中国山西省：782年）

仏光寺大殿
（中国山西省：857年）

鳳停寺極楽殿
（韓国慶尚北道：12世紀頃）

浮石寺無量寿殿
（韓国慶尚北道：13世紀頃）

図26　中国と韓国の古建築

図27　再び立ち上がった山田寺回廊（飛鳥資料館）

括して考古資料として重要文化財に指定されました。ここに至って名実ともに日本を代表する文化財になったと言えるでしょう。

本章では山田寺倒壊回廊のもつ意義を、私見も含めて述べてきました。出土建築部材から得られた情報により日本の古代建築史が書き換えられることになりました。また倒壊回廊だけではなく、山田寺の金堂を含めた遺構の意義は、東アジア諸国の建築史にも関係すると考えられます。

出土建築部材は、現存建築と同等の情報を秘めていることを、あらためて感じさせられました。出土した遺物は、その意義を知ることのできない人には何も語ってくれません。出土建築部材は、建築史を知る私たちが、その情報を読み取る必要があります。無言の出土建築部材が語る意義を、しっかりと受け止めることのできる研究者を、これからも確実に育てていかなければならないと私は考えています。

図版出典

図1・4・6・9〜11・13・14右下・15右下・同左上・17・18・23・27　いずれも奈文研内部資料。
図2　奈文研内部資料をもとに新規作成。
図3　興福寺提供。
図5・7　『山田寺発掘調査報告』（奈文研、二〇〇二）をもとに作成。
図8　『毎日新聞』昭和五七年一二月一日朝刊。毎日新聞社提供。
図12　『国宝法隆寺回廊他五棟修理工事報告書』奈良県教育委員会、一九八三。第一九図。
図14右上　前掲『国宝法隆寺回廊他五棟修理工事報告書』第二二図。
図14左上・同左下・15左下・16・20〜22・26　いずれも筆者撮影。
図15右上　『山田寺』飛鳥資料館カタログ第一一冊、飛鳥資料館、一九九六。四三頁。
図19・24・25　新規作成。

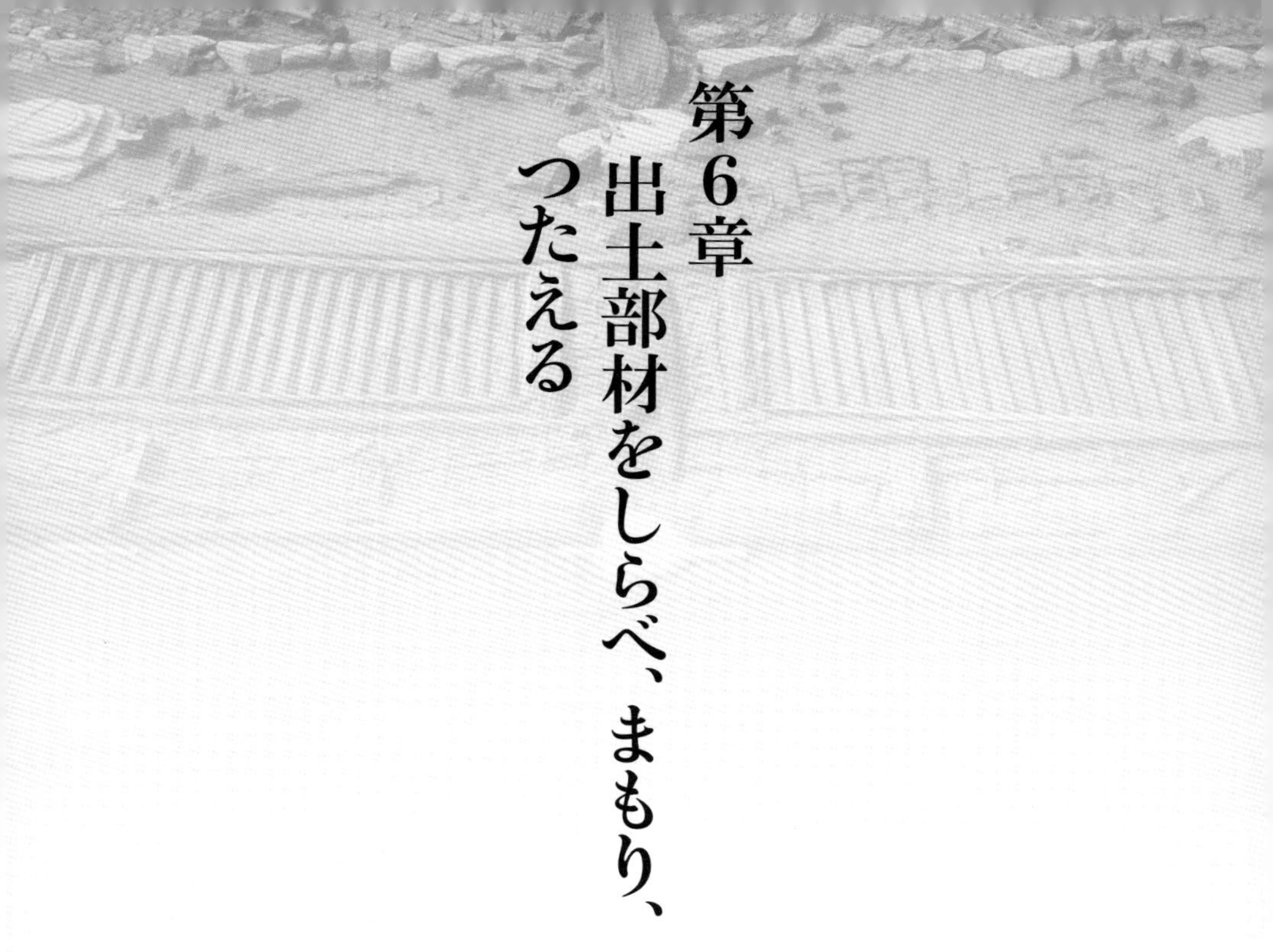

第6章 出土部材をしらべ、まもり、つたえる

番 光
文化遺産部 建造物研究室 研究員

ばん・ひかる
文化遺産部 建造物研究室 研究員
一九八〇年 京都府生まれ
二〇〇七年 神戸大学大学院工学研究科博士課程前期修了
同　年 奈良文化財研究所 研究員
二〇一五年 現職、奈良県教育委員会事務局文化財保存事務所
薬師寺出張所 実務研修員
現在の専門分野は、日本建築史。

《要旨》 出土部材は、一般にはあまりなじみのない考古遺物かもしれません。山田寺倒壊回廊のような例はごく稀で、本来の建物とは別の用途に転用されて発見されることが多いです。出土部材は、建築部材ではありますが、現存している建築の部材とはその物質的な性格がまったく異なり、その扱いは難しい面があります。しかし、出土部材がもつ建築的な情報は、当時の建築技術や木材加工技術を知るうえで貴重です。それを読み解くのが、発掘と建築の専門知識を備えた建築史研究者なのです。

はじめに

前章までは、建築史、発掘調査にかかわる概論的な話や、建築の専門的な復原検討の成果に関する、どちらかというと難しい話題だったと思います。そこで私は、建築史の研究者がどのようにモノを観察して、どのような調査をしているかを紹介します。

「出土部材」という文字をみて、どのようなモノが頭に浮かぶでしょうか。前章までの話題で連想できるかもしれませんが、一般的には「出土建築部材」、つまり遺跡から出土した建築部材のことをいいます。建築の材料には、石や瓦、釘、壁土などがありますが、ここでいう建築部材とは柱や梁、板など、建築を構成する木材をさします。

古代建築に興味がある方でも、発掘調査で出土する建築部材が具体的にどのようなものかはイメージしにくいのではないでしょうか。博物館や地域の資料館などで、出土して展示されている茶色の大きな木の塊を目にすることがあっても、とくに気に留めず通りすぎてしまうことも多いでしょうし、どこをどのように鑑賞すればよいのかわからない、という場合も少なくないでしょう。建築の主要部材を木材でつくる日本では、出土部材は特殊な遺物ではなく、出土する遺跡の時代も縄文時代から近世にわたります。

ここでは、出土部材が遺跡からどのように出土するのか、出土部材をどのようにしらべ、どのようなことがわかるのか、そしてそれらをどのように守り、未来に伝えていくのか、という点を順にみていきながら、その魅力を感じていただければと思います。

前章でとりあげた山田寺《やまだでら》倒壊回廊は、出土状況や出土した部材の数などから、建築の様相が読み取れる最上級の出土部材です。ピラミッドにたとえれば、最頂部に位置するストーンキャップにあたるもの、と言えるかもしれません。しかし、出土部材は山田寺倒壊回廊のようにわかりやすいものばかりではありません。建築部材が組み合わさって出土することはきわめて稀で、部材がバラバラになった状態で出土するものがほとんどです。しかも、たいていは腐食しています。それらも、わからないからと捨て置くのではなく、それらからどんな部分であれ情報を少しでも収拾して蓄積していけば、どのようなことがわかるのか、ということも少し考えていきたいと思います。

私は奈良文化財研究所（以下、「奈文研」と略す）に入所して六年ほど飛鳥《あすか》・藤原《ふじわら》地区で発掘調査をおこない、あわせて出土部材の調査・管理にも携わってきましたので、そこでの経験についてもご紹介したいと思います。

飛鳥・藤原地区は、平城宮跡のある奈良市から南へ二五キロメートルほど南の橿原《かしはら》市にあり、大和三山《やまとさんざん》として知られる耳成山《みみなしやま》、畝傍山《うねびやま》、香久山《かぐやま》に囲まれた地域が藤原宮跡です。また、飛鳥の諸寺は、南に隣接する明日香村にあります。飛鳥・藤原地区では、これらの宮殿や寺院を対象とした調査・研究をおこなっています。

一　出土部材がでてきた

どんなところから出土するのか　出土部材は木質遺物であるため、土のなかでも地下水位が高い場所から、水に浸かった状態で出土します。出土状態で分けると、大きく次の三つがあります。

一つ目は、建物の部材が組まれた状態で出土する部材です。建物が火山灰などで建ったまま埋もれたり、土石流などによる倒壊状態で埋もれたりしたもので、部材の位置や部材どうしの関係がある程度保たれていることが特徴です。秋田県北秋田市の胡桃館《くるみだて》遺跡は、十和田湖を形成した延喜《えんぎ》一四年（九一五）の火山の噴火によって、建物が建ったまま火山灰に埋もれた例です（**図1**）。また、本書で幾度もとり

図1　組まれた状態で出土した部材（胡桃館遺跡）

あげている山田寺の回廊は、土砂崩れで倒壊・埋没した例です。寺院などの建物が土石流などの災害で埋もれた場合、復興しようとしてその場所を片づけてしまうと部材は残りません。部材が組まれた状態で出土することは、当時の建築の貴重な情報をたくさん伝えてくれますが、非常に珍しい事例といえます。

二つ目は、柱穴や井戸などの遺構に伴って出土する部材です。遺跡を発掘していると、掘立柱《ほったてばしら》建物の柱穴のなかの柱根《ちゅうこん》（柱の底部、**図2下、第2章図1**参照）や、井戸の構築部材（**図2上**）がそのまま出土することがあります。さきほど、部材は地下水位の高い地中から出土すると述べましたが、井戸は水がある場所に掘る関係で、井戸の部材は非常に残りやすい状態にあります。井戸の部材には、大きな板材からなる建物の扉周辺の部材を一括して転用する場合もあり、この場合は一連の

図2　遺構に伴って出土した部材
（上：井戸の部材、下：柱根。いずれも藤原宮跡）

部材として捉えられることの多い点が特徴です。

三つ目は、溝や土坑に廃棄された状態で出土する部材です。**図3**は、静岡県伊豆の国市に位置する弥生時代の山木《やまき》遺跡の事例です。このように廃棄された状態で出土する部材が事例としては最も多いかもしれません。古代の人は、大きな溝や堀を掘って土地を区切ることや、穴を掘って捨てることを頻繁にしています。そのような場所から、不要になって捨てられた部材の一部が見つかるものです。その場合、部材がもともと使われていた場所とは関係ない場所から出土するため、大量に出土しても、それをどう組み合わせ、建物として復原できるかというパズルはかなり難しくなります。そのような出土状態ですので、建築としての一括性は非常に希薄です。

出土部材の意義　現存する最古の建築は、法隆寺金堂《ほうりゅうじこんどう》など西院《さいいん》の諸堂で、七世紀後半の建築です。これより古い現存する建築が発見される可能性は、ほぼゼロです。また、現

図3　廃棄された状態で出土した部材（山木遺跡）

存する古代建築は三〇棟ほどありますが、その多くは寺院建築で、しかもすべてが礎石建物であり、掘立柱建物の現存建築例は、近世まで時代を降らせてもほとんどありません。

さらに、法隆寺でも現存している建物が必ずしも七世紀後半の姿のままで残っているわけではありません。古代の木造建築物は、二〇〇年から三〇〇年ほどの間隔で解体を伴う大きな修理工事を受けているのが一般的です。そうなると、千年以上建ち続けている建物は、二度や三度の大きな修理工事を受けています。大きな修理の際には、その時代の技術や考え方に沿った改造を受けます。とくに屋根の部材は風雨にあたって傷みやすいため、修理の際には取り換えられることが多いです。出土部材は現存建築からは修理で替えられてしまって知り得ないような部分の建築技法や時代的特徴を知ることができる点に大きな意義があります。

出土部材の特徴　出土部材の建築的な最大の特徴は、少なくとも埋もれた当時の建築技法や技術がそのまま伝わる、という点です。発掘調査で遺構の年代が確定できれば、そこから出土した部材はそれ以前の建築技法を伝えることになります。建築的な情報は多いものの、建築史の知識がないと、それが建物のどの部分にあたる部材なのか、わかりづらいです。

物質的な特徴としては、水に浸かった状態で地中にあったため、通常の建築部材に比べて非常に重く、しかも脆弱《ぜいじゃく》である点があげられます。また、発掘調査における出土遺物では、非常に大型の部類に属します。つまり、出土部材は取り扱いが非常に難しい遺物といえます。

水浸け状態で発見された部材は、乾燥すると、反ったり、ひどいときは割れたり、粉々になったりすることがあります。そのため、濡れた雑巾などをかけて乾燥を防ぐ必要があります。発掘現場では、**図4**のように出土部材に濡れた雑巾をかけて乾燥しないよう養生しています。取り上げ後は水槽につけて仮保管しますが、表面が脆い部材などは不織布《ふしょくふ》に包んだ状態にします。部材のなかにはそのまま持ち上げると崩れてしまうため、部材の下に板を敷き、もろい部材の表面を保護するようにスポンジと不織布で巻くなど、仮保管の養生が重装備になることもあります。

図5は山田寺回廊の柱材で、長さは二・五メートルほどあります。これでも大の大人が二人がかりで持ち上げるのがやっとで、移動の際は台車を使用し、保存処理用の水槽に入れるときはクレーンで吊り上げなければなりませんでした。山田寺の出土部材で一番長いものは頭貫《かしらぬき》で、一一メートル以上になります。部材を

図4　発掘現場における出土部材の調査と養生（山田寺回廊）

調査や保存処理のために移動させたりするだけでもひと苦労です。

二　出土部材をしらべる

出土部材がもつ建築的な情報を引き出すには、細かな建築技法や建築細部といった専門的な特徴を知っておく必要があります。その一部は山田寺回廊の倒壊部材について述べた前章で紹介したとおりです。この章では、どういうところを観察して、どのようなことがわかるかといった点を中心に、調査の方法を紹介します。

出土状況の調査　調査は、まず出土状態を把握することから始まります。建築部材が発見されたからといって、すぐに発掘現場から取り上げるわけではありません。建物が倒壊した状態や部材が組まれた状態で出土した場合、出土状態そのものに、どのような外力を受けて倒壊したのか、当時の部材の組み方がどうであったか、などを知るための情報が秘められています。また、部材が転用されている場合、たとえば井戸に使われている板材が、当初は別の用途で使われていた材を転用したものであれば、井戸をつくるときの痕跡とそれ以前の痕跡とを区別して考えなければ

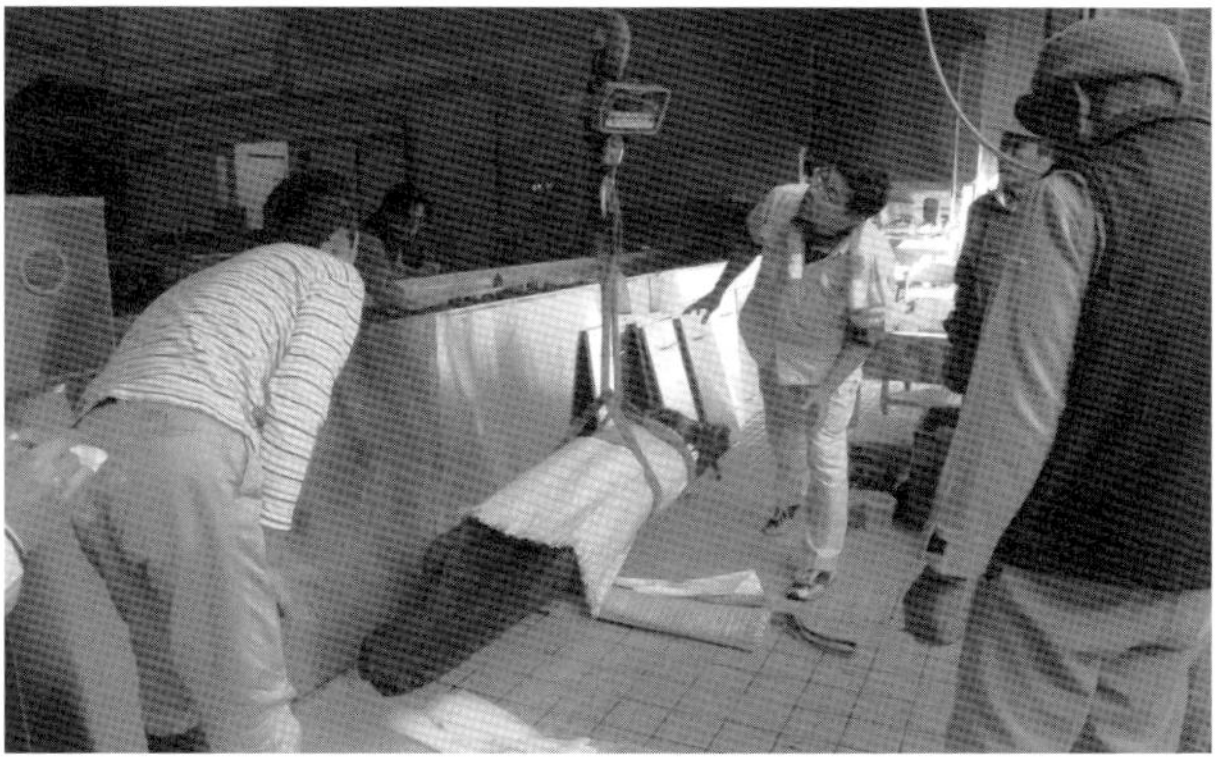

図5　重い出土部材のクレーンによる移動（山田寺回廊）

ばなりません。このため、出土した状態を正確に把握することが必要なのです。

図6は、倒壊した山田寺回廊の実測の様子です。建築部材の上に屋根から落ちた瓦が重なって検出された状態です。この状態で実測し、次に瓦を取り上げ、さらにその下の木材の出土状況を実測するという気の遠くなるような緻密な作業が待っています。

出土部材を取り上げる際には、部材の形状、出土位地、方向などを図面と写真で記録します。また、遺跡名や遺構名、日付などの情報を記したラベルを部材ごとにつけ（**図7**）、取り上げたあとも出土状況がどのようなものであったか把握できるようにします。

こうした過程を経たのち、部材を一つひとつ慎重に取り上げます。取り上げた部材には、洗浄という作業が待っています。出土部材は泥まみれで、隙間に土が入り込んでいると、洗ってもなかなか落ちません。仮保管をおこなう水槽に浸けていたら、知らぬ間に土が

図6　発掘現場における出土状況の実測（山田寺回廊）

落ちて水槽が泥だらけになることもあります。

部材の実測　発掘現場から取り上げた部材は、実測図の作成と観察記録、それに基づく写真撮影といった手順で調査をおこないます。調査の基本は実測です。現存建築の修理工事に伴う解体部材の実測では、計画寸法などが判明するため、部材の全体形状は模式的に描いたうえで、細かい寸法を記録する方法が一般的です。出土部材の場合は、当初の形状を残しているのか、腐食によって出土した形状になったのか判断が難しいため、考古遺物の記録方法に準じた実測をします。**図8**は、一〇センチのマス目を描いた板の上に出土部材を置き、基準とするマス目の線からの距離を測りこんで、現状の形状や痕跡を記録しています。

出土部材観察のポイント　まず、部材の全体形や部材どうしの組み合わせ部分の形状（継手《つぎて》・仕口《しくち》）などか

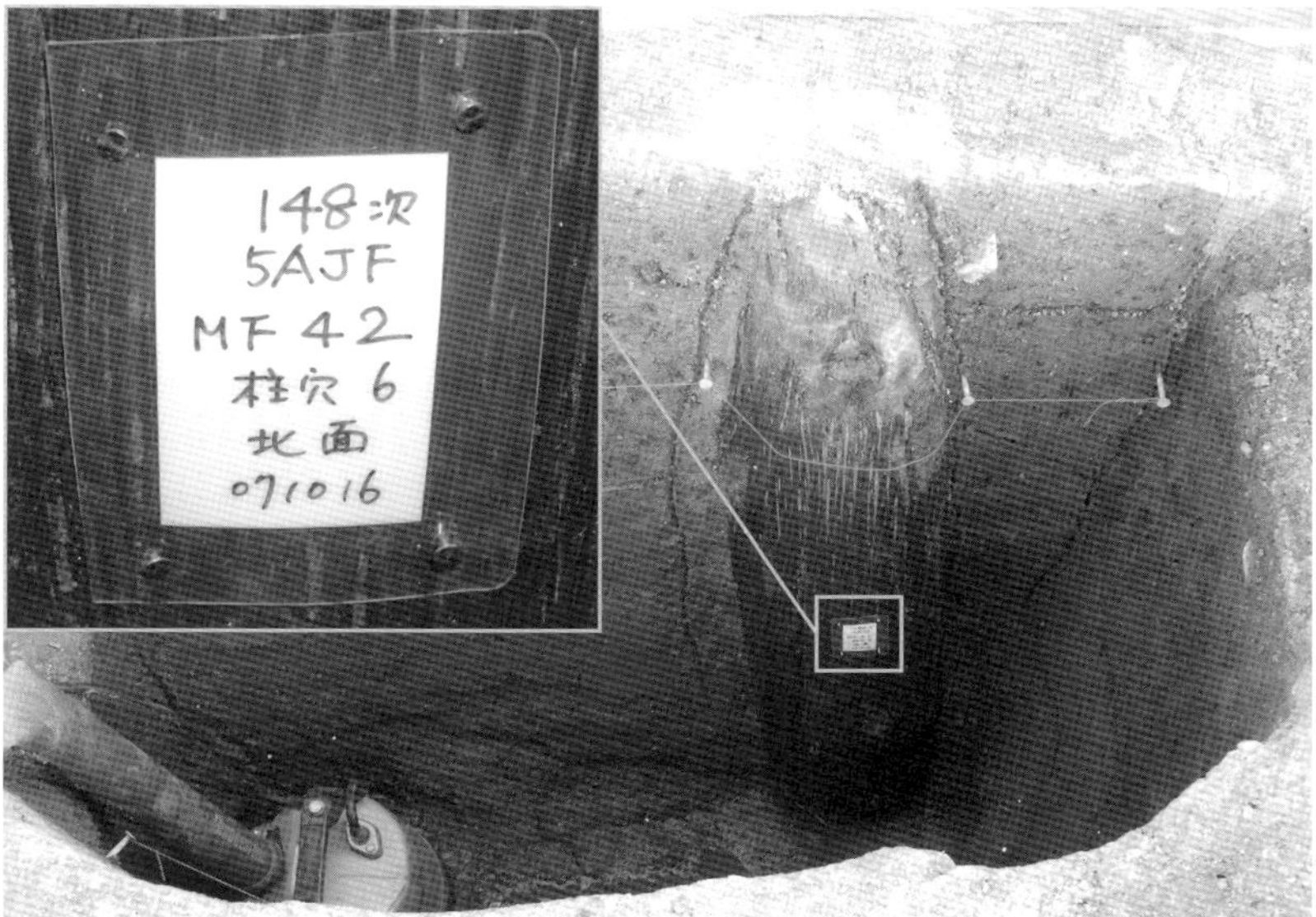

図7　出土部材とそれに添付したラベル（藤原宮跡）

ら、建物のどの部分の部材かを考えます。また、部材に残っている痕跡をしらべることも、その部材が何の部材なのかということとあわせて重要なポイントです。痕跡には部材が組み合わさっていたときの圧痕や、部材どうしが擦れてできた痕跡、部材の緊結に用いた釘の痕跡などがあります。

さらに、部材の表面の凹凸や継手・仕口などを観察すると、加工痕跡がわかることがあり、部材がどのような道具を用いて、どういった方法で加工されたのかを知ることができます。**図9**は、痕跡を観察したい面に対して斜めから強い光をあてて写真撮影をしている様子です。この方法を「斜光《しゃこう》ライト」といいます。斜めから光をあてると、表面の凹凸が際立つため、微妙な凹凸がわかりやすくなるのです（**図10**）。この方法は写真の撮影時だけではなく、どんな痕跡があるかを目視で確認するときにも用います。これらによって、当時の建築技術者が用いていた道具やその技術などを知ることができます。

そのうえ、部材に用いられている樹木の樹種や、部材に残る年輪などからは、樹齢何年くらいの木の、どの部分をどのように用いて部材をつくっているか、という観察ができ、当時の木材利用の考え方やその技術をうかがうことができます。

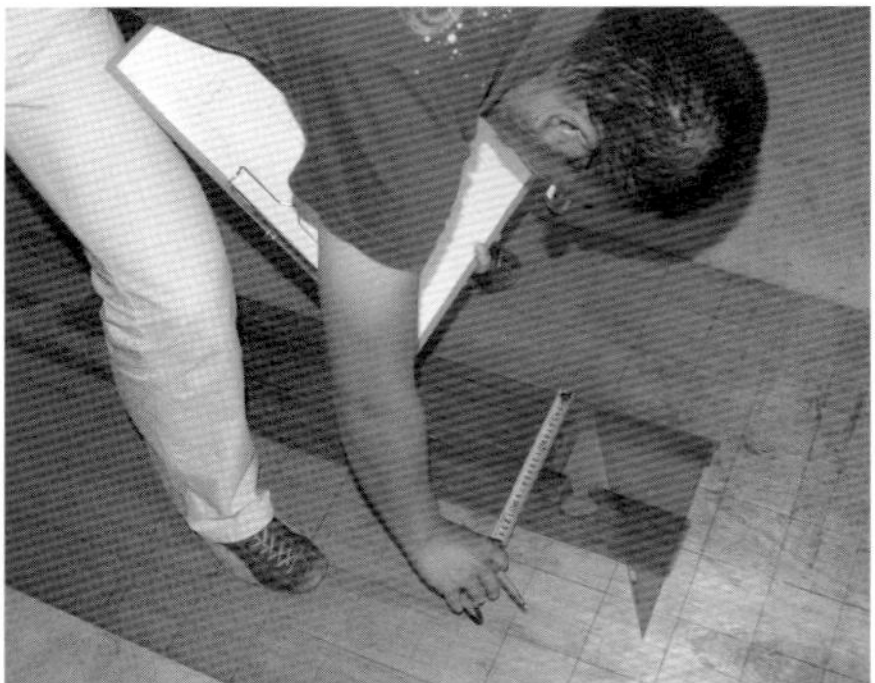

図8　出土部材の実測

図9　斜光ライトによる写真撮影

形状と痕跡を観察する　では出土部材に残る痕跡について具体的にみていきましょう。

図10はある程度の厚みがある板材で、写真の右端部分には円柱状の突出がつくりだされています。この部材が、建物のどこに使われていたかを判断する場合、板であることと、円柱状の突出があることがポイントになります。この二つのポイントから、この部材は扉と判断できます。古代の扉は、扉板から回転軸になる部分をつくりだし、それを別の部材に穿った穴にはめこむ形式であることが多いです。**図11**に示すように、円柱状のつくりだしは扉の下端にあたり、回転軸として閾《しきみ》の上面に穿たれた穴に挿入された部分と推測されます。

図12は板材の表面を斜光ライトで観察したものですが、約五センチ幅の波打ったような痕跡がみえます。これはチョウナという道具で表面を加工した痕跡です。チョウナというのは、木材の粗加

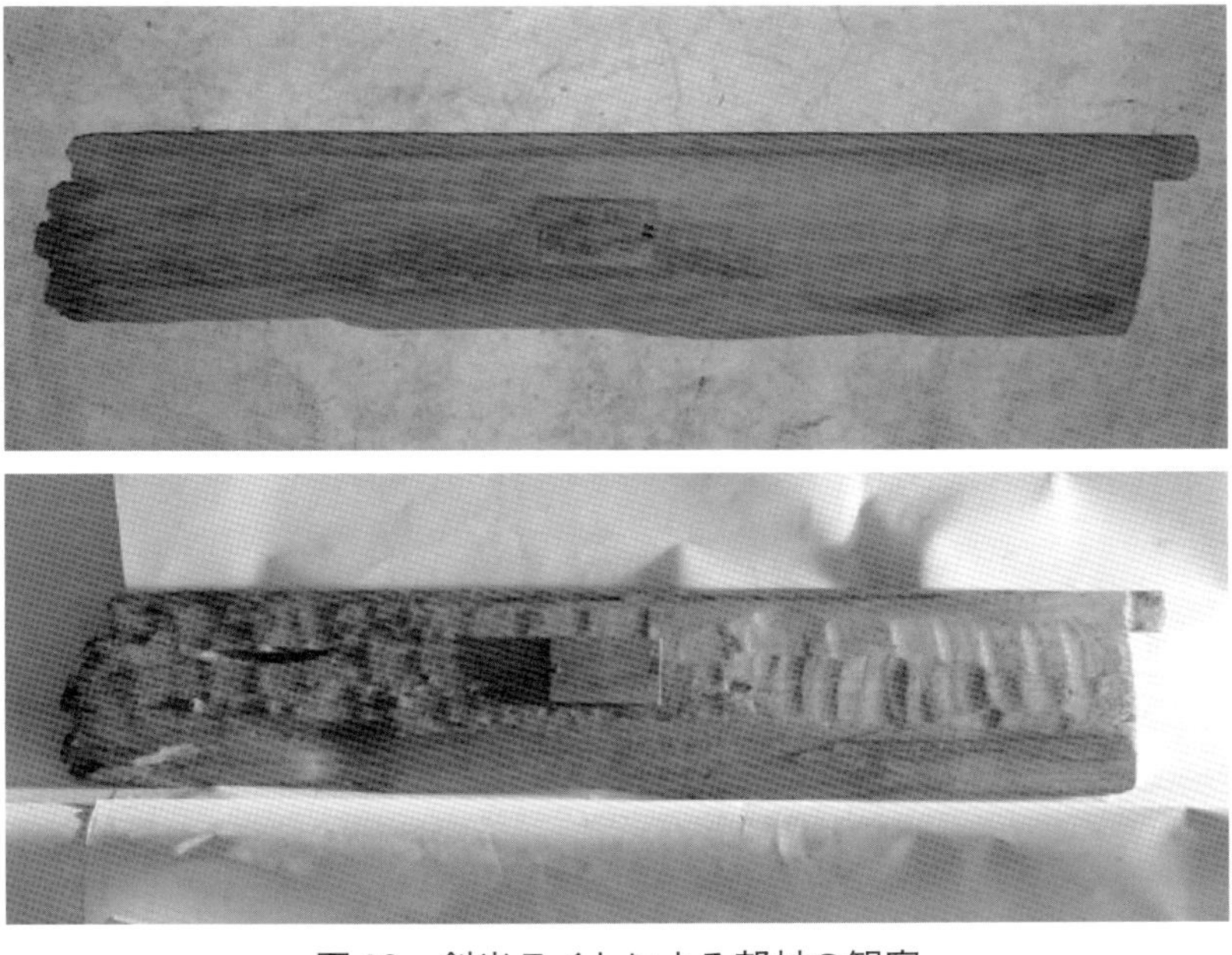

図10　斜光ライトによる部材の観察
（上：ストロボ順光で撮影、下：斜光ライトで撮影。胡桃館遺跡出土）

工に用いる道具です。この痕跡は凹凸が明瞭であるため、比較的観察がしやすく、出土部材にもよくみられます。

図13の部材を斜光ライトで観察すると、縦方向にわずかな凹凸の細い筋がたくさん走っているのがみえます。これはヤリガンナという道具で表面を加工した痕跡です。

現在、鉋《かんな》というと、カシ材などを用いた長方形の台に刃が装着されている台鉋《だいがんな》が一般的ですが、台鉋が登場したのは一六世紀

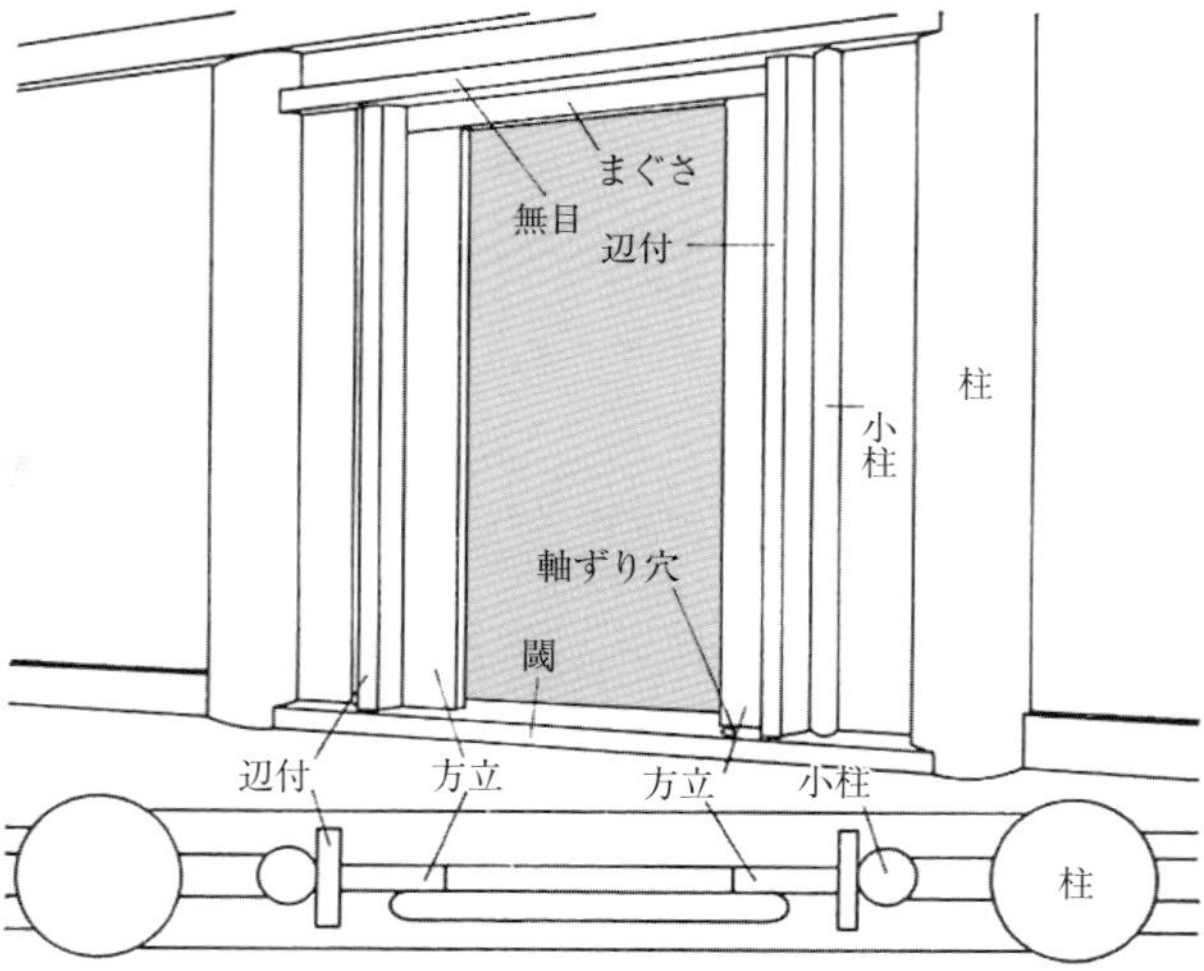

図11　古代建築の開口部模式図

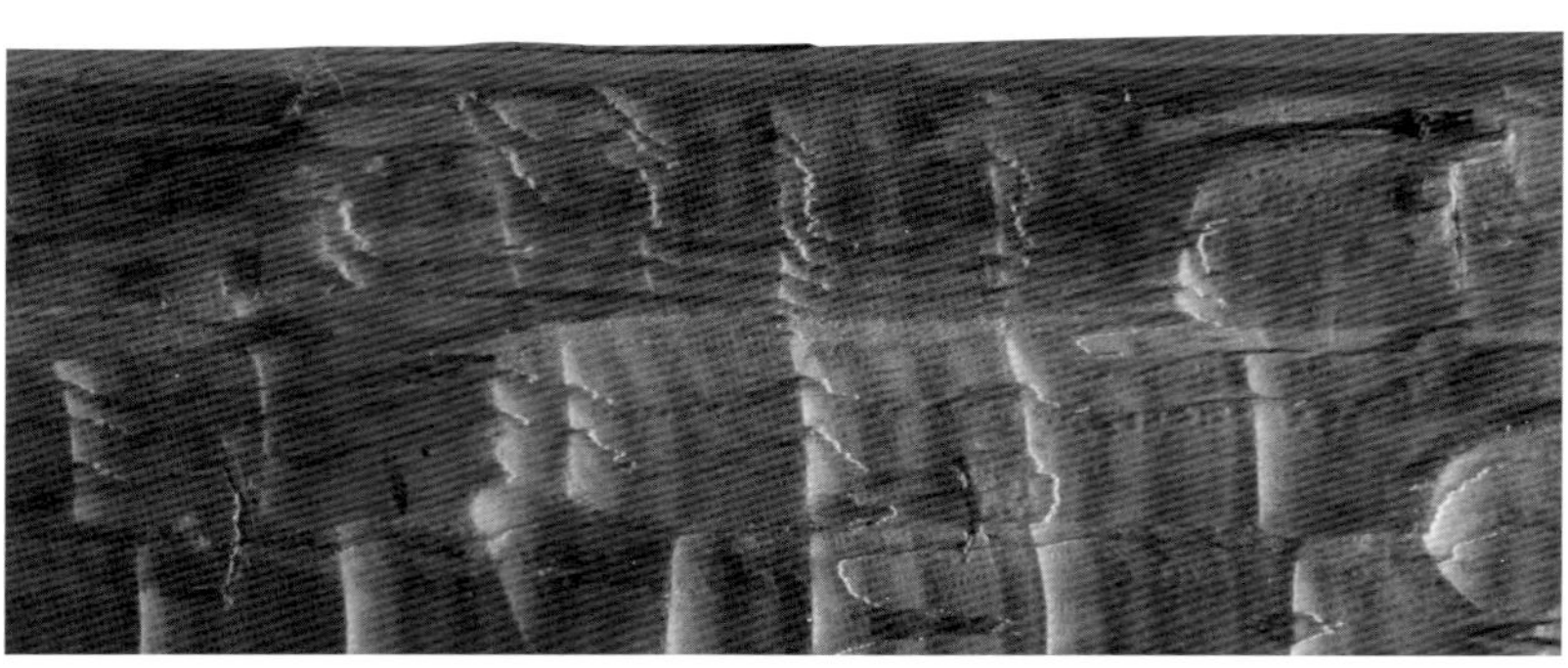

図12　チョウナの加工痕跡（胡桃館遺跡出土）

末頃です。それ以前は、部材の表面仕上げはヤリガンナでおこなっていました。ヤリガンナは近世に台鉋が普及してから使われなくなり、現在では絵巻物などにみられる使用方法を考察して、復原的に使われている事例が多いです。

あらためて**図10**の板材を観察してみましょう。**図14**は同じ板材を斜めからみた写真です。板の平らな部分にチョウナの痕跡が残っていることがわかります。丸みを帯びた軸の部分には、材の長手方向に細長い加工

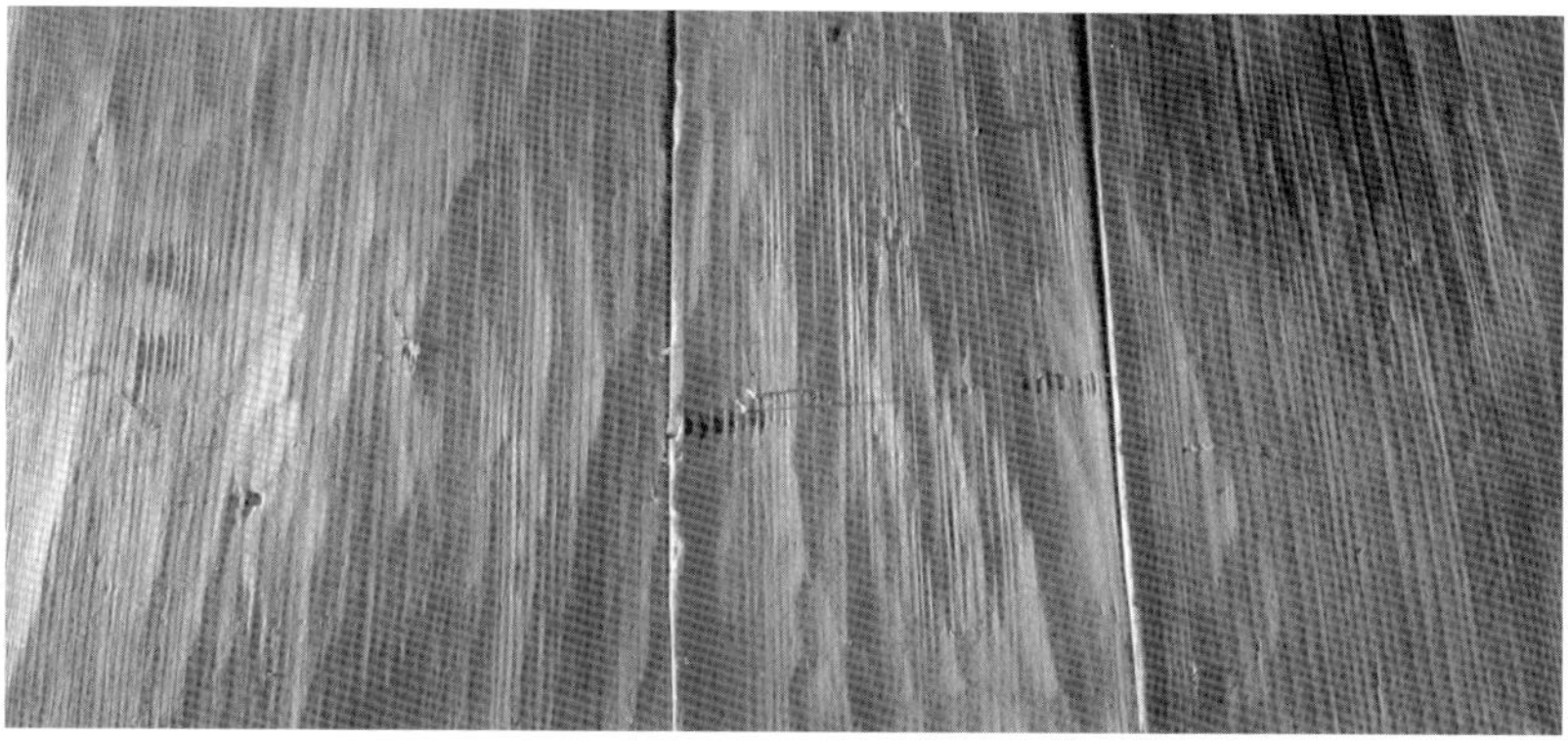

図13　ヤリガンナの加工痕跡（胡桃館遺跡出土）

図14　斜光ライトによる部材表面の観察（胡桃館遺跡出土）

痕が残っていて、ヤリガンナで仕上げたと考えられます。また、痕跡は道具で加工した場合だけに残るとは限りません。円柱状に突出している部分は、そのつけ根がやや凹んでいますが、これはこの扉を別の部材の軸穴に挿入して回転させたためについたすれ痕です。扉ですから、扉軸を別の部材の軸穴に挿入しているわけですが、今度はその扉軸を受けるほうの部材をみると(**図15**)、扉を受ける丸い軸穴の周りには同心円状の痕跡があります。これが扉の開閉によってできたすれ痕です。これによって、この部材は、上下にある扉軸のうち、下側の軸を受ける部材であることもわかります。

図16は、柱の木口の断面です。年輪とは別に横方向に走る細かい凹凸があることがわかると思います。これはこの部材を切断する際にノコギリで挽いた痕跡と考えられます。ノコギリで挽いた断面は平らにみえますが、ノコギリの刃を往復させた際の段差が斜光ライトで確認できたわけです。完全に切断せずに、途中まで切り込みを入れた部材があれば、ノコギリの刃の厚みまでわかります。

図15　扉の使用痕跡(胡桃館遺跡出土)

図17は、ノミによる痕跡です。ノミの場合は刃幅全体を部材に接触させて加工することがあるために刃の全幅が残る場合があり、やはりここから使用したノミの刃幅がわかります。

　これらの道具による加工痕跡が明瞭な場合、さらに興味深いことがわかることがあります。**図18**は、木口をチョウナで削り取った痕跡です。刃の端と端が残っていますので、刃幅がわかる例なのですが、さらによくみる

図16　ノコギリの加工痕跡
（藤原宮跡出土）

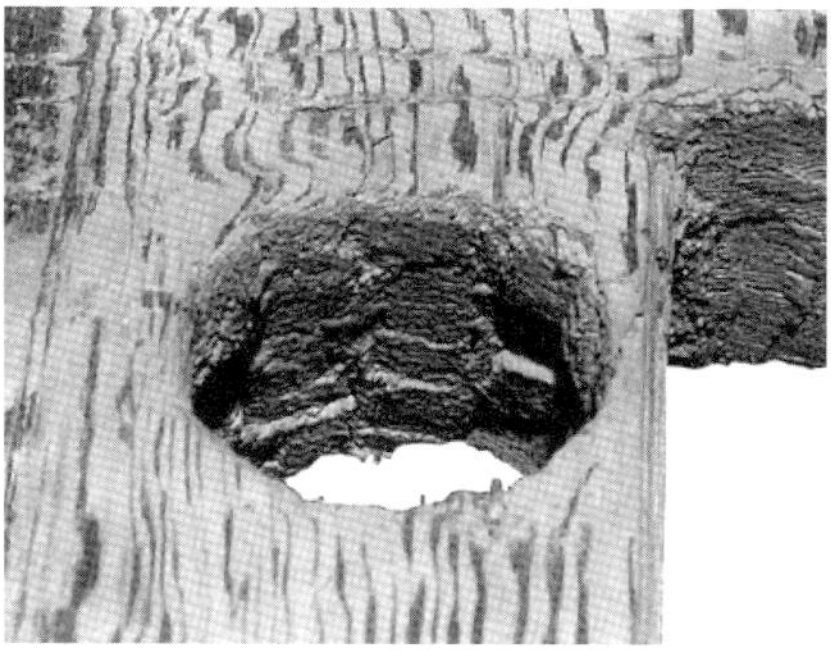

図17　ノミの加工痕跡
（胡桃館遺跡出土）

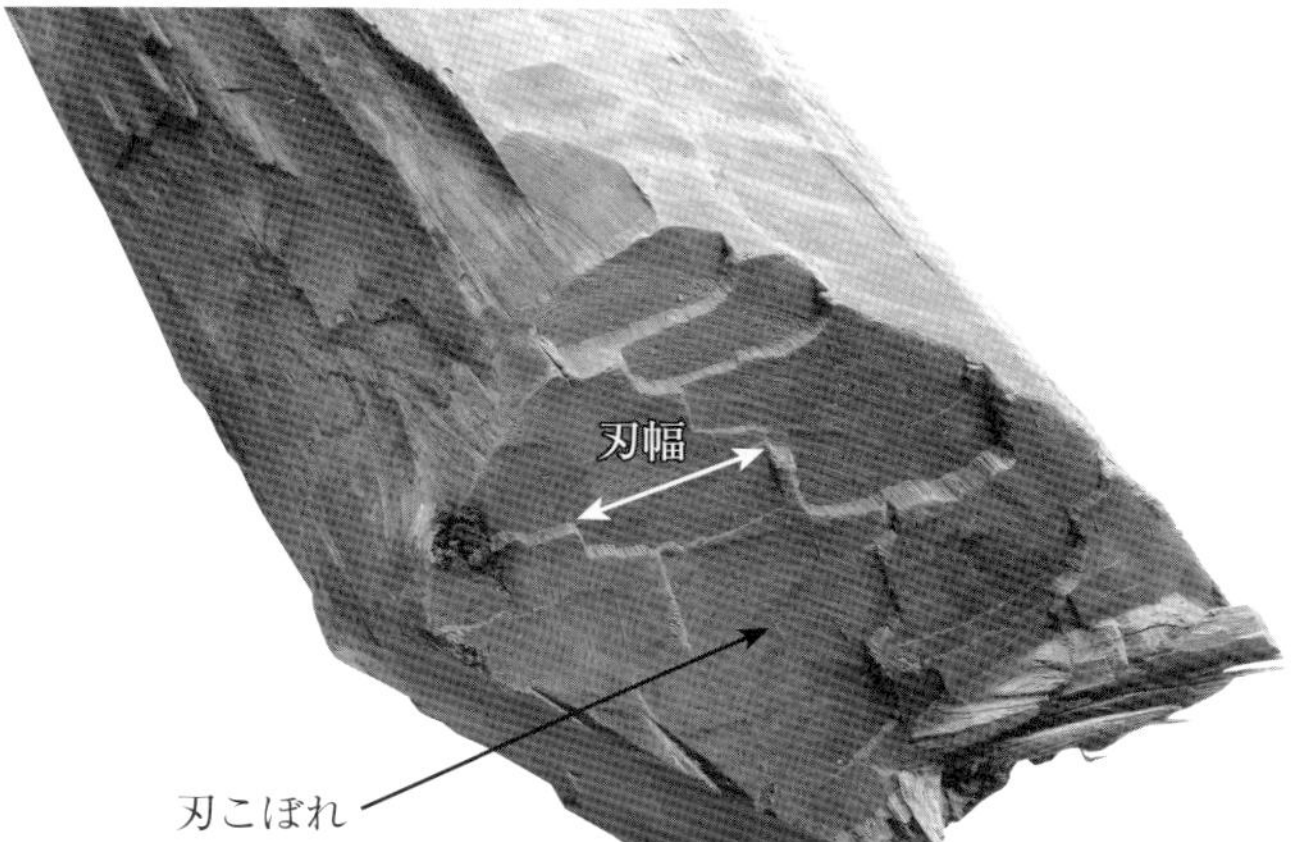

図18　刃幅や刃こぼれがわかるチョウナの加工痕跡（西大寺旧境内出土）

図19　柱材木口の墨線（藤原宮跡出土）

と、刃の動きと平行する縦の筋が観察できます。これはチョウナの刃こぼれの痕跡です。刃こぼれというのは、刃が部分的に欠けた状態のことを言います。刃こぼれは、欠けてしまった箇所が決まっていますので、刃を研いで修復しない限り、同じ道具で加工すれば、同じ痕跡がつきます。ですから、同じ部材を複数の道具で加工したのか、逆に違う部材を同じ道具で加工したのかといった、当時の工人の動向や部材加工の背景までわかる可能性があるのです。

ほかに、柱の底に加工の目印を描くための十字の墨線が見つかる場合もあります（図19）。また、部材をどこで利用するか、どこが管理する部材かという印をつけるため、文字が刻まれた金属を打ち付けて部材に印をする、打刻印《だこくいん》と呼ばれる痕跡が残っていることもあります（図20）。

このほか、柱の根元に穴が穿たれた部材が出土することがあります（図21）。部材を接合し建物に組み上げる際に使うホゾ穴などよりもっと粗い加工で、しばしばL形に貫通しています。これは、エツリ穴といって、材料となる木材を杣《そま》と呼ぶ木材採取所から建設用地まで運ぶ際に使用するための加工です。木材を運ぶには、水運を使ったり、牛馬に曳かせたりするのですが、そのために綱を通すのです。水運の場合は、この穴を使って筏《いかだ》を組むので、筏穴と呼ばれることもあります。掘立柱建物では、柱の根元は埋めてしまえばみえませんので、穴があいたまま埋まっているというわけです。この穴は、ノミやチョウナあるいは小型のオノのような道具を用いて、加工していることが部材から読み取ることができます。

図20　部材に打たれた打刻印
（西大寺旧境内出土）

図21　エツリ穴が穿たれた部材
（西大寺旧境内出土）

このように、出土部材の痕跡の観察から、当時の建築技術だけでなく、木材加工技術や運搬の方法などを読み取ることができます。こういった部材に残るさまざまな痕跡について注意深い観察をおこない、それを蓄積することで、仮説を検証することができるのです。これが、出土部材のおもしろさと言えるでしょう。

転用された部材からみえてくるもの　藤原宮西方官衙《かんが》で検出された井戸には、単純に井戸というだけではなく、観察すべきポイントがありました。**図2上**は、この井戸の出土状態ですが、よくみると、井戸枠の板に、井戸には不要の穴が穿たれています。つまり、この井戸枠の部材は、不要になった何らかの部材を転用したものと推測されます。この井戸枠を取り上げて、個々に観察すると**図22**のような形状でした。薄い板でつくられ、穴が貫通していたり、長方形の穴が彫られたりしています。両端の上下から一定の幅の切れ込みが入っていますが、これは井戸を組む際の仕口です。これがないものとしてこの部材の当初の使用箇所を考えなければなりません。先述のように、出土状態をあらかじめ知らなければならないのはこのた

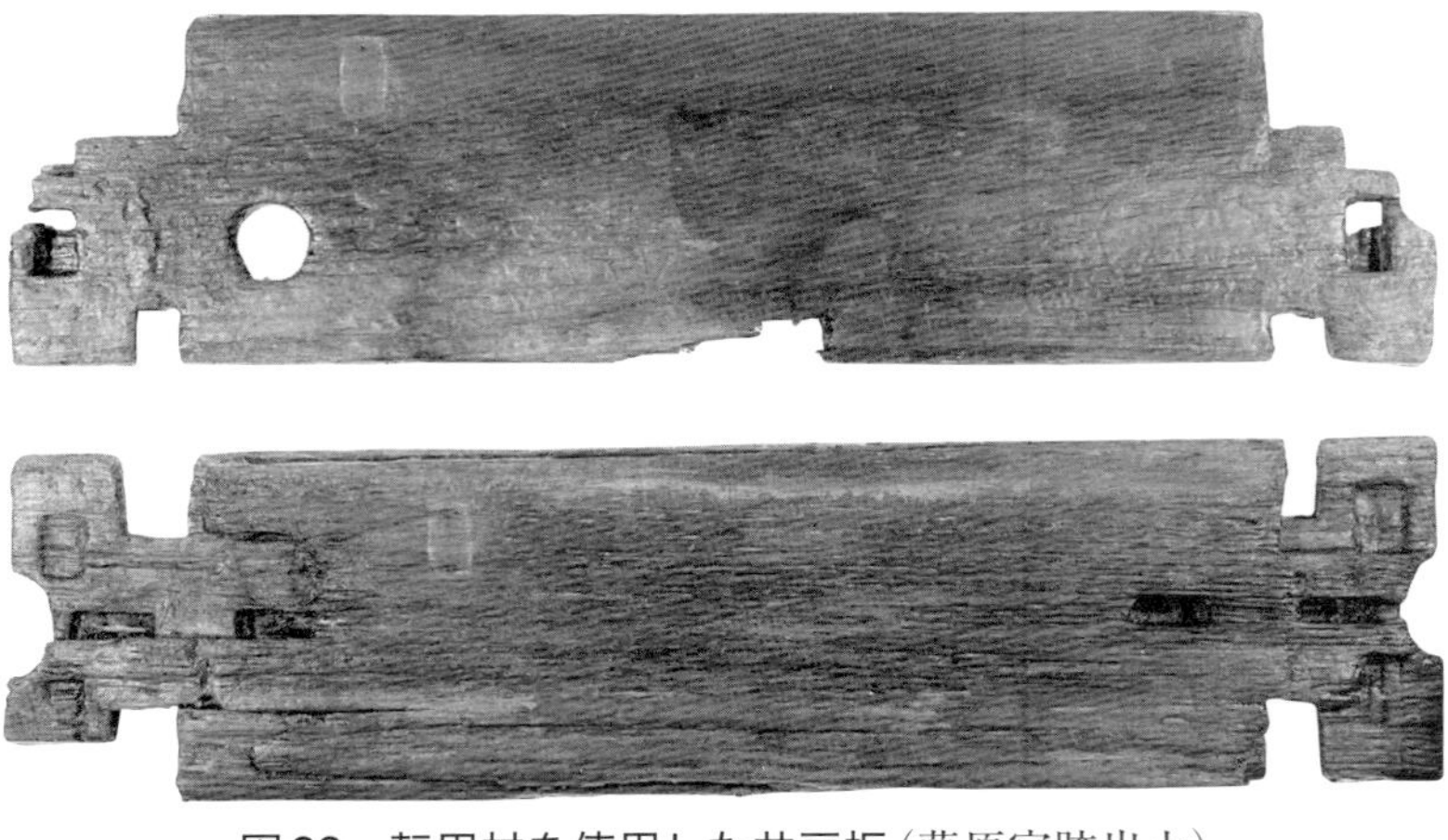

図22　転用材を使用した井戸板（藤原宮跡出土）

めです。これがどこに使われていた部材かというと、さきほど紹介した扉の軸を受ける上の部材（無目《むめ》）と下の部材（閾《しきみ》）と考えられます（**図11**参照）。

井戸には建物から転用された部材が使われることがしばしばあります。古代において、板を製材することは大変でした。現在のような大きなノコギリやチェーンソーはありません。ノコギリはありましたが、木口を切ったりする刃渡りの小さいものしかなかったため、一般的には丸太に楔を打ち込んで割り取る方法で板をつくるのです。幅の広い板をとろうとすると、大径の木材を確保する必要があるため、板は貴重でした。こうしたことから、建物で使った板を、少し見栄えが悪くても使用できればよいということで、建物の扉まわりの板材は、しばしば井戸に転用されるのです。

もう一つ、転用された部材を紹介しましょう。平城宮第一大極殿《だいごくでん》院から排水のための暗渠に使われた木樋《もくひ》が出土しました（**図23**）。長さ約七メートル、径約四〇センチ

図23　木樋に転用された部材（平城宮跡出土）

の丸太の内部をくりぬいています。一端をソケット状にして、隣の材とジョイントできるようにつくっていることもわかります。しかし、材端部に近い位置で、この木樋を貫通するように穿たれていた三七センチ×一〇センチの角穴二つを、わざわざ埋めているのが確認されました。水を流す木樋には、穴があいていては困ります。またもう片方の材端部から二メートルほどの位置では、表面がやや荒れて若干細まっていました。

結論から述べると、これは出土した平城宮ではなく、藤原宮で用いられた掘立柱による塀の柱を、平城宮に運んで、暗渠に用いたものと解釈されました。先述の貫通している穴は塀の屋根を支えるために水平の部材を貫き通した仕口と考えられます。表面が荒れて細まった部分は、掘立柱の地面付近で、その表面がやや腐食したものと考えられたのです。また、平城遷都直後につくられた大極殿院に用いられていることを勘案すれば、この塀は平城宮以前に使われたものである可能性が高く、平城遷都とともに、藤原宮につくられた掘立柱塀を解体して部材を運んだものと考えられたのです。藤原宮の外周を囲む塀は掘立柱による塀で、その柱の大半は抜き取られていることが藤原宮の発掘調査で判明していたことも、それを裏づける根拠となったのです。

自然科学的分析　樹種判定について、かつては目視による観察が一般的でしたが、最近では顕微鏡による観察を経ないと同定とはいえないという流れになってきました。

また、部材の年輪幅の広狭を観察して、その木材が伐採された年代を検討する年輪年代学の手法もあります。ただし、それが使えるのは、年輪による標準パターンが確立されているヒノキ・スギ・コウヤマキ・ヒバなどに限られます。このほか年代の観測には、放射線炭素測定、酸素同位体比測定などもありますが、これらは、試料を採取して分析するため、若干の資料の破壊が伴います。このため、すべての部材に簡単に用いることはできませんし、実施する場合も慎重な検討が必要になります。

樹種判定と部材調査からわかること　藤原京左京六条三坊という藤原宮の東に隣接する一等地から、大型の井戸が検出されました（**図24**）。藤原京の造営当時から使われ、平安時代の中頃に廃絶した井戸です。深さ約三・六メートルで、上から覗き込むと**図24下**のようになり、長さ九〇センチ程、幅二〇センチから四

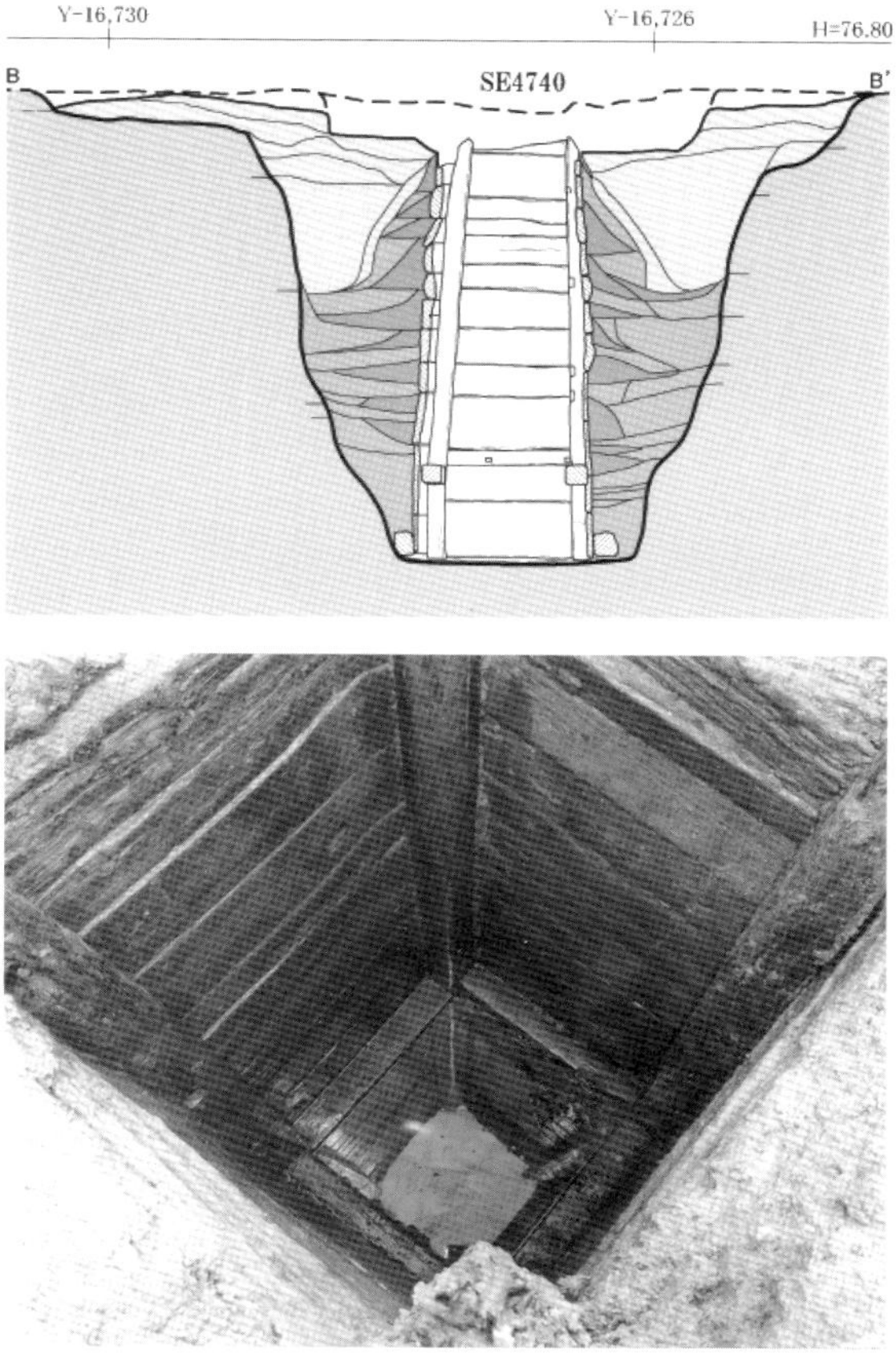

図24　大型の井戸（藤原京左京六条三坊）

〇センチほどの板を一二～一三段積んでいます。この井戸枠の板の樹種判定と実測調査をおこないました。井戸板の製材パターンは大きく三種類ありました（図25）。一つは、表裏ともにきれいに仕上げてある板です。もう一つは、割板と呼んでいますが、内側は平らで、外側は明確な割り肌、つまり板を割り取った状態のままの板です。三つ目は、背板と呼んでいますが、内

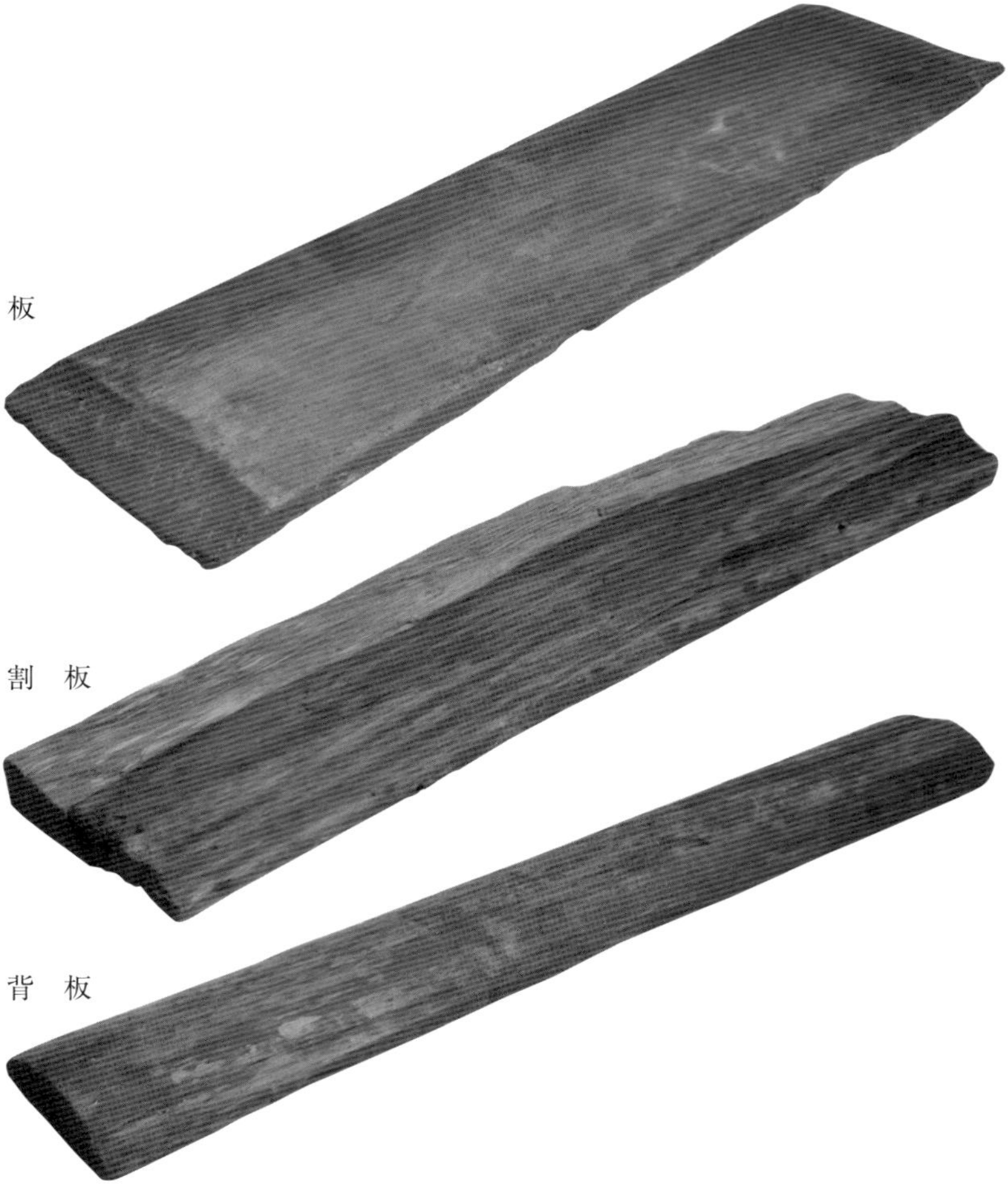

図25　井戸板の製材方法（藤原京左京六条三坊出土）

側は平らですが外側は丸くつくりだしているものです。丸い部分は丸太のままと思われましたが、年輪をみると丸太のままのものもあれば、丸い形状にわざわざ削り出しているものもありました。

井戸枠の平面は四角形で、東西南北四面の井戸板の樹種と製材方法をまとめたのが**表1**です。製材方法は、井戸の下側・中間・上側で、それぞれ板、割板、背板に、だいたいの傾向に分かれました。樹種は、板材はヒノキ属が多く、割板、背板はコウヤマキが多く使われていました。このように、製材方法と板の樹種のあいだに関係があることが読み取れます。板材は両端を斜めにそぎ落として薄くしますが、これは出土した井戸の構造には不要の仕上げです。板材は別の井戸からの転用であり、上の割板や背板は井戸をつくったときに足したものと考えられます。以上が、製材方法と樹種の両方からある程度有機的にわかった事例です。

表1　井戸板の樹種と製材方法の関係

段		北			東			南			西		
		No.	樹種	製材	No.	樹種	製材	No.	樹種	製材	No.	樹種	製材
1	上	904	ヒノキ属	背板	1063A	ヒノキ属	不明	917	ヒノキ科	背板または割板	1040	コウヤマキ	不明
					1063B	ヒノキ科	割板ヵ						
	下				898	ヒノキ	割板	958	コウヤマキ	背板	1041	コウヤマキ	不明
2	上	967	コウヤマキ	背板	918	コウヤマキ	板または割板	860	コウヤマキ	背板	893	コウヤマキ	背板ヵ
	下							890	コウヤマキ	背板			
3		891	コウヤマキ	背板	858	コウヤマキ	割板ヵ	863	コウヤマキ	割板	892	コウヤマキ	背板
4		895	コウヤマキ	割板	865	コウヤマキ	割板	862	コウヤマキ	背板	871	コウヤマキ	割板
5		889	コウヤマキ	背板	873	コウヤマキ	背板	869	コウヤマキ	割板	859	コウヤマキ	背板
6		861	コウヤマキ	割板	2057	コウヤマキ	割板	896	コウヤマキ	割板	894	コウヤマキ	背板
7		852	コウヤマキ	割板	872	コウヤマキ	割板	866	ヒノキ属	板	867	コウヤマキ	割板
8		856	コウヤマキ	板	857	ヒノキ属	板	850	ヒノキ属	板	864	コウヤマキ	割板
9		2058	サワラ	板	2059	ヒノキ属	板	870	ヒノキ属	板	874	ヒノキ属	板
10		1998	ヒノキ属	板				2060	ヒノキ属	板	851	ヒノキ属	板
11	上	2061	ヒノキ属	板	855	コウヤマキ	板	868	ヒノキ属	板	899	ヒノキ属	板
	下										854	ヒノキ科	板
12					849	ヒノキ属	板				853	ヒノキ属	板

三 出土部材をまもり、つたえる

ここまで、出土部材の特徴やその調査法について述べてきましたが、ここでは、部材をどのように保存するか、また保存処理をおこなった部材をどのように展示するかについて、その手順をみてみましょう。

保存処理 水槽に部材を浸けておくのはあくまでも一時的な保管です。そのまま浸けておくと微生物が増殖するなどの問題があるため、一年に一回は水槽を清掃し、水を入れ替えます（**図26**）。先述したように、部材は重くて脆弱なため、部材の出し入れだけでも、大変な労力を要します。

出土部材の保存方法として、現在は、ポリエチレングリコール（PEG）という樹脂を含浸させる方法が一般的です。出土部材には腐朽によってできたたくさんの穴があります。この孔に水が染み込んだ出土部材を、水を吸ったスポンジにたとえると、スポンジの穴に入り込んでいる水を樹脂に置き換え、スポンジの形状を強固に保つというのがPEG処理を用いた保存方法になります。ただし、こ

図26　出土部材の一時保管（左：水槽での仮保管、右：水槽の水の入れ替え）

のＰＥＧ処理も万能ではありません。処理をおこなうと部材の色が黒くなったり、温湿度が高いと含浸させた樹脂が溶け出したりします。必ずしも永久的に安定するわけではありません。

また、樹脂を含浸させる期間は、一度の処理に二〜三年必要です。飛鳥・藤原地域では二千点ほどの出土部材がありますが、その大半は保存処理を待って仮保管用の水槽に入っています。山田寺の出土部材は私が入所した頃でもＰＥＧ処理を待って仮保管の水槽に浸けたままでした。長い時間をかけて処理する必要があるという大変さをご理解いただけると思います。

図27　出土部材の展示（平城宮跡資料館）

展示・公開　保存処理を終えた部材を、どのように皆さんに情報を提示していくか。展示はややハードルが高く、さまざまな難しい側面があります。一つの部材だけでは、一見して建物のどの部分にあたる部材かわかりにくい場合が多く、どうしても複雑な説明が必要となってしまう傾向があります。また、部材自体が大型のため、広い展示スペースを必要とする場合も少なくありません。山田寺回廊のように、組み立ての展示が可能な場合は(と言ってもこのような場合はほとんどありませんが)、建物の構成がわかりやすいので、展示がしやすいと言えます(**第5章図27**参照)。一方、柱根の場合はそのまま展示したらただの丸太にもみえかねません。どう展示するか頭を悩ませるところです。平城宮跡資料館では、出土部材の周辺、出土した大工道具を並べ、展示物の背後に造営の風景を展示・説明するといった工夫をしています(**図27**)。

おわりに

以上、出土部材の特徴や調査方法、そこからわかる技法などについて述べてきました。出土部材が貴重でも、重く、脆弱で、水に浸けた状態で仮保管するため、ときに不衛生になる場合もあります。保存処理には時間がかかり、展示・公開のハードルも高いです。システマティックにこれらを処理しようとしても、土器や瓦のように常に出土するわけではなく、また出土してもその大きさは一定しないため、部材一点一点に応じた対応をするのが現実的です。このような出土部材は、発見されたときは見応えがあり、大きく報道される場合もありますが、現場での取り扱いや、あるいは整理については担当する研究員泣かせの遺物であることは間違いありません。

第1章で、日本における発掘調査の始まりは、建築史研究者あるいは修理工事技術者が大きく携わっていたことを述べました。その後、発掘調査は、さまざまな年代の遺跡、あるいは古墳や水田といったさまざまな種類の遺跡を対象とするようになり、建築史研究者から考古学者の手にゆだねられるようになっていきます。出土遺物についても、瓦、土器、金属製品などを、たんに遺物として研究するだけでなく、生産技術や流通といった視点をもって、地域間の遺物の種類を検討するなどの細かな研究になりつつあります。考古学が独自の進化を遂げ、研究が細分化されていった一方で、建築史研究者は発掘調査から全体的には距離を置いたかたちになっているのが現状です。

出土部材は大型の木製品とも言えますが、建築の知識をあまり有していない考古学者からは、これまで述べてきたように、わかりづらい遺物と思われがちです。一方、一般的な建築史の研究者は、そもそもどこでどんな部材が出土しているか、実際にどう扱ってよいかといった知識や経験をあまり有していないため、出土部材の研究にアプローチしにくいという側面があります。

これまで各章を通して建築史研究の専門性についてはご理解いただいたと思います。同時に、本章で述べた内容だけでも、出土部材の調査には建築史のみならず考古学の知識が必要であることについても、異論はないと思います。考古学と建築史学のはざまにあるような出土部材が、日本全国からたくさん出土しています。奈文研でも少しずつ調査を進めているところです。今後、建築史、考古学、双方の学問に寄与できるような研究をしていきたいと考えています。

図版出典

図1　『古代の官衙遺跡Ⅰ　遺構編』奈文研、二〇〇三。二七頁、写真六。この原典は『胡桃館遺跡埋没建物遺跡第二次発掘調査概報』秋田県教育委員会、一九六九。四四頁、第二八図。

図2・4〜7・9・16・18〜27　いずれも奈文研内部資料。

図3　『韮山町史』静岡県田方郡韮山町役場、一九七九。一六二頁、図版第三下（写真提供：伊豆の国市）。
図8　『胡桃館遺跡埋没建物部材調査報告書』奈文研・北秋田市教育委員会、二〇〇八。四頁、Fig. 四。
図10・12　いずれも北秋田市内部資料。
図11　『飛鳥・藤原宮発掘調査報告Ⅱ』奈文研、一九七八。一〇五頁、Fig. 三八に加筆。
図13　前掲『胡桃館遺跡埋没建物部材調査報告書』四三頁、Fig. 七二。
図14　前掲『胡桃館遺跡埋没建物部材調査報告書』PL. 一五。
図15　前掲『胡桃館遺跡埋没建物部材調査報告書』PL. 三三。
図17　前掲『胡桃館遺跡埋没建物部材調査報告書』PL. 一六。

刊行にあたり左記の機関にご協力いただきました。

飛鳥寺
伊豆の国市
一般社団法人日本建築学会
大阪歴史博物館
株式会社岩波書店
株式会社彰国社
株式会社草思社
株式会社毎日新聞社
株式会社吉川弘文館
北秋田市教育委員会
京都府教育庁文化財保護課
弘福寺
熊本県立装飾古墳館
華厳宗東大寺
公益財団法人文化財建造物保存技術協会
国土交通省国営飛鳥歴史公園事務所
極楽山浄土寺
宗教法人唐招提寺
宗教法人平等院
宗教法人法隆寺
第一法規株式会社
独立行政法人国立文化財機構東京文化財研究所
奈良県教育委員会
文化庁
法相宗大本山薬師寺
和宗総本山四天王寺

発掘遺構から読み解く古代建築

平成28年4月13日　第1版発行

編　集　独立行政法人 国立文化財機構 奈良文化財研究所

発行者　松田國博

発行所　株式会社 クパプロ
〒102-0072
千代田区飯田橋3-11-15 UEDAビル6F
TEL：03-3238-1689　　FAX：03-3238-1837
E-mail：kuba@kuba.jp
http://www.kuba.co.jp/

ISBN978-4-87805-147-0　C1021